HENNING RITTER

NAHES UND FERNES UNGLÜCK

HENNING RITTER

NAHES UND FERNES UNGLÜCK

VERSUCH ÜBER DAS MITLEID

C.H.BECK

Satz aus der Stempel Schneidler
Druck und Einband: Ebner & Spiegel, Ulm
Gedruckt auf säurefreiem, alterungsbeständigem Papier
(hergestellt aus chlorfrei gebleichtem Zellstoff)
Printed in Germany
ISBN 3 406 52186 x

www.beck.de

Vorwort

III BLICKE AUF FERNE KATASTROPHEN

IV DER PHILOSOPH, DER SICH DIE OHREN VERSTOPFT

Vorwort

Von wenigem sind die Angehörigen der westlichen Zivilisation so sehr überzeugt wie von ihrer Fähigkeit, sich in andere hineinzuversetzen. Sie glauben sogar, daß diese Fähigkeit stetig zunehme, so daß eines Tages eine den ganzen Globus umfassende Moral der Einfühlung durchgesetzt ist. Die Gabe, sich in andere, auch weit entfernte Wesen hineinzuversetzen, umfaßt dabei nicht nur Personen, sondern Lebewesen aller Art, sogar Ereignisse der Vergangenheit und vielerlei erhaltenswerte Dinge, wie Schloßruinen und tropische Wälder. Dieser Einfühlung scheinen weder räumliche noch zeitliche Grenzen gesetzt zu sein. Unglück, das sich auf der anderen Seite der Erdkugel ereignet, soll im Prinzip genauso Mitleid wecken wie Unglück in der nächsten Umgebung, und was Menschen bei der Eroberung Amerikas angetan wurde, soll genauso Mitleid hervorrufen wie gegenwärtiges Unrecht. Nur unter dieser Voraussetzung hat es Sinn, wenn sich Staatsmänner für Verbrechen, die vor Hunderten von Jahren begangen wurden, etwa die Sklaverei, bei den heute lebenden Nachfahren der Opfer entschuldigen.

Die Schwierigkeiten, einer so umfassenden Forderung der Einfühlung zu genügen, sind offensichtlich: Man muß ein Virtuose des Mitgefühls sein, um die Erweiterungspostulate dieser Moral erfüllen zu können. Seit je hat man dafür die literarische, theatralische oder bildliche Fiktion zu Hilfe genommen. Heute gibt es darüber hinaus zahllose technische Hilfsmittel, um die Distanz zu fernem Unglück zu verringern, vor allem Fotografie, Film und Fernsehen. Mit Hilfe von Fotografien von Greueln irgendwo auf der Welt lassen sich Nähe und Ferne geradezu vertauschen, so daß das Ferne sogar stärkere emotionale Reaktionen auf sich ziehen kann als ein Unglück in unmittelbarer Nähe. Dadurch ist die Fotografie zur letzten Kunstgattung mit moralischer Wirkung geworden. Im Einzelfall, beispielsweise nach dem 11. September, werden alle Mittel der medialen Vergegenwärtigung aufgeboten, damit die unbeteiligten Zuschauer rund um den Globus das Erleben derer teilen können, die das Geschehen unmittelbar miterlebten. Die weit entfernt Lebenden werden dadurch in die Lage versetzt, durch Aufmerksamkeit, Mitgefühl und Hilfsbereitschaft auf die Ereignisse zu reagieren. Sie treten damit in die Gemeinschaft der zivilisierten Moral der Einfühlung ein.

Die heute weit verbreitete Überzeugung, daß ein einfühlendes Verhalten gegenüber immer mehr Menschen in einem immer weiter gezogenen Horizont eine Verbesserung der Moral bedeute, hat sich als erstaunlich lebenskräftig erwiesen, obwohl diese Moral bisher kaum ausformuliert oder gar kodifiziert ist. Sie befindet sich noch im Stadium eines Glaubens, der von vielen geteilt wird. Auch wenn es den Anschein hat, als wäre diese Moral jüngeren Datums, liegt sie doch schon dem Ethos der meisten modernen Hilfsorganisationen, wie dem Internationalen Roten Kreuz, zugrunde, die seit der Mitte des neunzehnten Jahrhunderts ins Leben traten. Sie fußen ausdrücklich oder unausdrücklich auf einer Ethik der grenzenlosen Einfühlung. Auch hier hat sich gezeigt, daß dieses Ethos sich durch seine grenzenlose Erweiterbarkeit legitimiert: Je umfassender sich die Menschen in Leid und Unglück in aller Welt einfühlen und durch praktische Hilfeleistung darauf reagieren, desto mehr scheinen sie sich einem Zustand moralischer Güte anzunähern.

Ferne und Nähe sind freilich nicht erst in jüngster Zeit zum Thema der Moralphilosophie und der Moralkritik geworden. Sie sind es vielmehr seit dem Zeitalter der Entdeckungen, als die herkömmliche und regionale Moral durch andere Sitten und Gebräuche in Frage gestellt wurde. Der pathetische Ausruf von Pascal, daß ein Meridian über Wahrheit und Gerechtigkeit entscheide, ist das eindrucksvollste Zeugnis der neuen Lage, die durch das Aufeinandertreffen der Kulturen und Zivilisationen entstand. Einige Stationen der Pluralisierung der Moral und der politischen Institutionen, von Montaigne bis Bergson, werden im zweiten Teil dieses Essays nachgezeichnet. Sie bilden den Hintergrund für eine Geschichte der Moralskepsis, die durch die globale Erweiterung der Handlungsräume angestoßen wurde.

Dieser Essay folgt nicht den systematischen Wegen der Philosophie, sondern rückt einige Gestalten ins Licht, die in der Moraldiskussion des achtzehnten Jahrhunderts unvermittelt auftauchen und in denen sich die Moralverunsicherung der Zeit besonders deutlich zu erkennen gibt. Es handelt sich um den «gewalttätigen Denker» bei Diderot, der im Interesse seiner Selbsterhaltung nicht davor zurückschrecken würde, einen großen Teil der Menschheit zu vernichten, um Rousseaus «Philosophen, der sich die Ohren zuhält», weil er einen Menschen, der unter seinem Fenster ermordet wird, nicht retten will, und schließlich um die von Adam Smith erfundene Gestalt des «humanen Londoners», der, als er von einem Erdbeben im fernen China erfährt, in laute Klagen über das Schicksal der Erdbebenopfer ausbricht, dann aber, als er befürchtet, daß ihm selbst ein Unglück zustoßen wird, sein ganzes Mitleid und seine menschenfreundliche Philosophie vergißt und, um das befürchtete Unglück abzuwenden, sogar bereit ist, einen Teil der Menschheit dafür zu opfern.

Alle drei Gestalten gehören in die große Debatte über die Macht des Egoismus und dessen Begrenzung. Nur am Rande taucht im achtzehnten Jahrhundert das Mitleid als eine Gegenkraft auf. Rousseau ist der einzige Philosoph der Zeit, der es in der Natur des Menschen verankert. Aber auch er setzt voraus, daß der Impuls zum Mitleid in der Zivilisation so abgeschwächt ist, daß man darauf nicht bauen kann. Wegen seiner Lehre vom Mitleid und weil er Einspruch erhebt gegen die Naherwartung der Menschheitsmoral und der allgemeinen Menschenliebe, ist Rousseau eine Schlüsselfigur des vorliegenden Essays. Er hat dabei einen Verbündeten in Adam Smith, der mit seiner Parabel vom humanen Londoner vor den Folgen überschwenglicher Menschenliebe warnen wollte. Auch er dämpfte die Erwartung, daß die Einfühlung dauerhaft zur Verbesserung der Moral beitragen könnte. Nur Diderot hat an dem Projekt der Menschheitsmoral unbeirrt festgehalten und war auch bereit, den Preis dafür zu zahlen, nämlich aus der Menschheit auszuschließen, wer immer sich den Geboten der Zivilisationsvernunft nicht unterwerfen wollte.

Zweifel an den Segnungen der rationalen Zivilisation der Neuzeit begleiten diese seit ihrem Aufstieg im achtzehnten Jahrhundert. Die schlüssigste Formel für diesen Zweifel findet sich bei Balzac, der seinen Leser fragt, was er tun würde, wenn er mit der bloßen Kraft seines Willens einen Mandarin im fernen Peking töten könnte, um sich dadurch in den Besitz eines ungeheuren Vermögens zu bringen. Diese Mandarinfrage ist sprichwörtlich geworden. Sie war auch Freud noch geläufig, der aus ihrer Popularität das Eingeständnis des durchschnittlichen Europäers herausgelesen hat, daß er nur zu gerne bereit wäre, das Gewissen und die Gebote der Moral zu vergessen. Mit der Mandarinfrage beginnt dieser Essay, und er findet ältere Varianten ihres Gedankens in den Figuren von Diderot, Rousseau und Adam Smith, die allesamt als Abwandlungen der Frage nach der Reichweite der Moral interpretiert werden können.

Die Protagonisten dieses Essays sind Figuren im großen Spiel der moralischen Integration der Menschheit. Als Provokationen der Moralphilosophie ihrer Zeit erdacht, reagieren sie auf Verwirrungen, die seit dem Zeitalter der Entdeckungen und Eroberungen an der Tagesordnung waren. Die ungeheure Erweiterung der Handlungsräume ließ die Frage aufkommen, ob die Moral mit den Fortschritten der kommerziellen Gesellschaft Schritt halten könnte, ob sie sich spalten und in ein Ethos der Nähe und der Ferne zerfallen oder sich in unverbindliche Abstraktionen verlieren würde. Die Skeptiker gegenüber der Globalisierung der Moral warnten vor der Überschätzung der Macht des Mitleids und zweifelten an den realen Chancen einer menschenfreundlichen Moral. Sie bewegten sich in der unbehaglichen Zone jenseits moralischer Gewißheiten, wohin ihnen dieser Essay zu folgen versucht, wenn er den Spuren einer philosophischen Diskussion nachgeht, die auch heute noch nicht abgeschlossen ist. Die stärksten Gedanken gehören einem Denken an, das das Bündnis mit der Rationalität in Frage stellt und für eine entschlossene Regionalisierung der Vernunft plädiert. Viele Motive dieser kulturpessimistischen philosophischen Strömung sind unvermindert aktuell für das gegenwärtige Bemühen um eine moralische Orientierung in einem weltweit ausgedehnten Handlungsraum.

Die Form des vorliegenden Essays zeichnet die Wege verzweigter Lektüren nach, vor allem im achtzehnten Jahrhundert. Aus dem Spurenlesen hat sich ein Netz von Gedanken und Figuren entwickelt, deren existentielle Intensität maßgebend war, ihnen zu folgen. Dieses Verfahren, das beiläufig eingestreute Bilder und Beispiele ebenso ernst nimmt wie Argumente, könnte als Verfahren impliziten Philosophierens bezeichnet werden. Bilder und Parabeln; Zitate und Paraphrasen müssen die ganze Last der Argumentation tragen. Es zeigt sich dabei aber auch, daß die isolierten, scheinbar längst historischen Gedankenmotive durch ihre Intensität die Zeit durchbrechen und unvermindert aktuell wirken können. Jeder der numerierten Abschnitte ist in sich lesbar, mit dem vorhergehenden und folgenden Abschnitten aber so verklammert, daß erst eine Gesamtlektüre die Vernetzung der Protagonisten, der historischen und fiktiven Figuren, sichtbar werden läßt.

Eine erste Fassung dieses Buches wurde im Frühjahr 2002 an der Stanford University in Kalifornien vorgetragen. Ich danke meinem Freund Hans Ulrich Gumbrecht, der mich zu diesen Vorlesungen eingeladen hat und den Aufenthalt zu einem intellektuellen Vergnügen werden ließ. Reimar Klein (Triest) ist seit vielen Jahren ein treuer Freund und Gesprächspartner, der auch dieses Mal mein erster Leser gewesen ist. Ich widme dieses Buch meiner geliebten Frau Anna.

Henning Ritter, Mai 2004

I

SEINEN MANDARIN TÖTEN

1

Rastignac zögert

In Balzacs Roman «Le Père Goriot» stellt der Student Rastignac seinem Freund, dem Medizinstudenten Bianchon, dem er im Jardin du Luxembourg begegnet, eine merkwürdige Frage: *Hast Du Rousseau gelesen? Erinnerst du dich an jene Stelle, wo er den Leser fragt, was er täte, wenn er, ohne Paris zu verlassen, reich werden könnte, indem er allein durch seinen Willen einen alten Mandarin in China töten würde?* Bianchon kennt die Stelle in Rousseaus Schriften. Aber würde er sich auf das Experiment, durch den Tod eines chinesischen Mandarins reich zu werden, einlassen und mit dem Kopf nicken? Er bekennt, dazu nicht fähig zu sein. Rastignac dagegen erklärt, daß es Verhältnisse im Leben gebe, wo man einen großen Einsatz wagen müsse, zum Beispiel wenn man bis zum Wahnsinn verliebt sei und die Angebetete viel Geld für ihre Kleider, ihren Wagen, ihre Launen brauche. Dann könne man sich nicht damit begnügen, Pfennige aufzulesen. Rastignac hat zwei

Schwestern, die er verheiraten muß, und weiß nicht, woher er die Mitgift von zweihunderttausend Francs nehmen soll. Er will in der Pariser Gesellschaft aufsteigen, zögert aber noch, den Preis dafür zu zahlen. In der Pension, in der die beiden Studenten leben, wohnt auch ein ehemaliger Bagnosträfling. Vautrin, der über eine weitverzweigte Verbrecherorganisation gebietet, plant Rastignacs Karriere: Der Student soll sich in Fräulein Taillefer verlieben, die von ihrem Bruder um die väterliche Millionenerbschaft betrogen wurde, und Vautrin will den Bruder aus dem Weg räumen, so daß Rastignac durch seine Heirat mit Fräulein Taillefer ein reicher Mann wird. Rastignac zögert, sich auf den Pakt einzulassen. Er würde lieber einen Mandarin in Peking töten, als das erträumte Glück durch einen Mord in Paris zu erlangen.

In einem langen Gespräch mit Rastignac trägt Vautrin seine Philosophie vor: Überall in der Gesellschaft muß man sich die Hände schmutzig machen, ein Mord ist nicht schlimmer als die Qualen einer wegen des Geldes geschlossenen Ehe; die kleinen Schweinereien, die ein Provinzanwalt begeht, sind nicht unschuldiger als das große Verbrechen. Im Wettlauf um das große Geld werde siegen, wer die Gesellschaft ohne moralische Illusionen betrachtet. In Paris sei der Erfolg alles, die Moralisten änderten die Welt nicht, belehrt der Machiavellist Vautrin Rastignac, der sich von dieser Sicht der Dinge magisch angezogen fühlt: *Kopf und Gewissen wurden ihm weit, er sah die Welt, wie sie ist.* Glück ist Tugend, verkündet Vautrin, gegen die Reichen sind Gesetze und Moral machtlos, überhaupt ist die Welt nur ein Nebeneinander von Schurken und Opfern. Das Leben in der Pension lehrt, daß die Unglücklichen einander nicht beistehen, sondern das Elend mit Gleichgültigkeit betrachten. Diese Gesellschaft hat keine Ehrfurcht vor dem Unglück.

Balzac erzählt von den Dramen, die sich in dieser sozialen Hölle ereignen. In Paris sieht er wirkliche Leiden und falsche Freuden durcheinanderwirbeln, ein vielfarbiges Leben, dessen verwirrende Eindrücke er in einem Panorama widerstreitender

Gefühle entrollt. Auch wenn die Ereignisse, erklärt Balzac, oftmals so erschütternd seien, daß sogar der rücksichtsloseste Egoist betroffen innehalte, sei ihr Eindruck so wenig dauerhaft wie die Erinnerung an eine Frucht, die man hastig verzehrt hat. So bereitet Balzac seinen Leser auf die Geschichte von Vater Goriot vor, der seinen ganzen Besitz für seine beiden Töchter opfert, von denen er aber in seiner letzten Stunde allein gelassen wird. Am Ende des Romans, nach Goriots großer Sterbeszene, fühlt sich Rastignac schließlich der Herausforderung gewachsen, seinen Aufstieg in der Pariser Gesellschaft zu machen: *Und er warf auf diesen brausenden Bienenstock einen Blick, der im voraus Honig daraus zu saugen schien, und rief die erhabenen Worte: Und jetzt zu uns beiden*. Dies ist ein Echo der Worte, die Balzac ausgerufen hatte, als er, aus dem Fenster seiner Wohnung in der Rue de Bataille auf Paris blickend, schwor, sich die Stadt eines Tages zu unterwerfen.

«Le Père Goriot» ist der erste Roman der «Menschlichen Komödie», in dem Balzac die Technik der wiederkehrenden Personen anwendet. Rastignac war bereits in «Le Peau de Chagrin» aufgetreten. Mit der Zeit werden diese wiederkehrenden Personen auf dreitausend Figuren anwachsen und die Illusion erzeugen, sie gehörten zum wirklichen Paris. Ihre Biographien werden dem Leser so vertraut wie das Leben der Prominenten der Gesellschaft. Im Fortgang der «Menschlichen Komödie» gehört Rastignac zu den Personen mit den meisten Auftritten, er kommt in fünfundzwanzig Romanen vor, sein Freund Bianchon sogar in neunundzwanzig. Der bedenkenlose Karrierist, der eines Tages Minister sein wird, und der Arzt, der keinen gesellschaftlichen Ehrgeiz hat, verkörpern moralische Gegensätze. Sie halten einander gewissermaßen die Waage. Als Balzac auf dem Sterbebett nach seinem Arzt verlangte, soll er Bianchon gerufen haben.

Daß sowohl Rastignac wie Bianchon behaupten, die Geschichte vom Mandarin aus ihrer Rousseaulektüre zu kennen, gehört auch zu Balzacs Romantechnik, Reales und Fiktives zu mischen. Denn in den Schriften Rousseaus kommt die Mandarinparabel nicht vor. Wie konnte Balzac glauben, daß seine Leser, die Rousseaus Werke kannten, ihm dies abnehmen würden? Doch er hat damit Erfolg gehabt, lange Zeit hielt man die Mandarinparabel für eine Erfindung Rousseaus. Sigmund Freud zitiert sie 1915 in «Zeitgemäßes über Krieg und Tod» und fünfzehn Jahre später noch einmal in «Das Unbehagen in der Kultur», als wäre an Rousseaus Autorschaft nicht zu zweifeln. Es lag nahe, die Mandaringeschichte in der Zeit Rousseaus zu lokalisieren, denn der Mandarin spielt im Denken des achtzehnten Jahrhunderts nicht nur als weiser Gesetzgeber, sondern auch in Spekulationen über Fernwirkung und Zufall eine Rolle. Ein Echo davon ist noch eine Tagebuchnotiz Ernst Jüngers vom 12. Juli 1965, wo er aus dem Gedächtnis ein Wort Diderots zitiert, wonach die Art und Weise, wie in einem Pariser Mietshaus ein Vatermord verübt wird, in genauem Zusammenhang damit stehe, ob in China ein Mandarin mit dem linken oder rechten Fuß aus dem Bett steigt. Auch hier ist es ein Mord, der durch eine minimale Bewegung an weit entferntem Ort ausgelöst wird. Balzac greift offenbar auf einen Topos der Philosophie des achtzehnten Jahrhunderts zurück.

2

Lob der Einfachheit

Balzac verknüpft die Mandaringeschichte mit dem Namen von Jean-Jacques Rousseau, obwohl sie in keinem seiner Werke erwähnt wird. Er war offenbar der Meinung, daß der ihr zugrunde liegende Gedanke in besonderer Weise mit Rousseaus Philosophie verbunden war. Es wäre deswegen voreilig, die so deutlich gezeichnete Rousseauspur nicht weiter zu verfolgen. Rousseaus

Name taucht im Gespräch zwischen Rastignac und Bianchon wenig später noch einmal auf. Die Mandarinfrage, erklärt Bianchon, warte auf jeden beim Eintritt ins Leben. Der eine wolle den raschen Erfolg, während sich andere mit einer bescheidenen Existenz zufriedengeben. Man wähle zwischen dem Leben in der großen Gesellschaft und einem Leben in engstem Kreis, in dem sich, wie Bianchon meint, die menschlichen Bedürfnisse ebenso gut befriedigen ließen wie in der großen Gesellschaft. Das Glück sei unabhängig davon, ob es eine Million oder hundert Louis im Jahr verschlingt. Gegen die Versuchung, den hohen Preis für eine glanzvolle Karriere zu zahlen, wappnet sich Bianchon mit Argumenten aus Rousseaus Schriften, aus der «Nouvelle Héloïse» und aus «Émile». Mit ihnen rechtfertigt er die bescheidene Existenz eines Landarztes, die er für sich in Aussicht genommen hat.

Bianchon kannte gewiß Rousseaus verklärende Schilderungen in der «Neuen Héloïse» und in den «Confessions», wo er das Paradies der kleinen, intimen Gesellschaften schilderte. Im Fünften Buch der «Confessions» hatte Rousseau erklärt, die kleine Gesellschaft um Madame de Warens sei *vielleicht ohne Beispiel auf der ganzen Welt* gewesen: *Alle unsere Wünsche, unsere Sorgen, unsere Herzen waren bodenständig. Alle unsere Wünsche, unsere Sorgen, unsere Herzen waren uns gemeinsam. Nichts davon ging über diesen kleinen Kreis hinaus.* Die vollkommene Gesellschaft ist die, die sich selbst überlassen bleibt; schon wenn ein Vierter hinzukommt, ist sie gestört. Auch das Leben eines Landarztes, wie es Bianchon vorschwebte, würde sich in einer einfachen und überschaubaren Gesellschaft abspielen, in der alle wirklichen Bedürfnisse erfüllt werden und die Gefühle sich auf wenige Vertraute und Freunde beschränken: *Menschliche Bedürfnisse*, erklärt Bianchon seinem ehrgeizigen Freund Rastignac, *können im engsten Kreis genauso befriedigt werden wie in der großen Welt. Auch Napoleon konnte nicht zwei Mal hintereinander zu Mittag essen oder mehr Geliebte haben als ein Mediziner, der im Internat lebt.*

Ganz ähnlich lautete Rousseaus Botschaft im «Émile»: *Der Mensch ist in allen Ständen derselbe, der Reiche hat keinen größeren Magen als der Arme, der Herr keinen längeren und stärkeren Arm als sein Sklave, ein Großer ist nicht größer als ein Mann aus dem Volk, und schließlich: da die natürlichen Bedürfnisse überall dieselben sind, müssen auch die Mittel, sie zu befriedigen, überall dieselben sein.* Wer sich aufs Lebensnotwendige beschränkte, war gegen die Versuchungen gefeit, die in der Gesellschaft der Reichen überhandnehmen. Das Überflüssige war die Quelle allen Übels. In der «Neuen Héloïse» hatte Rousseau behauptet, daß demgegenüber das Notwendige nicht einmal dann zum Mißbrauch verleitete, wenn es im Überfluß vorhanden war: *Denn das Notwendige hat sein natürliches Maß, und die echten Bedürfnisse kennen kein Übermaß.* Das Geld für zwanzig Kleider könne man nicht in ein einziges stekken, man könne zwar eine Mahlzeit zu sich nehmen, die das Einkommen eines Jahres kostet, nicht aber zwei Kleider gleichzeitig tragen oder zweimal am Tag zu Abend essen. Auf diese Philosophie des einfachen Lebens beruft sich Bianchon, während Rastignac entschlossen ist, den Weg des Überflusses zu wählen. Deswegen ist für ihn die Versuchung so groß, mit dem Kopf zu nicken und den Mandarin zu töten.

Die von Bianchon angeführten sprichwörtlichen Wendungen Rousseaus, mit denen dieser seine Weigerung begründete, zwischen Ständen, Rängen und Vermögen zu unterscheiden, stehen im «Émile» im Zusammenhang mit einem düsteren Ausblick in die Zukunft der gesellschaftlichen Ordnung: mit Rousseaus berühmter Revolutionsprognose. Mit ihr wollte er den Stolz der zeitgenössischen Ordnung und den Glauben an die Sicherheit ihrer Lebensverhältnisse untergraben. Da die Menschen voreingenommen seien für die jeweils herrschende Ordnung, hielten sie diese für unangreifbar und ahnten nichts von den unausweichlichen Revolutionen, die sie *weder voraussehen noch verhindern* könnten. Tatsächlich hat Rousseau mit dieser scheinbar nur psychologischen Analyse eine Prognose verbunden und eine Revolution vorhergesagt. Den direkten Anstoß zu seiner Voraussage hatte dabei nicht das verbreitete Elend gegeben, sondern der Glanz des französischen Staates: *jeder Staat, der glänzt, befindet sich im Niedergang*. Mehr zu sagen hielt Rousseau offenbar für ebenso unnötig wie gefährlich. Seine Ankündigung einer Revolution lag dabei ganz auf der Linie seiner Zivilisationskritik im Ersten Discours über die Wissenschaften und Künste: Sie bringen nicht nur keinen moralischen Fortschritt, sondern sie fördern den Niedergang, der unaufhaltsam ist.

Die Originalität dieser Antwort bestand darin, daß der unaufhaltsame Niedergang der zivilisierten Gesellschaft in den Mitteln zu ihrer Höherentwicklung selbst angelegt war. Der Aufstieg war der Abstieg, er ließ sich deswegen allenfalls für eine gewisse Zeit aufhalten. Doch für die Rolle des Aufhalters wollte sich Rousseau nicht zur Verfügung stellen, denn er glaubte nicht, daß die Gesellschaft, deren Niedergang sich abzeichnete, es verdiente, daß sie so lange wie möglich am Leben erhalten wurde. Statt also auf eine Verzögerung der Krise zu setzen, die das Schicksal der Gesellschaft für eine gewisse Frist aufhalten würde, oder gar mit einer Umkehr zu rechnen, erwartete Rousseau einen *Krisenzustand*. In diesem in sich widersprüchlichen Begriff – denn eine Krise ist kein Zustand, sondern der Übergang zwischen zwei Zuständen – steckte die eigentliche Prognose: ein Dauerzustand von Krisen und eine ununterbrochene Folge von Revolutionen. Rousseau sagte eine Lage voraus, die es noch nie gegeben hatte, eine permanente Krise, und tatsächlich hat die Epoche, die eine Generation später anbrach, den Namen eines Zeitalters der Revolutionen, *siecle des révolutions*, erhalten.

Die Lebensregeln, die Bianchon Rousseaus «Nouvelle Héloïse» und dem «Émile» entnimmt, sind im Hinblick auf einen solchen Krisenzustand formuliert. In gewisser Weise setzen sie voraus, daß er schon eingetreten war oder bald eintreten wird. Denn wenn es zur Krise kommt, weiß niemand mehr, was aus ihm werden wird. Glücklich, wer dann Mensch zu bleiben versteht, erklärt Rousseau. Nur das Gepräge der Natur sei dauerhaft und unauslöschlich, und deshalb gelte es, so viel Natürlichkeit zu bewahren oder zurückzugewinnen wie irgend möglich, und dazu gehöre die Einsicht, *daß die Natur weder Fürsten noch Reiche noch auch große Herren hervorbringt*. Aber was wird aus den Großen und Reichen, wenn die Ordnung zusammenbricht, für die allein sie geschaffen sind? Was soll ein abgesetzter Satrap tun, der nur für die Größe erzogen wurde, was eine verarmter Steuerpächter, der nur vom Gold zu leben versteht, oder was ein den Prunk liebender Tor, der sein ganzes Wesen in das zu legen gewohnt ist, was ihm fremd ist? *Glücklich ist also der*, lautet die Antwort, *der seinen Stand verlassen kann, wenn dieser ihn verläßt, und unabhängig von seinem Los Mensch zu bleiben versteht*. So könne ein König, der von seinem Thron gestürzt wird und der alles, was er ist, nur durch seine Krone ist, sein Schicksal nur meistern, wenn er sich allein auf sich selbst stützt und dadurch beweist, daß er nicht nichts ist. Er kann aufsteigen in den Stand des Menschen, der das eigentliche Königtum der Menschheit ist, zu dem sich nicht jedermann und am wenigsten ein König zu erheben versteht.

Auf den ersten Seiten von «Le Père Goriot» zeichnet Balzac ein düsteres Bild vom Gang der Zivilisation, das ihrer Verdammung bei Rousseau in nichts nachsteht: *Der Wagen der Zivilisation, der dem des Götzenbildes Jaggernaut gleicht, läßt sich durch ein Herz, das weniger leicht zu brechen ist als die anderen und das sich in seinem Rad verfängt, nicht aufhalten, sondern zerstört es, um seinen ruhmreichen Weg fortzusetzen*. Von dieser unheilvollen Macht der Zivilisation handelt auch die Mandarinparabel. Sie stellt zwei Wege und zwei Moralauffassungen gegenüber: die Moral der Mächtigen und Reichen, die sich von Glanz und Macht zum Bösen verleiten lassen, und die Moral der überschaubaren, intimen Gesellschaft mit ihrem Ideal der Einfachheit. Bianchon läßt sich bei seiner Entscheidung von der Zivilisationskritik Rousseaus leiten, er will dessen Ideal eines Lebens im kleinen Kreis verwirklichen. Rousseaus Name weist also nicht auf den Autor der Mandarinparabel hin, sondern auf den Autor der Antwort auf die von ihr gestellte Frage.

3

Unglück in weiter Ferne

Balzac hat die Mandarinparabel in seinem Romanwerk zweimal abgewandelt, ohne Rousseaus Namen zu erwähnen. Auch vom Mandarin ist in beiden Fällen nicht die Rede. Aber das Muster ist unverkennbar das gleiche. Es findet sich zuerst in seinem 1824 anonym erschienenen Roman «Annette et le criminel», den er später unter dem Titel «Argow le pirate» neu herausbrachte. Hier ist es ein Blick, der über eine riesige Entfernung hin einen Mann töten soll. Der Todeswunsch soll auch hier in Erfüllung gehen, ohne daß es jemand bemerkt, und auch hier geht es um die Versuchung, ohne Gefahr ein großes Vermögen zu erlangen, mit dem man sich alle Wünsche erfüllen kann, die vom Leben in der großen Gesellschaft geweckt werden: *Wenn du nur durch einen Blick in Neu-Holland einen Mann töten könntest, der im Sterben liegt, und dies, ohne daß die Welt davon erführe; und wenn dieses halbe Verbrechen, sagst Du in Deinem Herzen, Dir ein glänzendes Vermögen bringen würde – wärest Du dann nicht längst in Deinem Palais, in Deiner Karosse? Du würdest sagen: meine Pferde, mein Land und mein Kredit! Du würdest nicht zögern, immer wieder zu sagen: Ein Ehrenmann wie ich.* Wie in der Mandaringeschichte sind Stadtpalais, Karosse, eine glänzende Laufbahn die Prämie für eine Tat, deren Opfer unbekannt ist, weit entfernt und ohnehin dem Tod nahe, der ohne Blutvergießen eintreten wird. Die Verlockungen nahen Glücks werden abgewogen gegen fernes Unglück, ein elendes Leben gegen ein glanzvolles. Der Todeswunsch wird sich mühelos gegen den Einspruch der Moral durchsetzen, die Tat erscheint nur als ein halbes Verbrechen.

In Balzacs zwanzig Jahre später, 1844, als Zeitungsfeuilleton erschienenem Roman «Modeste Mignon» gerät der Dichter Canalis in Verdacht, seinen Dichterruhm mißbraucht zu haben, um die Liebe einer jungen Verehrerin zu erlangen. Aber er ist unschuldig, denn sein Sekretär, der die Korrespondenz führt, hat sich in die Briefschreiberin Modeste Mignon verliebt, die seine Liebe erwidert. Ohne davon zu wissen, antwortet Canalis auf die Vorhaltungen der Familie, die von dem alten Soldaten Dumay vertreten wird, mit einer brutalen Schilderung der Herzlosigkeit der Gesellschaft: Was bedeutet das Schicksal des Mädchens, das für seine Verwandten alles ist, für die Gesellschaft? Nichts, sagt der Dichter: *In diesem Augenblick dreht der nützlichste Mandarin Chinas die Augen nach innen und versetzt das Reich in Trauer. Bereitet Ihnen das großen Kummer?* Unglück in weiter Ferne rührt in Paris niemanden, nicht einmal, wenn es genau in diesem Augenblick geschieht: *Die Engländer töten in Indien Tausende von Menschen, die genauso viel wert sind wie wir, und in der Minute, in der ich zu Ihnen spreche, verbrennt man dort die hinreißendeste Frau. Trinken Sie deswegen zum Frühstück eine Tasse Kaffee weniger?* Aber nicht nur das Leid in weiter Ferne läßt die Menschen ungerührt, sondern auch das Elend in ihrer unmittelbaren Nachbarschaft: *Zu dieser Stunde gibt es in Paris Mütter, die auf Stroh liegen und ein Kind gebären ohne ein Tuch, um es darin zu wickeln.* Der Anblick dieses Elends bringt niemanden dazu zu helfen, denn in Paris vergißt man sofort, was man gesehen hat.

Mit seinen Gedichten ruft Canalis stärkere Erschütterungen hervor als das wirkliche Elend. Doch er täuscht sich nicht über das Unechte der Gefühle, die von seinen Gedichten geweckt werden: *Hier steht ein köstlicher Tee in einer Tasse für fünf Louisdor, und ich schreibe Verse, damit die Pariserinnen sagen: ‚Reizend, reizend, göttlich, köstlich – das geht zu Herzen!'* Jeder Appell ans Mitgefühl mit dem Unglück anderer muß ungehört bleiben, wenn die Gefühle einmal in falsche Bahnen gelenkt sind. Canalis gesteht, daß er seelisch bald ruiniert wäre, wenn er wirklich empfinden würde, was er schreibt. Die Menschen seien in ihre Gefühle verkapselt, jeder lebe isoliert in seiner eigenen Sphäre. Das ist der Preis der Individualisierung. Die Stärksten machen die Gesetze, ungehemmt von Skrupeln oder Mitleid. Wenn die Lebensphären der Menschen sich nicht berühren, wenn jedes Individuum in einen eigenen Bereich eingeschlossen ist – was wird da aus dem Verpflichtungsgehalt der Moral? Die Antwort in «Ursule Mirouet» lautet: *Die Moral wandelt sich nicht, aber die Verpflichtungen sind je nach Lebenssphäre andere.*

Den alten Soldaten Dumay, der fünfzehn Jahre lang seinem Vaterland gedient hat, belehrt Canalis: *Sie sind hier in einer Stadt, in der man stirbt, heiratet, beim Stelldichein vor Wonne erstickt, wo ein junges Mädchen den Verstand verliert, der Mann von Genie mit seiner ganzen Fracht von Menschheitsbeglückungsideen kentert, und all dies dicht beieinander, oft unter einem einzigen Dach, ohne daß man voneinander weiß.* Eigenliebe und Interesse lenken das Leben, und Menschen, die, wie Père Goriot, alles für andere hingeben, bestätigen dieses Gesetz durch das Unglück, das sie erleiden. Ihr Schicksal ist nichts weiter als eine Empfehlung, nur an sich selbst zu denken. Beim Eintritt in die Gesellschaft muß, wer Erfolg haben will, die großherzigen Gefühle ablegen. Das ist Rastignacs Problem.

4
Die Wüste des Egoismus

In der zwischen 1831 und 1833 datierten, von Philarèthe Chasles unterzeichneten, aber wohl von Balzac selbst inspirierten Einleitung zur Gruppe «Romans et contes philosophiques» der «Comédie humaine» wird über das Erzählen in einer vom *analytischen Geist* beherrschten Gesellschaft gesagt: *Je mehr die Welt altert, desto schwieriger wird das Erzählen.* Denn indem das analysierende Denken die Gesellschaft erkläre, zersetze es nicht nur den Gegenstand des Denkens, sondern tötet auch die Lust zu denken. Was soll da aus dem Wunderbaren werden? Und was soll man Menschen erzählen, die sagen können, sie hätten noch Bonaparte gesehen, sie hätten im Kreml biwakiert und in der Alhambra geschlafen? Es sei Balzacs literarische Entdeckung, erklärt der Verfasser der Einleitung, die zerfallende, vom analytischen Geist durchdrungene Gesellschaft mit Mitteln darzustellen, die ihr selbst entnommen sind: *Ein Erzähler, der die Menschen unterhält, die verborgenen verbrecherischen Neigungen, den Marasmus und die Langeweile seiner Epoche als Grundlage nimmt, ein Mann des Denkens und der Philosophie, der sich bemüht, die Desorganisation zu schildern, die vom Denken hervorgerufen wird – das ist Monsieur de Balzac*. Er stelle sich auf den Standpunkt der Gegenwart und arbeite mit den Zerfallsprodukten der durch die Reflexion aufgelösten Gesellschaft. Dieses Verfahren einer illusionslosen Romantechnik soll aber nichtsdestoweniger unterhalten, denn Reflexion und Unterhaltung gehören zusammen. Die Analyse zeichnet den Wechsel zahlloser Schicksale und Situationen nach und befriedigt ein Unterhaltungsbedürfnis, das nicht mehr naiv, sondern reflektiert ist.

Der Verfasser der Einleitung beruft sich dafür auf die *materialistische Ironie* des achtzehnten Jahrhunderts. Die Epoche mit ihren eigenen Waffen zu schlagen, das sei die Ironie der Zukunft: *Er hat unsere Epoche getroffen, indem er ihr seine Waffen entnahm und jene Raserei des Erfindens, jene vergiftete Ironie, jene glühenden, dunklen und grellen Farben benutzte, deren übermäßiger Gebrauch der Untergang der Kunst wäre*. Seine Romane sollen sich den Abstufungen der Gesellschaft in allen ihren Nuancen anpassen, ihr Farbenreichtum soll nicht nur abwechslungsreich, sondern zugleich analytisch sein. Jede Nuance der Schilderung erfaßt ein Symptom des gesellschaftlichen Zustandes, jener *Wüste des Egoismus*, durch die die Romane Balzacs führen. Ihre heimlichen Helden sind die Parias, die Ausgestoßenen, *die, von der Gesellschaft aus den Universitäten und Schulen verbannt, ihren Überzeugungen treu geblieben sind und mit der Reinheit ihrer Moral die Kraft ihres Glaubens bewahrt haben und dadurch gerettet werden, während die Menschen droben, die auf ihre hohen Fähigkeiten stolz sind, mit ihrem Stolz ihr Elend und mit ihrer Einsicht ihren Schmerz wachsen sehen.* Hier berührt sich die Menschliche Komödie Balzacs mit Dantes Göttlicher Komödie, sie zeigt einen Weg der Erlösung, allerdings im Höllenkreis.

Der fundamentale Defekt der Gesellschaft, die Balzac schildert, ist der Egoismus: Die Stärksten machen die Gesetze, ungehemmt durch Skrupel oder Mitleid. Eigenliebe und Interesse bestimmen das Leben. Der Mensch ist, was die Gesellschaft aus ihm macht. Der alles durchdringende Egoismus ist das Schlüsselsymptom für die Zivilisation, die in den Zustand der Verwilderung übergeht: *Egoismus also überall, physischer Egoismus, wilde Persönlichkeiten, die aus einer sexuellen und raffinierten Zivilisation entstehen.* Daß mit der Zivilisation das Elend wächst und der Egoismus mit Hilfe der Reflexion einen Zustand der Verwilderung herbeiführt, hatte schon Rousseau gelehrt. So erweist sich für Balzac die von Rousseau geforderte Entscheidung zwischen dem Leben in Gesellschaft und der Zurückgezogenheit als der einzige Ausweg, um ihre Integrität zu bewahren. Die Außenseiter, seine heimlichen Helden, verkörpern eine pathologische Form dieses Ideals innerhalb der Gesellschaft und scheitern notwendig.

In der von einem gewissen Félix Davin unterzeichneten Einleitung von 1834 zur Gruppe der «Études philosophiques» beruft sich Balzac auf einen Satz Rousseaus aus dessen Zweitem Discours, der «Abhandlung über den Ursprung der Ungleichheit» von 1755: *Der Mensch, der denkt, ist ein entartetes Tier – L'homme qui pense est un animal dépravé.* Dieser Satz war auch schon in der Einleitung von Philarèthe Chasles zitiert und auch hier als *Rousseaus Axiom* eingeführt worden. Dort sollte er erklären, warum das analysierende Denken nicht nur seinen Gegenstand, die Gesellschaft, auflöst, sondern sogar die Freude am Denken tötet. Ein Befund von größter Tragik, wie es weiter heißt, denn indem der Mensch sich zivilisiere, begehe er Selbstmord. Balzac, der sich als Beobachter und Schilderer dieses Todeskampfes verstand, kommentierte sich selbst in der Rolle seiner Ghostwriter, um den Standpunkt zu bezeichnen, den er als Romancier einnahm. Die Reflexion trieb die Agonie der Gesellschaft auf die Spitze, und das Individuum spielte dabei eine ebenso verhängnisvolle wie tragische Rolle. Rousseaus düstere Ansicht über das Denken erschien Balzac als das letzte Wort der Aufklärung.

Auch die Mandarinparabel, die Balzac Rousseau zuschreibt, ist ein Anwendungsfall des Rousseau-Axioms, denn sie zeigt, daß die Verrechnung fremden Leids mit eigenen Vorteilen die in der menschlichen Natur verankerte Tötungshemmung zu überwinden vermag. Die Fernwirkung des Blicks oder des Willens kann als Symbol der Fortschritte der Technik verstanden werden, die eines Tages vergleichbare Fernwirkungen erzielen wird – eine verbreitete Variante der Mandaringeschichte läßt den Mord in weiter Ferne durch einen Knopfdruck geschehen. Je größer die Entfernung zum Schauplatz der Tat, desto schwächer werden die moralischen Skrupel: Der Mensch reflektiert sich aus der Moral heraus. Deshalb haben die Fernwirkungen, mit denen die Reflexion so gut umzugehen vermag, eine kritische Beziehung zum Mitleid, dessen Reichweite begrenzt ist. Ist der Wille erst einmal von moralischen Gefühlen abgekoppelt, dann werden diese auch im Nahbereich schwächer. Wie die Rede des Dichters in «Modeste Mignon» zeigt, äußert sich in einer Stadt wie Paris das Mitleid nicht einmal mehr beim unmittelbaren Anblick des Elends. Die Reflexion ist in die elementare Schicht der Gefühle eingedrungen – ein Beweis dafür, daß der Mensch ein *aus der Art geschlagenes Tier* ist.

5

Gedanken, die töten

Balzac war Philosoph, ehe er Romanautor wurde. Noch nicht zwanzig Jahre alt, zwischen 1818 und 1820, legt er ein philosophisches Notizheft an, in dem er Exzerpte aus klassischen Philosophen sammelt und kommentiert. Er fühlt sich zu den materialistischen Philosophen des achtzehnten Jahrhunderts und zu Spinoza hingezogen. In seinen Romanen setzt er diese philosophischen Studien seiner Jugend fort, in unermüdlicher Suche nach einem verborgenen Prinzip allen Geschehens und nach elementaren Antrieben des sozialen Lebens. So ist in seinen Romanen der Ehrgeiz allgegenwärtig wie die Gravitationskraft in der Natur. Seit den philosophischen Studien seiner Jugend kreist Balzacs Denken um den Begriff der *vitalen Energie*, einer überpersönlichen Lebenskraft, deren Quantum ungleichmäßig verteilt sein und von einem Leben auf ein anderes übergehen soll. Der Held seines Jugendwerkes «Le Centenaire» (1822) verjüngt sich periodisch, indem er das vitale Fluidum seiner Opfer in sich aufnimmt. Diesen Lebensstoff kann man verausgaben oder mit ihm haushalten wie Gobseck, der seine Lebensbewegung verlangsamt, indem er seine Leidenschaften zügelt, nie die Stimme erhebt und einsilbig wird. Sarrasine, der Kastrat, wird hundert Jahre alt. Vergeudet wird die vitale Energie nicht nur durch Ausleben der Sinnlichkeit, sondern auch durch ungewöhnliche Willensstärke, so daß sich im Chagrinleder Macht wie Ohnmacht materialisierte. Balzac verstand sein Romanwerk als Suche nach dem *Grund der Bewegung*, nach dem *einzigen und ursprünglichen Sitz der universellen Energie*, nach dem Willen als materieller Kraft, nach der *gemeinsamen Substanz aller Geschöpfe*.

Nach dieser Philosophie der Lebenskraft verfügt jeder Mensch bei seiner Geburt über ein bestimmtes Energiequantum, mit dem er sparsam oder verschwenderisch umgehen kann. Wie Schopenhauers *Sorgestoff* symbolisiert Balzacs *Lebensstoff*, der aus der gemeinsamen Substanz aller Geschöpfe hervorgeht, ein jedem einzelnen zugemessenes Quantum an Lebenskraft, das nicht nur durch vitale Lebensäußerungen, sondern auch durch gewaltsame und zerstörerische Gedanken aufgezehrt wird. Über das Denken heißt es in «Les Martyrs ignorés», es sei *der wahre Würgeengel der Menschheit*, es sei der Grund der Leidenschaften, der Laster und der extremen Handlungen. Schmerzen wie Freuden werden als *Sturzbäche des Denkens* bezeichnet. Auch hier beruft sich Balzac auf Rousseaus Axiom, daß der Mensch, der denkt, ein aus der Art geschlagenes Tier sei. Überall zeigt die Gegenwart die Wunden, die ihr die Reflexion schlägt. Ohne das düstere Finale, den Absturz der Zivilisation ins Nichts, aus dem Auge zu verlieren, verweilt Balzac bei den Erscheinungen des Phantastischen, die er in der Gesellschaft seiner Zeit entdeckt und die eine Chiffrenschrift des Endes sind.

Ein wiederkehrendes Motiv der «Menschlichen Komödie» ist der Gedanke, der tötet, *la pensée, qui tue*. In «Der Landarzt» erklärt Benassis, daß nicht die Pistole, sondern der Gedanke töte; César Birotteau stirbt am Gedanken der Rechtschaffenheit wie durch einen Pistolenschuß; in «Le peau de chagrin» schrumpft das Leben in direkter Proportion zur Steigerung der Gedanken; Louis Lambert geht an seinen Meditationen zugrunde. In der Geschichte des Mystikers Louis Lambert sind die Gedanken Teil des Lebensstoffs, aus dem das Individuum seine Energie zieht und den es durch verschwenderischen Gebrauch aufzehrt. Wille und Gedanke sind eins. Wie die Kraft der Gedanken das Leben aufzehrt und ein einziger Gedanke es beenden kann, so kann der bloße Wille töten. Gedanken, auf einen Punkt konzentriert, bewirken dasselbe wie die überlegene physische Kraft: *Vereinigt man einige gewaltsame Vorstellungen in einem einzigen Punkt, so töten sie einen Mann, als bekäme er einen Faustschlag.* Aber wie weit reichen diese Kräfte? Daß jemand durch einen bloßen Willensakt getötet werden kann, ist im Universum Balzacs nichts Ungewöhnliches, denn Gedanken können töten. Aber können sie es auch über sehr große Entfernungen hinweg?

Wenn Balzac von den Somnambulen fasziniert war, die er häufig aufsuchte, so lag es nicht zuletzt an ihrer Fähigkeit, große Entfernung zu überbrücken. In einem Brief schreibt er: *Welch beeindruckende und furchtbare Macht! Wenn man nur wüßte, was in der Seele bei ihrem Wirken in größte Entfernung vorgeht! Wenn man nur wüßte, was sie tun!* Intensiv studierte er den Magnetismus und die Fähigkeit der Somnambulen, an weit entfernten Orten zu sehen und sogar zu agieren. Sein Roman «Ursule Mirouet» enthält einen Abriß der Geschichte der *Tatsachen des Magnetismus, der Wunder des Somnambulismus, der Divination und der Verzückung* und die Schilderung eines Experiments mit dem *Fernsehen* der Somnambulen, über das die Zeitungen der Zeit so viel zu berichten wußten. Balzac hielt diese Phänomene für wissenschaftlich erwiesen, die Philosophien von Locke, Condillac und Diderot hatten seiner Ansicht nach ihrer Anerkennung den Weg gebahnt: *Für den Materialisten ist die Welt erfüllt, alles hält sich gegenseitig und ist miteinander verkettet, und alles ist erklärbar.* Balzac zitiert Diderots Diktum, daß die Welt als Werk des Zufalls besser zu begreifen sei denn als Schöpfung Gottes: *Die Vielfalt der Ursachen und die unvergleichlich hohe Zahl von Würfen, die der Zufall verlangt, erklären die Schöpfung.* Die Erscheinungen des Magnetismus und des Somnambulismus hielten ihrer Entschlüsselung durch die Wissenschaft auf die Dauer nicht stand.

Die Phänomene selbst waren nicht zweifelhaft. In «Ursule Mirouet» treffen sich zwei alte Freunde, der eine überzeugt von den Kräften der Somnambulen, der andere, Doktor Mirouet, ein Gegner des Mesmerismus. Gemeinsam überwachen sie das Experiment mit einem Medium, das die Tochter des Doktors im fernen Nemours beobachtet, bis in kleinste Details über ihr Tun und Lassen Auskunft gibt und Dinge weiß, die nur Vater und Tochter bekannt sind. Am Ende ist Doktor Mirouet überzeugt, daß für den Blick der Somnambulen keine Entfernung zu weit ist: *Sie wird Ihnen sagen, was zwanzig Meilen von hier, aber auch, was in China geschieht.* Auch hier steht China für die größte Distanz, die Blick oder Wille durchmessen können. Das Experiment mit dem Mandarin beruht für Balzac also durchaus nicht auf phantastischen Voraussetzungen: Sein Gelingen hängt von Willenskraft und Gedankenstärke ab. Die technischen Voraussetzungen dafür hat Balzac in der in seinen Romanen verschlüsselten Philosophie dargelegt.

6

Ein bewegliches Gewissen

Daß Balzac seine Leser auf eine falsche Spur gesetzt hat, als er Rousseau als Erfinder der Mandarinparabel nannte, hat den Ehrgeiz der Philologen geweckt, ihren wahren Autor ausfindig zu machen. Balzac selbst war dabei nicht auszuschließen, denn seine Philosophie enthält alle Voraussetzungen, die dieses Gedankenexperiment glaubwürdig erscheinen lassen. Und tatsächlich hat man in seinen Romanen zwei Varianten ans Licht gezogen: die Geschichte von dem Mann in Neuholland und die Rede des Dichters Canalis, der die Gleichgültigkeit der Großstadtbewohner gegen fernes und nahes Leid und Elend geißelt. In beiden Fällen geht es nicht nur um Todeswünsche, sondern auch um moralische Gefühle, nicht nur um Gewissenlosigkeit im Handeln, sondern auch um Roheit im Umgang der Menschen miteinander.

Doch näher als irgendeine der Varianten bei Balzac kommt der Mandarinparabel ein Text von Chateaubriand. Der Begründer der romantischen Literatur Frankreichs stellt in «Génie du christianisme», seiner 1802 erschienenen Verherrlichung des mittelalterlichen Christentums, dieselbe Frage, die Balzac Rousseau zugeschrieben hat: *Wenn du nur durch einen Wunsch, einen Mann in China töten und sein Vermögen in Europa erben könntest, in der völligen Gewißheit, daß niemand je etwas davon erführe, würdest du diesem Wunsch nachgeben?* Auch hier ist das Opfer ein Mann in China, wenn auch kein würdiger Mandarin, auch hier wird der Todeswunsch geweckt durch die Aussicht auf ein großes Vermögen, und auch hier soll es möglich sein, die Tat unbemerkt und straflos zu begehen. Sogar die Kasuistik der Argumente, die den Entschluß zur Tat erleichtern sollen, deckt sich mit den Überlegungen von Rastignac und Bianchon: *Mag ich auch meine Bedürftigkeit noch so sehr unterstreichen, mag ich diesen Mord auch abmildern durch die Annahme, daß der Chinese auf meinen Wunsch plötzlich und ohne Schmerzen stirbt, mag er auch keine Erben haben und mögen sogar bei seinem Tod seine Güter für den Staat verloren sein, mag ich mir diesen Fremden auch geschlagen von Krankheiten und Kummer denken und mir sogar ausmalen, daß der Tod eine Wohltat für ihn ist, daß er ihn selbst herbeisehnt und daß er nur noch einen Augenblick zu leben hat – trotz aller dieser Ausflüchte höre ich auf dem Grunde meines Herzens eine Stimme, die sich so kräftig gegen den bloßen Gedanken eines solchen Vorschlags erhebt, daß ich keinen Augenblick an der Wirklichkeit des Gewissens zweifeln kann.*

Die Poesie des Christentums, die Chateaubriand in seinem Werk nostalgisch beschwört, erlaubt es ihm, jene Zweifel, die von der Philosophie des achtzehnten Jahrhunderts in die Welt gesetzt wurden, einfach zu ignorieren. Die lange Entbehrung der Religion, die von Aufklärung und Revolution erzwungen worden war, hatte, wie er erklärt, einen *Glaubenshunger* und eine *Sehnsucht nach religiösen Tröstungen* erzeugt, die er zu stillen sucht, indem er die Epochen seit der Renaissance überspringt. So kann das Gewissen für ihn wieder das sein, was es im christlichen Mittelalter war: Es erkennt, was wir getan oder nicht getan haben, beurteilt, ob etwas getan oder nicht getan werden soll, ob es gut oder nicht gut getan ist. Durch das Gedankenexperiment eines straflosen Mordes sollen diese schlichten Wahrheiten nur um so überzeugender hervortreten.

Die Parabel vom Tod des Mandarins im fernen China ist für Chateaubriand ein willkommenes Ärgernis, an dem sich die Kraft des Gewissens bewähren kann. Es zeigt sich, daß es der Herausforderung mühelos gewachsen ist. Zwei Denkweisen, die Aufklärung und die christliche Welt, treffen hier aufeinander, und das von der Aufklärung verhöhnte Christentum erweist sich als überlegen, indem das Gewissen durch die Versuchungen, denen es ausgesetzt wird, an Stärke gewinnt. Für Chateaubriand ist es kein Phantom der Einbildungskraft wie für die Philosophen der Aufklärung, es hat seine Quelle auch nicht in der Furcht vor Strafe, und die zugesicherte Straflosigkeit beeindruckt es so wenig wie die Kraft des Todeswunsches. Chateaubriands Glaube ist ein wiedergewonnener Glaube, der die moderne Philosophie durch eine Konversion zum literarisch erneuerten Glauben des Mittelalters hinter sich gelassen hat. Es ist weniger der Glaube des Mittelalters als der Glaube an das Mittelalter. Chateaubriand nutzt die Provokationen des religionsfeindlichen Denkens, um die Güter, die er retten will, überzeugend zu verteidigen.

Unmerklich wird auf diese Weise das Gewissen modernisiert. Denn es wird durch die großen Entfernungen nicht verwirrt. In Chateaubriands Version der Mandaringeschichte ist das Gewissen in der Neuen Welt ebenso zu Hause wie er selbst, es kennt keine Hindernisse in Raum und Zeit und reagiert auf ferne Ereignisse nicht anders als auf nahe, es urteilt überall und unter allen Umständen gleich. Chateaubriand will die modernen Zweifel an der Moral überwinden, er erzählt die Parabel vom Mord im fernen China, um deren Verführungskraft zu bannen. Dabei kommen ihm seine reichen Erfahrungen als Reisender in Nordamerika zugute. Wie er selbst, der in Amerika gewesen war, ist auch das Gewissen, das er in seine alten Rechte wieder einsetzt, welterfahren. Chateaubriands Beschwörung der Welt des christlichen Mittelalters gleicht einer Expedition zu einem fernen Kontinent.

Balzac, der Chateaubriand und dessen «Génie du christianisme» nicht mochte, hat die Version der Mandarinparabel, die dort erzählt wird, zweifellos gekannt. Statt aber Chateaubriand als ihren Autor zu nennen, schreibt er sie Rousseau zu. Damit erstattet er sie den Philosophen des achtzehnten Jahrhunderts im Umkreis der Enzyklopädie zurück, die Chateaubriand bekämpfte und an die er gewiß selbst auch dachte, als er die Mandarinfrage als beispielhafte Herausforderung des christlichen Gewissens in sein Werk aufnahm. Balzac versetzt die Mandarinfrage wieder in dieses Gedankenmilieu zurück, in dem Zufall und Zweifel eine so große Rolle spielten.

7
Groß und klein, nah und fern

In diesem Milieu, bei den Pariser Philosophen, hat Carlo Ginzburg eine Reihe von Gedankenexperimenten entdeckt, die, wie er mit einer Formulierung Diderots sagt, von den *moralischen Implikationen der Distanz* handeln. Daß sich der Verpflichtungsgehalt der Moral mit der Entfernung oder der Größe ihres Gegenstandes verändert, wird von Diderot, dem Spezialisten für waghalsige Gedankenexperimente, durchgespielt. Sein «Gespräch eines Vaters mit seinen Kindern» von 1771 handelt, wie es im Untertitel heißt, von der Gefahr, sich über die Gesetze zu stellen, und vom unvermeidlichen Konflikt zwischen allgemeinen Moralvorschriften und besonderen Gesetzen. Nachdem der Vater und seine Kinder eine Weile über diese Frage debattiert haben, kommt ein Hutmacher hinzu, der mit den Gesetzen in Konflikt geraten ist – ohne sein Verschulden, wie er selbst und seine Zuhörer glauben. Das Gespräch über das Verhältnis von Moralprinzipien und geschriebenen Gesetzen nimmt nun eine neue Wendung: Darf man sich den Gesetzen, wenn man mit ihnen in

Konflikt geraten ist, entziehen, indem man sich an einen anderen Ort begibt? Und wird dann nicht das schlechte Gewissen dorthin folgen? Diderot läßt die lebhafte Diskussion in eine radikale Schlußfolgerung münden: *Wir waren uns darüber einig, daß die räumliche und zeitliche Distanz vielleicht alle Empfindungen und jede Art des Gewissens abstumpft, sogar wenn man einen Mord begangen hat.*

In einem späteren Zusatz gibt Diderot ein Beispiel für diese Auslöschung der moralischen Gefühle durch räumliche Entfernung und nennt China als Land, das weit genug entfernt ist, damit der Mörder seine in Paris begangene Tat vergessen kann: *Der Mörder, der bis nach China gelangt ist, ist zu weit entfernt, um noch die blutüberströmte Leiche zu sehen, die er blutend am Ufer der Seine liegen gelassen hat.* Vielleicht, folgert Diderot, entspringe das Gewissen weniger dem Schauder des Täters vor seiner Tat als seiner Angst vor Tadel und Strafe. Wird ihm diese Angst genommen, erhebt auch sein Gewissen nicht mehr seine Stimme. Deswegen fürchte er sich vor nichts so sehr wie vor Entdeckung. Er könne nie ganz sicher sein, sich nicht durch ein unbedachtes Wort, das ihm vielleicht im Traum entschlüpft, zu verraten. Nach dieser Abschweifung ergreift Diderots Vater wieder das Wort und mahnt, an der herkömmlichen Moral festzuhalten: *Meine Kinder, die Tage des Bösen sind voller Unruhe. Die Ruhe ist nur für den Redlichen geschaffen. Er allein lebt und stirbt ruhig.*

Die Erwartung, daß die moralischen Gesetze mit zunehmender Entfernung an verpflichtender Kraft verlieren, beruht auf der Annahme, daß es vor allem die lebhafte Erinnerung an die Tat ist, durch die das Gewissen wach wird. Entfernt sich der Verbrecher weit genug vom Schauplatz der Tat, so werden die moralischen Gefühle nicht angeregt. Wenn also der Mörder flieht und sich vom Schauplatz seiner Tat weit genug entfernt, wird er keine Reue empfinden. Das Gewissen folgt ihm nicht überall hin, es verändert sich in Raum und Zeit. Diderot schließt daraus, daß das Gewissen nicht im Innern der Menschen entsteht, sondern aus dem Anblick und den Umständen der Tat, vor allem aber aus der Furcht, ertappt zu werden. Wie Carlo Ginzburg gesehen hat, behandelt Diderot die allgemeinen Moralvorschriften genauso wie lokale Bräuche, die an einem Ort verbieten, was an einem anderen erlaubt ist.

Ein Ausweg wäre die Umstellung der Begriffe der herkömmlichen Moral von Nähe auf Ferne. So hatten schon die Stoiker empfohlen, auf das Leid, das nächsten Verwandten oder Freunden zustieß, nicht anders zu reagieren als auf das Leid von Unbekannten in weiter Ferne, also mit Kälte und Gleichgültigkeit statt mit Wärme und Anteilnahme. Nur so glaubten sie, einen Ausgleich der Gefühle und die erstrebte Unerschütterlichkeit erreichen zu können. Diderot wollte nun wissen, ob durch eine solche Umstellung der Nahmoral auf Fernmoral von der traditionellen Moral überhaupt etwas übrigblieb. Seine Gedankenexperimente, mit denen er die Allgemeingültigkeit der Moral prüfte, machten jedenfalls deutlich, auf wie unsicherem Fundament die Moral stand. Die Moral, deren Reichweite überdehnt wurde, erlitt auch im Nahbereich einen Evidenzschwund, der für ihre Verbindlichkeit ruinös sein mußte. Die moralischen Erweiterungsexperimente schwächten den Verpflichtungsgehalt der Moral, wenn sie ihn nicht überhaupt zunichte machten. Der Weg führte von einem moralischen Perspektivismus zum Immoralismus. Die traditionelle Moral war, wie Diderots Experimente zeigten, der Herausforderung durch die erweiterten Handlungsräume offensichtlich nicht gewachsen, die *moralischen Implikationen der Distanz*, von denen er sprach, erwiesen sich als ruinös für jede Moral.

Zwanzig Jahre vor dem «Gespräch eines Vaters mit seinen Kindern» hatte Diderot in seinem «Brief über die Blinden» von 1749 nachweisen wollen, daß ein Blinder einen Menschen, der, ohne einen Klagelaut, unmittelbar neben ihm ermordet wird, nicht von jemandem unterscheiden könne, der Wasser läßt. Wenn die Tugenden so sehr von den Sinnen abhängig sind, dann kann es unter bestimmten Umständen leicht sein, einen Menschen zu töten, ohne dadurch erschüttert zu werden. In den Gedankenexperimenten, mit denen Diderot die übliche moralische Wahrnehmung durch Modifikation der Sinne unterläuft, zeigt sich die Abhängigkeit der Moral von den Sinnesempfindungen. Der Blinde, der den Mord nicht bemerkt, ist ein Gefangener seiner Empfindungen. Diderot erklärt mit brutaler Deutlichkeit, es müsse dem Blinden durch diese Beschränkung seiner Sinne an Menschlichkeit fehlen. Denn von allen Zeichen, die sonst Vorstellungen von Schmerz und Mitleid hervorrufen, affizieren ihn nur die Klagelaute.

Wenn es, wie Diderot glaubte, eine Art von physikalischem Gesetz gab, wonach sich die moralischen Empfindungen nicht anders verhalten als sinnliche Wahrnehmungen und also mit wachsender Entfernung schwächer werden, dann konnte ein Mord, der in großer Entfernung begangen wurde, nicht mehr Mord genannt werden. Wenn das Opfer nicht nah war, sondern fern, wenn es nicht groß, sondern klein war, oder wenn es, wie bei dem Blinden, von den Sinnen nicht adäquat erfaßt werden konnte, dann war der moralische Maßstab so sehr verändert, daß die moralischen Vorschriften ihre verpflichtende Kraft verloren. Würde man sich einen Menschen so klein wie eine Schwalbe vorstellen, so wäre die Hemmung, ihn zu töten, sozusagen geometrisch verkleinert. Mitleid und Schuldgefühl wären so sehr abgeschwächt, daß das moralische Echo der Tat ausbliebe. Die Grenzen der Sinne waren die Grenzen der Moral. Gäbe es ein Wesen, spekuliert Diderot weiter, das mehr Sinne hätte als die Menschen, so müßte deren Moral ihm armselig vorkommen. Die Modifikation der Sinne habe auf die Moral eine ähnliche Wirkung wie die Entfernung: *Hören denn nicht auch wir selbst auf, Mitleid zu empfinden, wenn die Entfernung von den Gegenständen oder ihre Kleinheit auf uns die gleiche Wirkung ausüben wie die fehlende Sehkraft auf Blinde? So sehr ist unsere Tugend abhängig von der Art, wie wir empfinden, und dem Ausmaß, in dem wir von den äußeren Dingen beeindruckt sind. Ich zweifle deshalb auch nicht daran, daß viele Leute eher bereit wären, einen Menschen zu töten, der so weit entfernt ist, daß er die Größe einer Schwalbe zu haben scheint, als ei-*

nem Ochsen eigenhändig den Hals abzuschneiden. Lassen wir uns nicht von dem gleichen Grundsatz leiten, wenn wir mit einem leidenden Pferd Mitleid empfinden, während wir eine Ameise ohne Skrupel zertreten?

Von hier sei es, erklärt Ginzburg, nicht weit zu de Sades Rechtfertigung des Mordes. Denn seine Philosophie beruhe auf Diderots Frage, ob wir unser Mitleid nicht auch auf die Tiere, sogar die kleinen Tiere wie die Ameisen, ausdehnen sollten. Wenn das Mitleid abhängig ist von Nähe oder Ferne und Größe oder Kleinheit seines Objekts, braucht man diese Unterschiede bloß einzuebnen und das Verhalten gegenüber dem Fernsten und Kleinsten für das Verhalten gegenüber nächsten Menschen verbindlich zu machen, um zu denselben Schlußfolgerungen zu gelangen wie de Sade: *Vom Standpunkt der Natur aus betrachtet, ist Mord kein Verbrechen. Denn zwischen den Menschen, Tieren und Pflanzen gibt es in der Natur, die sie alle gleichermaßen geschaffen hat, keinen Unterschied.* Da es *vom Standpunkt der Natur aus* ein ebenso großes Verbrechen sei, ein Tier zu töten wie einen Menschen, und da der ungerechtfertigte Dünkel des Menschen diesen Unterschied erfunden habe, könnten Töten oder Mord niemals ein Verbrechen sein. Als Naturvorgang gesehen, seien die durch das Töten herbeigeführten Veränderungen nur solche der Form, nicht Vernichtung, sondern ein *Wiederaufleben in einer anderen Form und Daseinsweise.* So könne es zu einer verdienstlichen Tat werden, die Arbeit der Natur zu unterstützen: *Die Grausamkeit ist eine Tugend und durchaus kein Laster,* heißt es in Sades «Philosophie im Boudoir», man müsse sie unter den Entstellungen des menschlichen Verhaltens durch die Zivilisation nur freilegen. Sade hatte sich mehrere Werke Rousseaus ins Gefängnis bringen lassen, er las sie gegen den Strich, sein Naturmensch war so grausam wie der Rousseaus gut: *Die Grausamkeit ist nichts anderes als die Kraft des Menschen, den die Zivilisation noch nicht verdorben hat.* Nach de Sade, der eine Erweiterung des Mitleids auf alle Lebewesen postuliert, schuldet der Mensch der Natur nicht nur einen Tod, sondern einen Mord.

8

Ein gewalttätiger Denker

Der Marquis de Sade rechtfertigt die von ihm propagierte Grausamkeit als einen Akt der Revolte gegen die Zivilisation und als Ausdruck unverdorbener Natur. Der Gedanke selbst war aber weniger neu als die Formen, in denen er sich im Werk des Marquis darstellte. Denn ungehemmte Gewalt war nichts anderes als die des Naturzustandes, der in der Zivilisation wiederkehrte, der Krieg aller gegen alle, wie Hobbes ihn dargestellt hatte. Diesen Naturzustand überblendete de Sade mit der zivilisierten Gesellschaft und den libidinösen Beziehungen der Individuen zueinander. Dazu mußten all jene Instanzen ausgeschaltet werden, die in einer langen Zivilisationsgeschichte gegen den Rückfall in den Naturzustand errichtet worden waren.

Im Artikel «Droit naturel», der im fünften Band der Encyclopédie 1755 anonym erschien, nahm Diderot die Frage des Übergangs in die Zivilisation noch einmal auf und befragte die Naturrechtslehre, welche Sicherungen gegen die Barbarei der ältesten Zeiten sie enthielt. Es heißt, Diderot habe den Artikel in größter Eile geschrieben, während der Band der Encyclopédie schon gedruckt wurde. Die Argumente der ungeheuer verzweigten Diskussion treten in dem Artikel in äußerster Verknappung auf, so daß er wie ein vielstimmiges Miniaturdrama wirkt. Er läßt sogar eine mächtige Gestalt auftreten, die durch ihren Selbsterhaltungstrieb zu übermenschlicher Größe herangewachsen zu sein scheint, nicht unähnlich der mythischen Gestalt des Leviathan von Hobbes, der durch seine Größe und die Mächtigkeit seiner Existenz Furcht verbreitet. Man könnte auch an Goyas «Riesen» denken, der von einem Vorgebirge auf die Menschenwelt blickt, unschlüssig, ob er sie vernichten oder verschonen soll.

Die von Diderot gezeichnete Gestalt ist der Naturmensch,

dessen Überlebensdrang auf Hindernisse stößt und dessen Wünsche durchkreuzt werden durch die Wünsche der anderen, die ebenso leidenschaftlich wie er um ihre Erhaltung besorgt sind. Diese Bedrohung hat den Überlebenswillen des ungerechten Riesen ins Monströse wachsen lassen, so daß er sich über die anderen erhebt und ihre Existenz bedroht. Zur Befriedigung seines Verlangens nach Selbsterhaltung ist er sogar bereit, einen Teil der Menschheit zu vernichten, unter der Voraussetzung, daß sich die Tat geheimhalten läßt und ohne Strafe bleibt. Das Opfer des Lebens anderer zu fordern, im äußersten Fall sogar der ganzen Menschheit, lag in der Konsequenz der Selbsterhaltung, deren Berechtigung im Naturzustand unbegrenzt war. Diderot malte sich aber nicht nur die längst überwundenen Verhältnisse im Naturzustand aus, sondern dachte bei seiner monströsen Gestalt nicht zuletzt an die Souveräne in der Gegenwart, die sich nach geltender Rechtsauffassung in ihrer Beziehung zueinander noch im Naturzustand befanden und die letzten Repräsentanten ursprünglicher Gewalt waren.

Seinen zu jeder Gewalt bereiten Naturmenschen bezeichnet Diderot als gewalttätigen Denker, als *raisonneur violent*, weil er unausgesetzt über die Bedingungen seiner Existenz räsoniert und einen gewaltsamen Ausweg sucht. Auch hier führt Diderot ein Experiment vor: Er will den gewalttätigen Denker durch vernünftige Argumente zur Besinnung bringen, er soll einsehen, daß jeder andere mit demselben Recht auch ihn aus dem Weg räumen könnte und er deswegen gut beraten wäre, von seinem menschenfeindlichen Vorhaben abzusehen. Er soll das Verfehlte seiner uneingeschränkten Selbstverwirklichung erkennen. Aber Diderots Egoist kann sich seiner Leidenschaft der Selbsterhaltung nicht entwinden, obwohl sein Lebenstrieb ihm längst zur Qual geworden ist. Der selbstsüchtige Riese weckt beim Leser sogar Mitleid, weil er genauso das Opfer seiner schlimmen Leidenschaft ist wie die anderen.

Diderot läßt den gewalttätigen Denker dieses verzweifelte Dilemma, entweder sich selbst oder anderen Böses zu tun, in einer

Rede selbst aussprechen. Der traurige Riese ahnt, daß er Unheil über die Welt bringen wird: *Ich spüre, daß ich Entsetzen und Wirren in die Menschengattung trage. Aber es muß sein, denn entweder bin ich selbst unglücklich oder bringe anderen Unglück. Ich liebe niemanden mehr als mich selbst. Man tadle mich wegen dieser abscheulichen Vorliebe; sie ist nicht freiwillig.* Eindringlicher kann die Gewalt des Selbsterhaltungstriebes kaum geschildert werden, der Mensch leidet unter seinen Forderungen wie unter fremdem Zwang. In seiner Verzweiflung wendet sich der gewalttätige Denker an die anderen Menschen, um bei ihnen, seinen künftigen Opfern, um Verständnis zu werben: *Menschen! An euch appelliere ich: Wer ist unter euch, der nicht im Augenblick seines Todes sein Leben für den Preis des größten Teiles der Menschheit zurückkaufen würde, wenn er sicher wäre, daß dies straflos und geheim bliebe? Aber,* wird er fortfahren: *Ich bin gerecht und aufrichtig. Wenn mein Glück verlangt, daß ich mich aller Existenzen entledige, die mir unbequem sind, dann darf auch jedes andere Individuum, gleich welches, sich meiner Existenz entledigen, wenn diese ihm unbequem ist. Die Vernunft will es so, und ich unterschreibe. Ich bin nicht ungerecht genug, von einem andern ein Opfer zu fordern, das ich ihm nicht zumuten möchte.*

Es gelingt Diderots Regie nun tatsächlich, die zu einem monströsen Verbrechen bereite Gestalt durch eigenes Nachdenken zur Vernunft zu bringen durch den einfachen Gedanken, daß jeder andere mit ihm genauso verfahren könnte. Diese Reflexion des Egoismus wollte Diderot für die menschliche Gattung verbindlich machen. Denn seiner Ansicht nach gab es kein Gefühl, das sich gegen den Selbsterhaltungstrieb durchzusetzen vermochte, mahnte kein Gewissen, es erhob sich keine Stimme der Natur, um das Interesse der anderen geltend zu machen. Die Stimme der Natur, die nach der Auffassung Rousseaus im Naturzustand den stärksten Einspruch gegen das Selbsterhaltungsinteresse war, hielt Diderot bloß für ein Sprachrohr des egoistischen Interesses: *Es ist die Stimme der Natur,* läßt er seinen gewalttätigen Denker ausrufen, *die sich in mir nie stärker äußert, als wenn sie zu meinen Gunsten spricht.* Einzig das Denken, die Reflexion, vermochte für Diderot einen Ausweg aus dem Dilemma seines gewaltbereiten Denkers herbeiführen. Er beugt sich also der Vernunft und verzichtet darauf, seinen Anschlag auf die Menschheit auszuführen. Schopenhauer, der Diderots Naturrechtsartikel gekannt zu haben scheint, hat seiner Lösung mit Nachdruck widersprochen. In seiner Preisschrift über die Grundlagen der Moral von 1840 schreibt er: *Der Egoismus ist kolossal: er überragt die Welt. Denn wenn jedem einzelnen die Wahl gegeben würde zwischen seiner eigenen und der übrigen Welt Vernichtung, so brauche ich nicht zu sagen, wohin sie bei den allermeisten ausschlagen würde.*

Die von Diderot geschilderte Urszene des Egoismus könnte auch die so lange vergeblich gesuchte Quelle für Balzacs Mandarin sein. In beiden Fällen wird die Heimlichkeit der Tat und ihre Straflosigkeit zugesichert. Und während sich bei Diderots Naturmenschen Autorität und Gewissen noch nicht herausgebildet haben, werden diese Instanzen in Balzacs Mandarinfrage umgangen. In gewisser Weise ist Diderots Version psychologisch plausibler als die Balzacs, denn während es für den gewaltbereiten Denker darum geht, das gefährdete eigene Leben zu erhalten und zu verlängern, geht es Rastignac allein um seinen gesellschaftlichen Ehrgeiz, für dessen Verwirklichung er vielleicht sogar einen Mord begehen wird. Die Psychologie, die Diderot ins Spiel bringt, ist die von Hobbes, der aus der Todesfurcht die gesellschaftliche Ordnung hervorgehen läßt. Monströse Züge bekommt die Gestalt des gewalttätigen Denkers allerdings durch seine Entschlossenheit, einen Teil der Menschheit zu vernichten. Aber auch diese Zuspitzung hatte ihre Plausibilität, wenn man die Kriege der Souveräne ins Auge faßte, die Diderot durch seinen Riesen als monströse Relikte bloßstellen wollte. Nach dem Vorbild seines *raisonneur violent* sollten auch die Souveräne einlenken und ihr Verhalten humanisieren.

9

Der Knoten der Menschlichkeit

Folgt man der Linie, die von Diderot zu de Sade führt, dann wird man sich für das Leben des Mandarins nicht verbürgen wollen. Denn die Menschlichkeit läßt sich nicht so weit ausdehnen, daß sie auch Unbekannte in großer Entfernung einschließt. Wie bei anderen Gefühlen bedeutet auch hier Ausdehnung oder Erweiterung immer zugleich Abschwächung. In seinem einzigen philosophischen Beitrag zur Encyclopédie, dem Artikel «Économie politique» im fünften Band, der im November 1755 erschien, bediente sich auch Rousseau dieses Arguments: *Allem Anschein nach verdampft das Gefühl der Menschlichkeit und wird schwächer, indem es sich über die Erde ausdehnt und es ist uns nicht gegeben, von den Unglücksfällen bei den Tataren oder in Japan ebenso berührt zu werden wie von dem, was einem europäischen Volk zustößt.* Er wandte dieses Argument allerdings auf ein Gefühl an, das von vornherein als ein erweitertes Gefühl gelten mußte: das Gefühl der Menschlichkeit oder das Wohlwollen für die ganze Menschheit. Auf ein solches Gefühl durften die Experimente mit der Ausdehnung oder Erweiterung der Gefühle nicht angewandt werden. Wenn Rousseau es trotzdem tat, geschah dies in polemischer Absicht. Denn implizit sagte er, daß es mit dem Gefühl der Menschheit nichts sei, es löse sich von selbst auf, es verdampfe, sobald sein Gegenstand zu weit entfernt war. Weil sich das Gefühl der Menschlichkeit auf alle Menschen, gleich wo sie sich befanden, beziehen sollte, mußte es als besonders skandalös erscheinen, wenn man die Begrenztheit seiner Reichweite und seines Umfangs behauptete. Wenn das Gefühl der Menschlichkeit, wie Rousseau behauptete, unter bestimmten Bedingungen verdampfte, dann lag in diesem Gefühl eine Unstimmigkeit oder ein Widerspruch, eine konstitutionelle Schwäche des Gefühls selbst. Trotzdem schloß Rousseau nicht jede Teilnahme am Schicksal von Menschen in großer Distanz aus: Unglück, das ein anderes europäisches Volk traf, konnte durchaus Teilnahme wecken, da die Sympathie Europäern galt, die vertrauter waren als Tataren oder Japaner.

Im Kreis der Enzyklopädisten dagegen war man hinsichtlich der Reichweite des Gefühls der Menschlichkeit optimistischer. Im Artikel «Humanité» der Encyclopédie wird die Menschlichkeit definiert als *Gefühl des Wohlwollens für alle Menschen, eine erhabene Begeisterung, die von den Leiden der anderen und dem Bedürfnis, sie zu trösten, umgetrieben wird.* Es war ein enthusiastisches Gefühl, eine fast übermenschliche Leidenschaft, die durch Unglück an welchem Ort auch immer berührt wurde, ohne freilich zur Hilfeleistung anzuspornen. Diese Art des Wohlwollens sollte vor allem Philosophen auszeichnen, die zur Menschheit ein besonderes Verhältnis hatten. Um aber den Verdacht auszuräumen, daß es sich bloß um eine imaginäre Menschheit handelte, der die Philosophen in ihren Gedanken huldigten, bediente man sich im Kreis der Enzyklopädisten mit Vorliebe sehr handgreiflicher Vorstellungen davon, was diese *humanité* sei. So erklärte Holbach: *Die Menschlichkeit ist ein Knoten, den Bürger von Paris mit dem von Peking zu verbinden.* Die gemeinsame Zugehörigkeit zur Menschheit sollte die Menschen über die Kontinente hinweg so eng aneinander binden, daß vom einen Ende zum andern eine direkte und unauflösbare Verbindung entstand: der Knoten der Menschlichkeit. Wären die Menschen aber so handfest miteinander verbunden, mußte man sich um den Mandarin in Peking keine Sorgen machen, da alles, was ihm zustieße, am anderen Ende der Welt unmittelbar gespürt würde.

Diese Anschauung der Pariser Philosophen hat Arnold Gehlen eine *überdehnte Hausmoral* genannt, denn diese stellten sich die Beziehung zur Menschheit nach dem Muster jener Moral vor, die die Menschen seit je in ihrer nächsten Umgebung praktizierten. Nach dem Wunschbild dieser Philosophen waren *die Bürger von Paris und Peking Flurnachbarn.* Im Unterschied zu Rousseaus

Behauptung, daß das Gefühl der Menschlichkeit verdampfe, wenn es überdehnt wird, glaubten sie, daß es durch seine Ausdehnung über die ganze Erde an Festigkeit und Stärke gewinnen würde, bis der Knoten der Menschheit unauflöslich wäre. Wenn schließlich die Hindernisse der Ständeordnung und der besonderen Moral der Nationen und Staaten beseitigt wären, würde überall das friedfertige Ethos der Nähe herrschen. Für Holbach und seine Freunde unterlag die Menschlichkeit keinem Gesetz der Abschwächung der Gefühle.

Balzac dagegen war mit Rousseau der Ansicht, daß die Ausdehnung der Gefühle ihre Abschwächung nach sich zog. Deswegen hielt er das Leben seines Mandarins für nicht sehr gesichert. Dafür war aber nicht nur die große Distanz zum Schauplatz der Tat verantwortlich zu machen, sondern in noch stärkerem Maße die Zivilisation, die die zwischenmenschlichen Gefühle schon so sehr abgeschwächt hatte, daß nicht einmal ein vor der eigenen Haustür begangener Mord Anteilnahme weckte. In Paris bemerkte niemand das Elend seines Nachbarn. Daran würde auch eine Menschheitsmoral nichts mehr ändern.

Obwohl Rousseau den Glauben der Enzyklopädisten an die Menschheitsmoral auch zu der Zeit nicht teilte, als er mit ihnen regelmäßigen Umgang hatte, machte er von seiner Überzeugung von den Schwächen der Menschlichkeit zunächst keinen polemischen Gebrauch. Auf die Durchsetzung einer Menschheitsmoral hinzuarbeiten hielt er für einen Irrweg, die Moralphilosophie konnte sich allenfalls bemühen, die Gefühle von Sympathie und Mitmenschlichkeit zu stärken, indem sie ihnen ein faßbares Objekt gab, also nicht versuchte, sie zu erweitern oder auszudehnen: *Das Interesse und das Mitgefühl müssen gewissermaßen eingeschränkt und komprimiert werden, um sie in Tätigkeit zu versetzen.* Ein Mitgefühl, das alle Menschen umfassen würde, wäre zu diffus, um sich äußern zu können. Es mußte also auf die beschränkt werden, denen es auch zugute kommen konnte, es mußte auf Menschen begrenzt werden, mit denen man zusammenlebte: *Die in den Mitbürgern konzentrierte Menschlichkeit findet neue Kraft durch die Gewohnheit, sich zu sehen, und durch das gemeinsame Interesse, das sie zusammenschließt.* Rousseau schränkte die Menschlichkeit auf eine überschaubare Gesellschaft ein, in der sie sich in die politische Tugend des Patriotismus verwandelte.

10

Der Mensch im Menschen

Der Patriotismus war der große Kondensator der Gefühle. Wo immer diese ihre Kraft zu verlieren drohten, konnten sie durch patriotische Gefühle wieder aufgeladen werden. In seinen «Considérations sur le gouvernement de Pologne», einem Verfassungsentwurf für Polen, den Rousseau auf Bitten polnischer Adliger verfaßte, wird die Frage der Gefühlsräume noch einmal aufgenommen. Der Blick auf die europäischen Nationen offenbart Rousseau ein Desaster: *Es gibt heute, was immer man sagen mag, keine Franzosen, Deutschen, Spanier mehr, nicht einmal Engländer, es gibt nur noch Europäer. Alle haben denselben Geschmack, dieselben Leidenschaften, dieselben Sitten.* Die fortgeschrittene Angleichung der Nationalcharaktere war für Rousseau ein bedrohliches Zeichen, daß der Patriotismus so sehr zurückgegangen war, daß die politischen Institutionen keine Zukunft mehr hatten.

Die Angleichung der Nationalcharaktere, des Geschmacks und der Sitten, die uns heute geradezu als eine Voraussetzung für ein politisch geeintes Europa erscheint, interpretierte Rousseau als Symptome für den Schwund der politischen Substanz der großen Nationen Europas. Offenbar hatte sich die kosmopolitische Tendenz des Zeitalters durchgesetzt, man befand sich schon auf halbem Weg zu jener allumfassenden Menschheit, die den Enzyklopädisten als Ziel der Entwicklung vorschwebte. In dieser Angleichung der Nationen sah Rousseau einen unaufhaltsamen Niedergang sich ankündigen, der über kurz oder lang zum Untergang der politischen Ordnung führen würde. Unter diesen Umständen konnte die Frage nur lauten, ob die kleinen Nationen wie Korsika oder Polen dieser entgegentreten konnten. Die Verfassungen, die Rousseau 1764 bis 1765 für Korsika und 1770 bis 1771 für Polen entwarf, verfolgten keine andere Absicht, als institutionelle Formen zu finden, die geeignet waren, ein Gegengewicht gegen die kosmopolitischen Tendenzen des Zeitalters zu bilden. Das kleine Korsika und das schwache Polen sollten sich den großen Nationen Europas als Hindernis in den Weg legen. Es war die Kehrseite der Entwicklung zum Kosmopolitismus, daß sich die partikularen Gesellschaften, in denen die Menschen *eng und fest miteinander vereint* waren, von der großen, alle Nationen umfassenden Gesellschaft, also von allen Formen der institutionalisierten Menschheit, isolieren mußten. Man hatte zwischen der allgemeinen Gesellschaft und der besonderen Gesellschaft zu wählen: *Jede besondere Gesellschaft, wenn sie eng und gut geeint ist, entfremdet sich der großen Gesellschaft. Jeder Patriot ist hart zu den Fremden, diese sind bloß Menschen, sie sind nichts in seinen Augen.*

Damit deutete sich auch das Ende einer Entwicklung an, die Rousseau in seinem Zweiten Discours skizziert hatte. Der Übergang vom Naturzustand zur zivilisierten Gesellschaft vollzog sich, indem die natürliche Ausstattung der Menschen durch künstliche Surrogate ersetzt wurde. Als die Gesetze eingeführt wurden, trat das Recht an die Stelle des Naturgesetzes, und im Gefolge dieser Revolution breiteten sich die Gesellschaften über die ganze Oberfläche der Erde aus, bis es auf ihr, wie Rousseau klagt, keinen Platz mehr gab, wo man nicht irgendwelchen gesellschaftlichen Regelungen unterworfen war. Das Naturrecht behielt seine Bedeutung nur noch als Völkerrecht zwischen den Nationen, freilich modifiziert durch stillschweigende Vereinbarungen im Interesse des Handels. So verlor es allmählich die Stärke, die es im Naturzustand besessen hatte, und konnte bestenfalls durch eine mehr oder weniger künstliche Besinnung auf aktualisierbare Gehalte des Naturgesetzes wiederbelebt werden. Ähnlich erging es den natürlichen Gefühlen, die sich einst spontan geäußert hatten und an deren Stelle künstliche Gefühle traten.

Die Ausdehnung des Handels über die ganze Erde war für Rousseau eine entscheidende Zäsur, weil dadurch die Gefühle erweitert und schließlich überdehnt wurden. Diese neue Lage brachte auch neue Gefühle hervor, beispielsweise das Wohlwollen, mit dem die *großen kosmopolitischen Seelen* die ganze Menschheit umfassen wollten und von denen Rousseau zunächst mit Bewunderung gesprochen hatte. Als er seinen Zweiten Discours verfaßte, glaubte er offenbar noch an die Möglichkeit, daß wenigstens einige Weltbürger mit solchen sublimen Gefühlen die Schranken zwischen den Völkern überwinden könnten. Aber auch damals schon sah er darin ein Virtuosentum, zu dem nicht jeder fähig war. Immerhin stellte sich die verlorene Ordnung der Natur in solchen Leistungen symbolisch dar.

Diese Haltung zum Kosmopolitismus hat Rousseau später aufgegeben. Die Gesellschaften, aus denen die kosmopolitischen Geister hervorgingen, waren, wie er jetzt behauptete, eben jene großen Gesellschaften, in denen man die Menschen am wenigsten achtete. Statt zu lernen, die Menschheit zu lieben, lerne man in ihnen lediglich, die Menschen zu hassen, heißt es im Vorwort zur «Nouvelle Héloïse». Autor und Leser debattieren dort über die Frage: Wo lernt man, die Menschheit zu lieben? Die Antwort: In Büchern. Aber erscheinen die Menschen dort wirklich so, wie sie sind? Nur dann, erklärt der Autor (und beschreibt damit seinen eigenen Roman), wenn sie in einem *kleinen Kreis von zwei oder drei Liebenden oder Freunden* gezeigt werden, *die nur mit sich selbst beschäftigt sind.* Für Rousseau war es mittlerweile entschieden, daß Menschlichkeit nur in kleinen Gesellschaften und letztlich nur in einem geschlossenen, intimen Zirkel verwirklicht werden konnte – nicht durch Erweiterung, sondern durch Zusammenziehung.

Daß alle Versuche, die Gefühle des Wohlwollens über einen begrenzten Umkreis hinaus auszudehnen, in die Irre führen, gehört auch zu den Voraussetzungen der Pädagogik Rousseaus. Sie ist eine Erziehung zum Naheliegenden. Um die zwischenmenschlichen Gefühle an ein direktes Gegenüber zu binden, hat er sogar eine neue Theorie ihrer Wirkungsweise entworfen. Im «Émile» betont er beispielsweise, daß *das Mitleid, das man für das Mißgeschick eines anderen empfindet, sich nicht an dessen Umfang bemißt, sondern nach der Empfindung richtet, die man denen zuschreibt, die es erleiden*. Man mißt die Schmerzen des anderen nicht an den eigenen Empfindungen, die man selbst in einem vergleichbaren Fall haben würde, sondern an denen, die man dem anderen zuschreibt. Man versetzt sich in andere, fremde Empfindungen, ohne selbst Zugang zu ihnen zu haben oder sie durch Einfühlung zu teilen. Vielmehr ist es ein Sprung in fremdes Leiden. Für diese Identifikation, die nicht über die eigenen Empfindungen läuft, muß nur eine einzige Voraussetzung gegeben sein: ein allgemeines Bewußtsein der eigenen Schwäche. Ohne dies wäre es nicht möglich, überhaupt mit anderen zu fühlen. Man muß also selbst gelitten haben, um Leiden wahrzunehmen. Nimmt man sich dagegen von der allgemeinen Regel aus, daß es Wechselfälle des Glücks gibt, dann wird es unmöglich, überhaupt Mitgefühl mit anderen zu haben: *Warum haben Könige kein Mitleid mit ihren Untertanen? Sie rechnen niemals damit, Menschen zu sein. Warum sind die Reichen so hart gegen die Armen? Weil sie keine Angst haben, arm zu sein. Warum hat ein Adliger so viel Verachtung für einen Bauern? Weil er nie ein Bauer sein wird*. Deswegen war Rousseau auch der Ansicht, daß die Türken menschlicher und gastfreundlicher als die Europäer seien, denn ihre willkürliche Regierung erinnerte sie in jedem Augenblick daran, daß Größe und Wohl des einzelnen stets prekär und unsicher sind.

Da nach Rousseaus Theorie Gefühle in der zivilisierten Gesellschaft immer erlernt werden müssen, da die natürlichen Gefühle ihre Spontaneität verloren haben, richten sich Stärke, Umfang und Reichweite der Gefühle nach den Bedingungen, unter denen sie gelernt werden. Das gilt auch für Gefühle wie Menschlichkeit oder Wohlwollen, die in derselben Weise wie andere Gefühle auch erlernt werden können. Sie bleiben aber dennoch eine virtuose Leistung. Diese Lehre erlaubte es Rousseau, seine Haltung zum Kosmopolitismus zu klären und seine Polemik gegen ihn durch einen Hinweis auf den moralischen Preis der kosmopolitischen Haltung zu untermauern: Der Kosmopolit suche in der Ferne Pflichten, die er in der Nähe nicht erfüllen wolle. Seine Moral beruhe auf der Vertauschung des Ethos der Nähe mit dem der Ferne, wobei er sich die schwachen Verpflichtungen der Ferne zunutze machte, um einen hohen moralischen Anspruch mit verminderter Leistung zu verbinden: *Mißtraut jenen Kosmopoliten, die in der Ferne in ihren Büchern Pflichten suchen, die in ihrer Nähe zu erfüllen sie nicht bereit sind. Ein Philosoph liebt die Tataren, um davon entbunden zu sein, seine Nachbarn zu lieben.* Von der Sublimierungsleistung der großen kosmopolitischen Seelen, die Rousseau im Zweiten Discours noch gerühmt hatte, ist wenig Glanz geblieben.

Auf dem Weg vom Zweiten Discours zum «Émile» verabschiedet sich Rousseau von der Moralphilosophie der Pariser Philosophen. Während diese von einer stetigen Erweiterung der Gefühle des Wohlwollens und der Menschlichkeit einen Fortschritt der Moral erwarteten und ein umfassendes Wohlwollen gegenüber der gesamten Menschheit anstrebten, sah Rousseau darin jetzt nur noch einen kaum verhüllten Immoralismus. In seinen Augen war es unerheblich und unrealistisch, den Kreis möglicher Adressaten der Moral so weit wie möglich zu erweitern. Wichtig war allein, daß man sich zu den Menschen, mit denen man zusammenlebte, moralisch einwandfrei verhielt: *Das Wesentliche ist, zu den Menschen, mit denen man zusammenlebt, gut zu sein.* Die Moral litt in jedem Fall an einem nicht zu behebenden Mangel: Was sie dem Nächsten zukommen ließ, nahm sie den Menschen im allgemeinen, und was sie diesen zu geben suchte, enthielt sie denen vor, die an sich die stärksten Ansprüche geltend machen konnten.

Die Bedeutung von *humanité* spaltete sich auf in die abstrakte Menschheit und in die Menschlichkeit gegenüber einzelnen: *Menschen, seid menschlich,* heißt es im «Émile», *das ist eure erste Pflicht: seid es gegenüber allen Ständen und allem, was dem Menschen nicht fremd ist.* Dieser Imperativ faßte nicht die abstrakte Menschheit jenseits der besonderen Gesellschaft ins Auge, sondern die inneren Spannungen und Spaltungen einer bestimmten Gesellschaft. Die Humanität sollte ihren Platz nur in der gegebenen Ordnung der Dinge haben, statt auf eine imaginäre oder zukünftige Ordnung vorzugreifen. Man solle den Menschen im Menschen suchen, erklärte Rousseau, wie man das Kind im Kind entdecke.

Auch wenn die Mandarinparabel im Werk Rousseaus nicht vorkommt, hätte sie im «Émile» dazu dienen können, um abstrakte und konkrete Humanität zu unterscheiden. Sobald man sie aus dem Raum der abstrakten Menschheit in eine überschaubare Situation überträgt, kann die Antwort nicht schwer fallen: Die Tat wäre verwerflich wie jeder andere Mord auch. Die Antwort Rousseaus auf die moralphilosophischen Experimente der Philosophen im Umkreis der «Encyclopédie» war eindeutig: Die Moral der Ferne funktioniert nicht, denn sie ist keine Moral.

11

Glück, auf Unglück gebaut

Als Anfang Juni 1880 in Moskau eine Puschkinstatue eingeweiht wurde, hielten Turgenjew und Dostojewski die Festreden. Während Turgenjew ein respektvoll distanziertes Bild von Puschkin zeichnete, rühmte Dostojewski ihn als den Dichter, der zuerst den russischen Menschen erkannt habe. Dostojewskis Rede wurde zu seinem größten öffentlichen Erfolg als Schriftsteller. Bei diesem Anlaß, ein Jahr vor seinem Tod, soll er die Mandarinparabel aus Balzacs «Père Goriot» auswendig zitiert haben. Als er über Puschkins «Eugen Onegin» sprach, warf er die Frage auf, ob ein Mensch sein eigenes Glück auf das Unglück eines anderen gründen könne. Womit sollte man seinen Geist beruhigen, *wenn hinter einem ein unehrenhafter, mitleidloser, fast unmenschlicher Schritt liegt*, was wäre dies für ein Glück, das auf fremdem Unglück beruht?

In der Fassung seiner Rede, die Dostojewski im «Tagebuch eines Schriftstellers» abgedruckt hat, wird die Frage mehrfach abgewandelt: *Nehmen Sie an, es wäre unbedingt erforderlich, nur ein einziges menschliches Wesen zu Tode zu quälen – ja sagen wir, nicht einmal ein so gar wertvolles, meinetwegen sogar irgendein ganz lächerliches Wesen... Und nur dieser eine Mensch muß entehrt und der Schmach ausgesetzt und gequält werden, um auf den Tränen dieses Menschen den Glücksbau aufzuführen.* Eindringlich fragt Dostojewski, ob irgend jemand unter diesen Bedingungen der Baumeister des Glücks sein wolle, und ob die Menschen, für die dieses Glück bestimmt ist, damit einverstanden wären, dieses Geschenk anzunehmen, wenn in dessen Fundament der Schmerz eines zwar unbedeutenden, aber unverdient und erbarmungslos zu Tode gequälten Menschen eingemauert wäre, und schließlich, ob die Menschen in diesem Glück ewig zufrieden sein könnten. Dostojewski malt sich aus, was Tatjana in Puschkins «Onegin» – für ihn die Hauptfigur des Romans – geantwortet hätte. Eine *reine russische Seele* würde sagen: *Mag ich allein das Glück entbehren, mag auch mein Unglück unvergleichlich größer sein als das Unglück dieses alten Mannes, mag auch niemand jemals erfahren, auch mein Mann nicht, daß ich mich geopfert habe, mag auch niemand mein Opfer schätzen, ich will doch nicht auf Kosten eines anderen glücklich sein!* Dies ist der Kern der Tragödie, schließt Dostojewski. Es ist auch der Kern der Mandaringeschichte.

An dieser Stelle im Manuskript seiner Puschkinrede hat Dostojewski das Gespräch notiert, in dem Rastignac seinen Freund

Bianchon fragt, ob er den Mord an einem Mandarin im fernen China billigen würde, wenn er dadurch das Glück einer geliebten Person in Paris sicherstellen könnte. Kein Glück, wiederholt Dostojewski, dürfe auf dem Unglück eines anderen Menschen beruhen, und er wundert sich darüber, daß die Antwort auf Rastignacs Frage überhaupt strittig sein könne. Schon lange vor seiner Puschkinrede hatte Dostojewski dasselbe Problem in «Schuld und Sühne» behandelt. Am Anfang des Romans wird Raskolnikow in einem Wirtshaus Zeuge eines Gesprächs zwischen einem Studenten und einem Offizier am Nebentisch. Aus dem Mund des Studenten vernimmt er dieselben Gedanken, die ihn selbst umtrieben bei seinem Plan, eine alte Wucherin zu ermorden. Der Zufall will es, daß der Offizier und der Student sich über eben jene Witwe unterhalten, die Raskolnikow ermorden will. Der Student spricht aus, was Raskolnikow denkt: *Doch was ich dir sagen wollte: eben diese verfluchte Alte könnte ich, weißt du, glatt ermorden und berauben, und ich versichere dir, ich täte dies ohne die geringsten Gewissensbisse!* Wie beim Mandarin ist es ein Mord ohne Gewissensbisse, aber anders als bei Balzac soll dies nicht durch ungewöhnliche Willensstärke möglich werden, sondern durch die Verwandlung der Tat in eine Wohltat und des Opfers in einen wertlosen, minderwertigen Menschen, der zwar nicht schuldig ist, aber den Weltlauf stört, ein Hindernis für das Wohlergehen und Glück anderer. Das Verbrechen wird mit Phantasien der Wohltätigkeit und der Menschheitsbeglückung zugedeckt.

Der Mörder sieht sich als Wohltäter, der die Menschheit von einem nutzlosen Geschöpf befreit: *Einerseits ist da ein dummes, bedeutungsloses, minderwertiges, böses, krankes, altes Weib, das kein Mensch braucht, das im Gegenteil allen schadet, das selbst nicht weiß, wozu es lebt, und das morgen von selbst sterben wird. Andererseits gibt es viele junge, frische Kräfte, die nutzlos zugrunde gehen, ohne Hilfe, und das zu Tausenden und allerorten! Hundert, tausend gute Taten und Hilfeleistungen könnte man für das Geld der Alten tun, das einem Kloster zufallen soll. Hundert, vielleicht tausend Existenzen könnten damit auf den richtigen Weg gebracht werden; Dutzende von Familien könnten vor Bettelarmut, Verfall, Untergang, Lastern und venerischen Hospitälern bewahrt werden – und all das für ihr Geld. Schlag sie tot und nimm ihr Geld, um dich später mit seiner Hilfe der ganzen Menschheit und der gemeinnützigen Sache zu widmen: Was meinst du, wird nicht ein einziges unbedeutendes, winziges Verbrechen durch Tausende guter Taten wettgemacht?*

Der künftige Wohltäter der Menschheit erwirbt das Kapital für seine guten Werke durch ein Verbrechen, das er mit den guten Taten rechtfertigt, die er eines Tages tun wird. Raskolnikow wird die Mordphantasie des Studenten perfektionieren, indem er sich aller umständlichen Rechtfertigungen entledigt und nur die Tat als solche will. Die Phantasien des Studenten machen den Weg frei für den Gedanken einer nihilistischen Tat, die sich allein aus sich selbst rechtfertigt. Durch das schäbige Gewand der Rechtfertigung des Mordes schimmern die Denkfiguren der Theodizee hindurch, der Optimierung der Ökonomie des Ganzen durch das Böse.

Die Mandarinparabel bleibt in Dostojewskis Darstellung der nihilistischen Tat deutlich erkennbar. Was dort die immense Entfernung erlaubt, dazu berechtigt hier, vor der Kulisse des Elends, die Minderwertigkeit des Opfers. Man könnte auch sagen: Das Opfer wird so verkleinert, daß es keine Überwindung mehr kostet, es zu vernichten. Ein übriges tun die Gedanken der Menschheitsbeglückung, in denen der Student schwelgt. Wie Rastignac an die wohltätigen Folgen seines Aufstiegs und an die Hilfe denkt, die er seinen Schwestern bieten könnte, so sieht der Student viele gute Taten, die der Tod der Witwe ihm ermöglichen würde. All dies hat einen zeitgemäßen philanthropischen Anstrich, die ganze Menschheit soll in den Genuß der guten Taten kommen. In den Erwägungen des Studenten erhält der Mord seine eigentliche Rechtfertigung dadurch, daß er einen Weg eröffnet, die Idee der Menschheit zu konkretisieren. Das Übel kann, wie in der Theodizee, gut für das Ganze sein. Es handelt sich freilich nicht um eine Rechtfertigung Gottes, sondern um eine Selbstrechtfertigung.

Daß Dostojewski von Balzacs Mandarin beeindruckt war, bezeugt nicht nur seine Hommage bei der Einweihung des Puschkindenkmals ein Jahr vor seinem Tod. Auch Raskolnikows Name läßt an Rastignac denken. Er ist ein radikaler Rastignac, der allerdings nicht den Weg des gesellschaftlichen Ehrgeizes geht, sondern als verkrachter Student in der Gosse lebt und schließlich die erlösende Kraft der Liebe entdeckt. Den philosophischen Hintergrund der Rede des Studenten, der Raskolnikow aufmerksam lauscht, bildet die Moral des Utilitarismus und der Philanthropie. Aber erkennbar sind auch hier noch, nicht zuletzt in der Betonung des Zufalls, die Spuren der Philosophie, die der gedankliche Hintergrund der «Menschlichen Komödie» Balzacs war.

Im «Tagebuch eines Schriftstellers» hat Dostojewski die Mitleidslosigkeit als Zeitsignatur dargestellt. Man fliehe vor dem Mitleid, und diese Flucht vor dem Mitleid diene dazu, sich eigene Schmerzen zu ersparen. Diese Haltung lag in der Zeit: Man habe damals sogar die Verbrecher meistens freigesprochen, die Leute hätten keinen eigenen Schmerz spüren wollen. Alles wurde aufs Milieu zurückgeführt, so daß Schuld immer auch Mitschuld der anderen war. Dies sei jedenfalls, schreibt Dostojewski, die Auffassung des Volkes gewesen.

12

Die Enttäuschung des Krieges

Am Beginn des Ersten Weltkrieges taucht Balzacs Mandarin an bedeutsamer Stelle noch einmal auf. Er wäre vielleicht nur noch Balzaclesern geläufig, hätte nicht Sigmund Freud ihn in seinem Vortrag «Zeitgemäßes über Krieg und Tod» in Erinnerung gerufen, den er 1915 in Wien vor der jüdischen Loge B'nai Brith hielt, einer jüdischen Organisation, der er 1897 aufgrund seiner Erfahrungen mit dem Antisemitismus beigetreten war. In seinem Vortrag redete Freud aus der Sicht derer, die nicht an die Front gerufen worden waren, und sprach vom seelischen Elend der Daheimgebliebenen, die sich in ihrer Orientierung verwirrt und in ihrer Leistungsfähigkeit gehemmt fühlten. Mit keinem Wort aber erwähnte er, daß sich damals zwei seiner Söhne an der Front befanden. Der Krieg erscheint als etwas weit Entferntes, das sich nur nach Berichten der Zeitungen und nach den verwirrenden Spuren im Alltagsleben beurteilen läßt. *Von dem Wirbel dieser Kriegszeit gepackt, einseitig unterrichtet, ohne Distanz von den großen Veränderungen, die sich bereits vollzogen haben oder zu vollziehen beginnen, und ohne Witterung der sich gestaltenden Zukunft, werden wir selbst irre an der Bedeutung der Eindrücke, die sich uns aufdrängen, und an dem Wert der Urteile, die wir bilden.*

Am Beginn seines Vortrages erwähnt Freud ein merkwürdiges Phänomen, das seinen Zuhörern aber offenbar ebenso vertraut war wie ihm selbst: die Enttäuschung des Krieges. Sie soll es gewesen sein, die damals auch diejenigen dazu brachte, gegen den Krieg zu sein, die ihn nicht grundsätzlich ablehnten. Nach Freuds eigener Auffassung konnten Kriege unausweichlich sein als Ausdruck für die Verschiedenheit und Unverträglichkeit der Existenzbedingungen der Völker, aber dieser Krieg war zwischen europäischen Nationen ausgebrochen, deren Existenzbedingungen und Wertungen des Einzellebens, wie Freud sich ausdrückt, noch nie so ähnlich gewesen waren wie am Beginn des neuen Jahrhunderts. Der Schock sei deswegen besonders groß gewesen, weil sich die Bürger dieser Zivilisation und ihrer verschiedenen Nationen schon wie Kulturweltbürger gefühlt hatten, die sich dem *Genuß der Kulturgemeinschaft* hingeben durften. Mit einer gewissen Wehmut schildert Freud die Errungenschaften dieser Gemeinschaft jenseits der Nationalstaaten, die es erlaubt hatte, sich durch Bildung *ein neues größeres Vaterland zusammenzusetzen*, und sich in ihm wie in einem Museum der Kulturmenschheit zu bewegen.

Dieses Reich des Kulturweltbürgers hatte sich für viele Angehörige der europäischen Zivilisation aufgetan, und in ihm hatten sich sogar *Fortschritte im Gemeingefühle der Menschen* abgezeichnet. Damals, am Anfang des Krieges, war Freud aber von den Leistungen der Zivilisation noch so eingenommen, daß er, ungeachtet der allgemeinen Barbarisierung, gegen den Versuch protestierte, *eine der großen Kulturnationen als «barbarisch» von der Kulturgemeinschaft auszuschließen, obwohl sie ihre Eignung durch die großartigsten Beitragsleistungen längst erwiesen hat* – die deutsche, der sich Freud und seine Zuhörer zugehörig fühlten: *Wir leben in der Hoffnung, daß gerade diese Nation, die, in deren Sprache wir schreiben, für deren Sieg unsere Lieben kämpfen, sich am wenigsten gegen die Gesetze der menschlichen Gesittung vergangen habe, aber wer darf in solcher Zeit als Richter auftreten in eigener Sache?*

Viele edle Gefühle des Kulturmenschen erwiesen sich im Krieg als wenig begründet und oft sogar als Heuchelei, so daß man, wie Freud, den Eindruck gewinnen konnte, daß die Kultur nicht auf psychologischer Wahrheit aufruhte. Einen Trost in diesen ernüchternden Betrachtungen entnahm er dabei der Beobachtung, daß die Menschen dazu neigten, sich zu überschätzen, sie waren gar nicht so hoch gestiegen, wie man es von ihnen geglaubt hatte. Die Fallhöhe war also in Wahrheit viel geringer, als die erschrockenen Kulturweltbürger meinten. Von hier war es nur ein kleiner Schritt zu der Überlegung, daß es in der Kulturentwicklung immer wieder zu Rückbildungen, zu Regressionen kam. Die Rückkehr des Primitiven war kein einmaliges und einzigartiges Vorkommnis, sondern eine ständige Möglichkeit: *Die primitiven Zustände können immer wieder hergestellt werden; das primitive Seelische ist im vollsten Sinne unvergänglich.*

Die Regression zum Primitiven, die sich auch anderen zeitgenössischen Beobachtern aufdrängte – Spengler sprach vom senkrechten Einfall der Barbarei –, war für Freud die Bestätigung einer Entdeckung, die er der Psychoanalyse zugute hielt, der Zeitlosigkeit des Psychischen. Wegen dieser Eigenart der Psyche konnte das Seelenleben der Primitiven in dem der Zivilisierten unverändert aufbewahrt sein und jederzeit wieder aktualisiert werden. Wie in einem Museum ermöglichte diese Gleichzeitigkeit auch Vergleiche zwischen Primitiven und Zivilisierten, die dazu angetan sein konnten, den Hochmut der Zivilisierten zu dämpfen. Mit einem gewissen ironischen Behagen spricht Freud vom *ethischen Feingefühl* der Primitiven, denn sie erlegten sich nach einem Waffengang umständliche Bußen auf, aus Furcht vor der Geisterrache der Erschlagenen. Sie bewiesen damit einen moralischen Takt, der den Kulturmenschen offenbar verlorengegangen war.

Während die zivilisierte Menschheit geglaubt hatte, durch Gebote und Gewissensbildung zu einer unzweideutigen Haltung gegenüber anderen Menschen gelangt zu sein, offenbarten die Gefühle der Primitiven eine durchgängige Ambivalenz, indem sie zwischen fernen und nahen, feindlichen und geliebten Wesen streng unterschieden, aber sogar ihren nächsten Verwandten gegenüber auch feindliche Regungen verspürten. Die Gefühlsambivalenz, die Freud bei den Primitiven anzutreffen glaubte, erschien ihm nun als Schlüssel zum Verständnis der menschlichen Einstellung zum Tod überhaupt. Die Haltung des Primitiven, der andere selbstverständlich und gerne mordete, während er seinen eigenen Tod verleugnete, glaubte Freud in der Psychologie der Kämpfer des Weltkrieges wiederzuerkennen. Die Einstellung des Menschen der Urzeit zum Tode konnte deswegen Aufschluß geben über die psychologischen Rätsel des Krieges.

Durch den Begriff der Regression steht Freuds Vortrag, der in aktueller Absicht von der Psychologie des Urmenschen handelt, in einer gewissen Beziehung zu der Devise *Zurück zur Natur!* und zu Rousseaus Lehre von der natürlichen Güte des Menschen. Die Beziehung zu Rousseau bleibt jedoch verdeckt. Denn Freud hielt es wegen der von ihm entdeckten ursprünglichen Gefühlsambivalenz für abwegig, den menschlichen Charakter nach Gut und Böse zu klassifizieren: Der Mensch sei selten im ganzen gut oder böse, meist sei er *«gut» in dieser Relation, «böse» in einer anderen oder «gut» unter solchen äußeren Bedingungen, unter anderen ent-*

schieden «böse». Diese Feststellung erlaubte es Freud auch zu erklären, warum aus Egoismus Altruismus und aus Grausamkeit Mitleid werden konnte und daß sich die meisten Mitleidsschwärmer, Menschenfreunde und Tierschützer aus kleinen Sadisten und Tierquälern entwickelt hatten.

Freuds Urmensch war von Natur weder böse noch gut, während Rousseau den Naturmenschen als ein Wesen geschildert hatte, das, mit Freud zu reden, ohne jede Gefühlsambivalenz war. Mit dem Begriff der Gefühlsambivalenz blockierte Freud die Frage nach der natürlichen Güte oder Bosheit des Menschen, die man, ohne zu einem Ergebnis zu kommen, durch viele Jahrhunderte diskutiert hatte. Freud wäre es als ganz abwegig erschienen, wie Rousseau einen Instinkt, der die ersten Menschen davon abhielt, andere lebende Wesen zu töten, anzunehmen oder gar einen ursprünglichen Widerwillen, seinesgleichen leiden zu sehen, einen altruistischen Instinkt, der dazu berechtigen würde, von der natürlichen Güte des Menschen zu sprechen. Auf dieses philosophische Schlachtfeld glaubte Freud sich auch deswegen nicht begeben zu müssen, weil sich die Frage auf den Schlachtfeldern des Weltkrieges erledigte, wo sich die Gefühlsambivalenz des Urmenschen noch einmal in ihrer ganzen ursprünglichen Kraft äußerte.

Während Freud Rousseaus Lehre von der ursprünglichen Güte des Menschen keiner Erwähnung für wert hielt, nennt er ihn als den Autor der von Balzac überlieferten Mandarinparabel, die er als ein *berühmt gewordenes Beispiel* für die Fähigkeit der Dichter zitiert, *die Bereitschaft unserer stillen Gedanken*, sich über das Mordverbot hinwegzusetzen, anzuklagen: *Im «Père Goriot» spielt Balzac auf eine Stelle in den Werken J.J. Rousseaus an, in welcher dieser Autor den Leser fragt, was er wohl tun würde, wenn er – ohne Paris zu verlassen und natürlich ohne entdeckt zu werden – einen alten Mandarin in Peking durch einen bloßen Willensakt töten könnte, dessen Ableben ihm einen großen Vorteil einbringen müßte. Er läßt erraten, daß er das Leben dieses Würdenträgers für nicht sehr gesichert hält.* Aus der Tatsache, daß die Wendung *tuer son mandarin*, seinen Mandarin töten, sogar sprichwörtlich geworden war, wollte Freud eine *geheime Botschaft auch der heutigen Menschen* herauslesen, daß niemand vor dem bösen Willen eines anderen geschützt sei.

Daß Freud Balzac und Rousseau im Zusammenhang seiner Gedanken über Krieg und Tod als Zeugen anführte, hing auch mit seiner eigenwilligen Auffassung von literarischer Bildung zusammen. Während Klassikerzitate sonst mehr oder weniger bloß Ornamente sind, waren die Dichter für ihn *wertvolle Bundesgenossen*, ihr Zeugnis sei *hoch anzuschlagen, denn sie pflegen eine Menge von Dingen zwischen Himmel und Erde zu wissen, von denen sich unsere Schulweisheit noch nichts träumen läßt.* Sogar dieses Lob der Dichter war ein literarisches Zitat, in das Freud ein unscheinbares *noch* einfügte. Die Psychoanalyse, so wollte er durch die kleine Ergänzung sagen, werde eines Tages die Quellen der Seelenkunde der Dichter erschließen.

Freud fand die Gefühlsambivalenz, die vom Urmenschen her vertraut war und die den Tod einerseits als Lebensvernichtung anerkannte und billigte, ihn aber andererseits als unwirklich verleugnete, auch in zynischen Witzen anerkannt, wie dem über einen Ehemann, der zu seiner Frau sagt: *Wenn einer von uns beiden stirbt, übersiedle ich nach Paris.* Wie der Mandarin gehörte dieser Witz für Freud in die ewig ungeschriebene Geschichte der Aufrichtigkeit, zu der auch sein Vortrag einen Beitrag lieferte. Das Subjekt dieser anderen Geschichte würde eine Menschheit sein, die zwar die Strebungen und Leidenschaften des Urmenschen nicht abgelegt, aber gelernt hätte, ein kulturelles Ventil für sie zu schaffen. Am Ende seines Vortrags fragt Freud, ob es nicht besser wäre, wenn die Menschen dem Tod den Platz in der Wirklichkeit und in ihren Gedanken einräumen würden, der ihm gebührt. Dazu wäre es nötig, die so sorgfältig unterdrückte unbewußte Einstellung zum Tod etwas mehr hervorzukehren, also teilweise einen Rückschritt zu machen, eine Regression, die den Vorzug der Wahrhaftigkeit hätte und das Leben erträglicher machen könnte: *Das Leben zu ertragen, bleibt ja doch die erste Pflicht aller Lebenden. Die Illusion wird wertlos, wenn sie uns darin stört.*

In diesen abschließenden Gedanken Freuds wird noch einmal eine verdeckte, gegensinnige Beziehung zu Rousseaus Verklärung des Naturzustandes erkennbar. Während Rousseau eine Rückkehr zu den glücklichen Urzuständen für unmöglich hielt, empfiehlt Freud, indem er den guten Naturmenschen gegen den in seinen Gefühlen ambivalenten Primitiven auswechselt, eine vorsorgliche Regression. Der Ruf *Zurück zur Natur*, der Rousseau übrigens zu Unrecht in den Mund gelegt worden war, wird von Freud in gewisser Weise erneuert, indem er eine gewollte Regression empfiehlt, nachdem sich eine nicht gewollte, aber deswegen um so gewaltsamere Regression im Krieg offenbart hatte – zur Enttäuschung der Kulturgläubigen.

Fünfzehn Jahre nach seinem Vortrag vor der Loge B'nai Brith kommt Freud noch einmal auf den Mandarin zurück, den er in «Das Unbehagen in der Kultur» als eine sprichwörtliche Figur zitiert, dieses Mal ohne Balzac zu erwähnen: *Man denke an Rousseaus berühmten Mandarin.* Freud zieht ihn als Illustration jenes Stadiums vor der Verinnerlichung der Autorität heran, in dem das schlechte Gewissen nur *Angst vor dem Liebesverlust* ist, *soziale Angst*, die besiegt werden kann, wenn das Böse von der Autorität nicht entdeckt wird, wenn an die Stelle *des Vaters oder beider Eltern die größere menschliche Gemeinschaft tritt.* Von diesem Augenblick an gestatteten sich auch die Erwachsenen regelmäßig, das Böse, das ihnen Annehmlichkeit verspricht, auszuführen, wenn sie nur sicher seien, daß die Autorität nichts davon erfährt oder ihnen nichts anhaben kann. Ihre Angst gelte dann allein der Entdeckung. An dieser Stelle folgt die Fußnote, die auf den Mandarin hinweist. Die Schwäche des Über-Ichs ist dabei offenbar auf eine Rückbildung, eine Regression zurückzuführen, die altes psychisches Erbe reaktiviert. Die Stelle des vollausgebildeten Gewissens nimmt eine äußere Autorität ein, bei der es eine Gesellschaft im Kindheitsstadium bewenden läßt.

Dies entspricht in etwa den verspielten Distanzexperimenten Diderots, deren Absicht es war, durch die Gleichsetzung von Nähe und Ferne die moralischen Gewißheiten in Frage zu stellen und die Verinnerlichung des Gewissens rückgängig zu machen, während Chateaubriand auf das Mandarinexperiment mit dem vollen Programm der Verinnerlichung reagierte. Eine andere Eigenheit der Mandaringeschichte hat Freud nicht zum Thema gemacht: den Abstand zwischen Absicht und Tat, der in Balzacs Mandarinparabel durch den in Ferne wirkenden Willen überwunden wird. Wenn die verinnerlichten Widerstände beseitigt sind, ist die Absicht schon die Tat. Die Annäherung von Absicht und Tat durch Erleichterung des Entschlusses wie seiner Ausführung läßt das Mandarinexperiment zu einem Symbol der Technik werden, die, exemplarisch in den modernen Fernwaffen, die moralische Bewertung des Handelns radikal veränderte. Mit dieser neuen Lage konnte zweifellos eine Gesellschaft besser fertigwerden, die an die Stelle des voll ausgebildeten Gewissens eine äußere Autorität nach dem Muster der väterlichen setzte und die Individuen gleichsam ins Kindheitsstadium zurückversetzte. Wenn Freud der Ansicht war, daß diese kleine Geschichte so sprichwörtlich werden konnte, da die Menschen durch sie verschlüsselt mitteilen wollten, daß sie auf das Leben des Mandarins nicht viel gäben, so konnte dies nur heißen, daß sie mit dieser Regression ins Kindheitsstadium einverstanden wären.

13

Das Schulterzucken des Bürgers

In die Inhaltsübersicht seines 1932 erschienenen Buches «Der Arbeiter» hat Ernst Jünger eine Fußnote eingefügt – ein sehr ungewöhnliches Verfahren. Darin wird Balzacs Mandarin – hier soll er durch einen Knopfdruck ins Jenseits befördert werden – noch einmal zitiert. Die Inhaltsübersicht umfaßt mehrere Seiten und gibt die Thesen des Buches ausführlich und zum Teil in selbständigen Formulierungen wieder. In der Fußnote verknüpft Jünger die Mandarinanekdote mit der Nachricht von einer Überschwemmung im fernen China. Beide Beispiele sollen den Unterschied eines abstrakten und eines konkreten Verhältnisses zum Menschen illustrieren: *Ein konkretes Verhältnis zum Menschen besitzt man, wenn man den Tod seines Freundes oder Feindes Müller tiefer empfindet als die Nachricht, daß bei einer Überschwemmung des Hoang-ho 10 000 Menschen ertrunken sind. Die Geschichte der abstrakten Humanität beginnt mit Erwägungen derart, ob es unsittlicher sei, einen konkreten Feind in Paris zu töten oder einen unbekannten Mandarinen in China durch einen Druck auf den Knopf.* Die Passage der Übersicht, zu der die zitierte Fußnote gehört, lautet: *Dem bürgerlichen Denken ist ein Verhältnis zur Totalität nicht gegeben. Es war infolgedessen auch nur fähig, den Arbeiter als Erscheinung oder als Begriff – als eine Abstraktion des Menschen zu sehen. Der eigentlich «revolutionäre» Akt des Arbeiters dagegen besteht darin, daß er auf Totalität Anspruch erhebt, indem er sich als Vertreter einer übergeordneten Gestalt begreift.*

Auf die Fußnote wird bei dem Wort *Abstraktion* verwiesen, sie gibt zwei Beispiele dafür, was es heißt, den Menschen als Abstraktum zu behandeln. Mitleid mit zehntausend Opfern einer Überschwemmung in China zu empfinden sei ebenso abstrakt wie die Erwägung, einen unbekannten Mandarinen in China durch einen Druck auf den Knopf zu töten. Ein konkretes Verhältnis dagegen soll darin bestehen, wenn man den Tod seines Freundes oder Feindes Müller tiefer empfindet als den Tod unbekannter Menschen in großer Ferne. Der Beweis für die Richtigkeit dieser Beurteilung der beiden Fälle liegt offenbar im Zauber des Konkreten: Danach ist ein sittliches Verhältnis zum Menschen, im Guten oder Bösen, nur dann möglich, wenn es sich um ein direktes Gegenüber handelt.

Jünger geht es weder um das eine noch um das andere Opfer, sondern ihn interessiert die bürgerliche Einstellung, die es nicht erträgt, kein sittliches Verhältnis zum abstrakten Menschen zu haben. Deshalb ist es für den Bürger interessanter, über den Tod eines Mandarins nachzudenken als über den eines Menschen in unmittelbarer Nähe. Zu dieser bürgerlichen Welt gehört Balzacs Mandarinfrage, und auch Rastignac würde es vorziehen, den Mandarin in Peking zu töten, als einen Mord in Paris zu begehen an einem Menschen, dem er direkt gegenübertreten müßte. Die Abstraktion des Menschen ist für Jünger ein Kennzeichen des bürgerlichen Denkens und gehört zur bürgerlichen Epoche. Das Beispiel des Mandarins, das Ernst Jünger noch einmal wiederbelebt, bezeichnet für ihn den Anfang der Geschichte der abstrakten Humanität. Sie beginne, schreibt er, mit Gedankenspielen wie dem, einen Mandarin im fernen China durch einen Knopfdruck zu töten. Paris in der Mitte des achtzehnten Jahrhunderts war der Ort, wo man sich solchen Erwägungen spielerisch hingab und wo Philosophen zum ersten Mal eine Menschheitsmoral entwarfen. Hier hat für Jünger auch das *endlose bürgerliche Gespräch* begonnen, das sich seither immer nur wiederhole als *Aufguß jener ersten Unterhaltung der Enzyklopädisten unter den Dachstuben von Paris.*

Diese Dachstubenwelt der Pariser Philosophen hat Jünger Zeit seines Lebens fasziniert. Im «Arbeiter», im Abschnitt über die großen Städte, öffnet er ein Fenster auf diese merkwürdige Welt: *Zwei Straßenzüge können voneinander entfernter als Nord- und Südpol sein. Die Kälte der Beziehung zwischen den Einzelnen, den Passanten, ist außerordentlich.* Nach Art des achtzehnten Jahrhunderts stellt sich der Autor diese große Stadt vor, *als ob sie von der Oberfläche des Mondes aus teleskopisch zu betrachten sei.* Die Verschiedenheit der Ziele und Zwecke verschmelze auf eine so große Entfernung ineinander: *Die Anteilnahme des Betrachtenden wird irgendwie kälter und brennender zugleich, auf jeden Fall aber anders als die Beziehung, die der Einzelne dort unten als Teil zum Ganzen besitzt.* In diesem Klima wurde die Moralisierung der abstrakten Humanität zuerst eingeübt. Sie drückt sich in der Neigung aus, moralisch indifferente Vorgänge wie eine Überschwemmung in China oder den Tod eines Mandarins zu moralisieren. Das Mitleid mit den Opfern einer fernen Katastrophe schließt eine Verpflichtung zu handeln nicht ein, vermittelt aber dem, der sich in fernes Unglück intensiv hineinzudenken vermag, das Gefühl, im Besitz einer hochkultivierten Moral zu sein. Dabei ist diese Gefühlslage nur ein Symptom der bürgerlichen Unfähigkeit zur Entscheidung, sie entspringe, meint Jünger, der Haltung des Bürgers, *seine Politik, ja das Universum selbst* als einen Spiegel aufzufassen, *in dem er seine Tugend stets von neuem bestätigt sehen will.*

Der Bürger kann sein eigenes Schulterzucken, seine Kälte gegenüber Vorgängen, die objektiv gleichgültig oder zufällig sind, nicht ertragen. Deshalb moralisiert er, was moralisch ohne Belang ist. Und umgekehrt kann er den wahren Aspekt dessen, wofür er tatsächlich verantwortlich ist, nicht ertragen: In der Eroberung einer Kolonie will er deshalb bloß *deren friedliche Durchdringung, in der Abtrennung einer Provinz das Selbstbestimmungsrecht des Volkes oder in der Plünderung des Besiegten eine Wiedergutmachung* sehen. So erscheint Jünger die Propaganda der liberalen Weltmächte als Folge der bürgerlichen Moralisierung der Wirklichkeit und als Täuschung über deren wahren Aspekt. Auch der Arbeiter ist für Jünger ein Opfer dieser bürgerlichen Strategie, sie habe ihn in die *Sphäre der Verhandlungen, des Mitleids, der Literatur* entrückt.

Der Abschnitt, zu dem die Fußnote mit der Überschwemmung am Hoang-ho und dem Mandarin gehören, nennt als besonders drastisches Beispiel dieser Strategie des Umfingierens der Wirklichkeit den Ausgang des Weltkriegs. In seinem Verlauf habe sich der Bürger heimlich für Europa entschieden und den Krieg nicht weitergeführt, um den ihm vertrauten Boden der Verhandlungen zu erreichen und *die Lebensdauer der bürgerlichen Gesellschaft um jeden Preis zu verlängern.* Das sei die *Kriegsschuld des Bürgers.* Noch das Unglück des verlorenen Krieges soll also seinen Ursprung in jenen moralisierenden Abstraktionen gehabt haben, denen sich die Pariser Philosophen in der Mitte des achtzehnten Jahrhunderts hingaben und die mit den Phantasien über den Tod des Mandarins ihren Anfang nahmen.

II

MORALISCHE GEOGRAPHIE

14

Interesse regiert die Welt

Symptomatisch für die Erschütterung der Moralbegriffe im Zeitalter der Entdeckungen und Eroberungen ist, daß Begriffe auftauchten, die den neuen Dimensionen der Erfahrung Rechnung trugen. Als neuer Leitbegriff der Moralkommunikation setzte sich, wie Albert Hirschman gezeigt hat, seit dem siebzehnten Jahrhundert der Begriff des Interesses durch. Unter ihm waren gefährliche Leidenschaften wie Gier, Habsucht und Gewinnsucht zusammengefaßt, von denen man nun glaubte, daß sie, richtig geleitet, nutzbringend eingesetzt werden konnten. In geordnete Bahnen gelenkt, konnte sich die leidenschaftliche Energie zum Vorteil des einzelnen wie der Gemeinschaft auswirken. Um diese Umwertung kenntlich zu machen, sprach man jetzt nicht mehr von Gier oder Habsucht, sondern von vernünftigem Gewinnstreben. Das Interesse war damit zum Kollektivbegriff für Leidenschaften geworden, die man, trotz ihrer zerstörerischen Aspekte, für lenkbar und beständig genug hielt, um mit ihnen in den durch die Entdeckungsreisen und den Handel neu erschlossenen Dimensionen rechnen zu können: Interessen sind kalkulierbare Leidenschaften, an denen man ökonomische Erwartungen ausrichten kann. Die Beharrlichkeit und Beständigkeit, mit der man sein Interesse verfolgte, sollten es auf wundersame Weise erlauben, die zerstörerische Leidenschaft der Habgier und Gewinnsucht zu zähmen und einem rationalen Kalkül zu unterwerfen. Die Habgier als Antrieb für Unternehmungen in fernen Kontinenten erscheint nicht mehr als Habgier, sondern bezieht diesen irrationalen Antrieb in eine aufwendige Kalkulation ein, in der die Leidenschaft gleichsam verschwunden ist und die Führung an ein übergeordnetes Interesse abgetreten hat. Die gezähmte und geordnete Leidenschaft ist berechenbar geworden. Diese Verwandlung von gefährlichen und schädlichen Leidenschaften macht sich die Elastizität und auch den Perspektivismus der Gefühle zunutze, die Diderot schließlich gegen die traditionelle Moral wendete.

Die Devise *Interest Governs the World*, die gegen Ende des siebzehnten Jahrhunderts aufkam, zog schließlich das Fazit aus dem Prozeß der Zähmung der Leidenschaften. Sie setzte voraus, daß die ehedem moralisch diskreditierte Habgier unter dem Namen des Interesses nicht nur zu einer unanstößigen, sondern zu einer nützlichen und wertvollen Leidenschaft geworden war. Während einst die Feststellung, daß die Habgier allgegenwärtig war, Anlaß zu Klage und moralischer Kritik gegeben hatte, gab die Allgegenwart des Interesses jetzt Grund zu der triumphalen Feststellung, daß das Interesse die ganze Welt regierte. Es war allgegenwärtig wie die Leidenschaften, die es gezähmt hatte. Dieser Prozeß der Umdeutung bestimmter Leidenschaften hatte auf sie Merkmale der Rationalität übertragen. So konnte Hume von ihnen wie von vernünftigen Strebungen sprechen, die nichts Beunruhigendes hatten: *Habgier oder Gewinnstreben sind eine universelle Leidenschaft, die zu allen Zeiten, an allen Orten und auf alle Menschen wirkt.* Die Ubiquität dieser Leidenschaften hatte eine andere Bedeutung angenommen, sie wurde nicht mehr als bedrohlich oder entmutigend empfunden, sondern versprach Stetigkeit und Kalkulierbarkeit. Die schwankenden und unberechenbaren Leidenschaften hatten sich durch ihre Verknüpfung mit wirtschaftlichen Interessen in stetige und kalkulierbare Antriebe verwandelt.

Eine andere Devise lautete: *Interest will not lie*, das Interesse lügt nicht, wie es die Leidenschaften sonst tun, um an ihr Ziel zu gelangen. Die Redewendung hob auf die Erkennbarkeit des Interesses ab. Während die Leidenschaften täuschten und betrogen, hatte das Interesse den Vorzug, erkennbar und vorhersehbar zu sein. Nachdem diese Umwandlung geglückt war, konnte man sogar das alte Laster der Habgier mit mehr Gelassenheit betrachten. Als machte er eine neue Entdeckung, rieb sich Samuel Johnson die Augen und stellte fest: *Die Habgier ist ein einheitliches und erkennbares Laster.* Vor allem aber hatte das Interesse die Habgier beweglich gemacht, es war eine Sonde, die bis in fernste Gegenden des Globus vordrang. Nüchtern erfaßte wiederum Hume dieses neue Phänomen einer ubiquitären Leidenschaft: *Ein westindischer Kaufmann wird sagen, daß er für das, was in Jamaika vorgeht, Interesse habe.* Seine geschäftlichen Interessen weckten nicht nur Neugierde und Aufmerksamkeit für eine ferne Weltgegend, sondern färbten sich auch mit gefühlsmäßiger Teilnahme, die ihm vieles, was sich in Jamaika ereignet, als bedeutsam erscheinen ließ und es ihm auch emotional nahe brachte. Die Interessen liefen mit den weit gespannten Handlungsketten der kommerziellen Gesellschaft mit und ließen weit Entferntes nah erscheinen.

Das Interesse konnte also mit Fug und Recht als globale Leidenschaft bezeichnet werden. Als die kommerzielle Erschließung der Erde schon weit vorgeschritten war, zog der französische Materialist Helvétius aus der Nobilitierung dieser ehedem verächtlichen Leidenschaften das Fazit: *Wie die physische Welt von den Bewegungsgesetzen regiert wird, so das moralische Universum von den Gesetzen des Interesses.* Das moralische Universum sollte mit dem des Interesses zur Deckung gebracht werden, und wer auf die Welt der Interessen Einfluß nehmen konnte, beherrschte auch die Moral. Was das Interesse für die Leidenschaften der Gier und Habsucht geleistet hatte, indem es sie in erkennbare und kalkulierbare Leidenschaften verwandelte, sollte zum Modell für die Umarbeitung aller moralisch bedeutsamen Gefühle werden. Sie sollten in eine Moralkalkulation und eine umfassende Nutzenrechnung einbezogen werden, um auch in jene Handlungsräume vorzudringen, in denen sich das Interesse so souverän bewegte.

Sobald man die engen Grenzen der traditionellen Moral verließ, mußte man sich am Interesse orientieren, das schon in weit entfernte Regionen vorgestoßen war. Um aber dem Interesse folgen zu können, mußte sich die Moral von ihren regionalen Bindungen lösen, in denen sie bisher ihren Verpflichtungsgehalt besessen hatte. Diese Entwicklung hatte zur Folge, daß die Auffassung von der moralischen Indifferenz von Handlungen in weit entfernten Regionen unhaltbar wurde. Als Diderot seine Gedankenexperimente entwarf, mit denen er die Wirkung von Nähe und Ferne auf die Moral erkundete, waren die weißen Flecken auf der moralischen Landkarte schon so gut wie verschwunden. Um seinen Argumenten zur Wirkung zu verhelfen, konservierte er deswegen Erfahrungen, die in der Frühzeit der Entdeckungsreisen gemacht worden waren. Diderot ignorierte den Begriff des Interesses, um die verschiedenen Moralvorstellungen direkt aufeinander stoßen zu lassen.

15

Lob der Verschiedenheit

Seit dem sechzehnten Jahrhundert hatten ungezählte Werke der Reiseliteratur durch ihre Berichte über die verschiedenen Kulturen zur Verwirrung der Moral beigetragen. Als Pascal sagte, das ganze Elend des Menschen beruhe darauf, daß er nicht in seinem Zimmer bleiben könne, dachte er wohl auch an die Ruhelo sigkeit, von der die Reisenden getrieben waren, und an die existentielle Verunsicherung durch ihre Expeditionen. Zu allen Aspekten der europäischen Überlieferung brachten die Reisenden neue Tatsachen mit, die in den Debatten der Zeit Beachtung fanden, und zu jedem europäischen Brauch lieferten die exotischen Völker Gegenbeispiele, die eine Kritik nach der einen oder anderen Seite nahelegten. Die Landkarte der Glaubensüberzeugungen und sozialen Regelungen wurde immer bunter und verwirrender, so daß sich das Fazit der Relativität aller Dinge aufdrängte.

In einem Werk über China, «Des cérémonies de la Chine», kam der Jesuit Louis Le Comte an der Wende zum achtzehnten Jahrhundert zu der Erkenntnis, daß alle Bedeutungen, die die Menschen ihren Handlungen beilegen, willkürlich seien: *Wir täuschen uns auch deswegen, weil uns die Vorurteile unserer Kindheit daran hindern, in Betracht zu ziehen, daß die Mehrzahl der menschlichen Handlungen an sich indifferent sind und eigentlich nur das bedeuten, was die Völker ihnen bei ihrer ersten Einrichtung beizulegen beliebten.* Die Sitten und Handlungen verkörperten keinen Sinn, sondern eine Wahl. Die Beispiele dafür waren unerschöpflich, und alle Unterschiede des Verhaltens belegten die subtile Abhängigkeit des Denkens von den lokalen Gegebenheiten der jeweiligen Gesellschaften, wenn die Siamesen den Frauen im Vorübergehen Respekt bezeugten, indem sie ihnen den Rücken zuwandten, wenn die Türken den Bart wachsen ließen und den Kopf rasierten, wenn bei manchen Völkern die linke Hand die Vorrechte genoß, die in Europa die rechte besaß. Alle diese scheinbar belanglosen Unterschiede erhielten Bedeutung, sobald man sie nicht isoliert auffaßte, sondern erkannte, daß sie in soziale Bräuche und Glaubenssysteme eingebettet waren, in denen sie keineswegs als willkürlich erlebt wurden.

Montaignes Essai «De la coustume» ist ein eindrucksvolles Zeugnis für den Umgang dieses Autors mit der überwältigenden Fülle der exotischen Gewohnheiten, Bräuche und Sitten. Während er in der ersten Auflage der «Essais» von 1580 fast ausschließlich antike Beispiele herangezogen hatte, läßt er in der zweiten Auflage von 1588 in sein Kapitel über die Bräuche den ganzen Reichtum der Reiseliteratur einfließen. Über mehrere Seiten zählt er kommentarlos die widersprüchlichsten Gewohnheiten und Bräuche aus aller Welt auf, scheinbar wehrlos gegen die auf ihn einströmende Verschiedenheit der Sitten: *Es gibt Länder, wo man Männer in öffentlichen Bordellen finden kann, und sogar Männerehen; wo die Frauen in den Krieg ziehen, so gut wie ihre Gatten, und ihren Rang nicht nur im Kampf, sondern auch im Kommando haben… Wo man den Tod der Kinder beweint und den Tod der Greise festlich begeht… Wo man die Leichname der Verstorbenen kocht und hernach zerstört, bis sie zu einem Brei werden, den sie zu ihrem Wein mischen und trinken… Wo man glaubt, daß die glückseligen Seelen in aller Freiheit leben, in lieblichen Gefilden, mit allen Annehmlichkeiten versehen…* Das stereotype *Wo*, mit dem seine Aufzählungen beginnen, drückt die Gleichwertigkeit der Phänomene aus.

Montaigne ist nicht irritiert, er registriert nur, ohne sich durch diese Tatsachen aus dem Gleichgewicht bringen zu lassen. Die Erklärung liegt, wie Hugo Friedrich schreibt, in seinem Umgang mit sich selbst und in seinem daraus gewonnenen *individualisierenden Verfahren*, das er mit allen seinen Konsequenzen praktiziere – bis zur Ersetzung der Universalität durch *diversité*, Verschiedenheit. Sie ist das Kultobjekt des Skeptikers: *Weil alle Ereignisse unähnlich sind, gibt es in diesem Bild der Dinge keine Eigenschaft, die so universal ist wie Verschiedenheit und Vielfalt... Die Natur hat es sich zur Pflicht gemacht, nichts zu schaffen, was nicht unähnlich wäre.* Montaigne könnte auch sagen, daß sich nichts gleicher ist als die Verschiedenheit. Das entspricht seiner Auffassung von der Wandelbarkeit des Menschen – *ein wundersam eitles, wandelbares und schillerndes Ding ist der Mensch* –, die seine Selbstbeschreibung ebensowenig unmöglich macht wie die Verschiedenheit der Bräuche die Beschreibung der Kulturen unmöglich machen würde. Selbstbeschreibung und Beschreibung des Fremden unterliegen zusätzlich zu ihrer eigenen Wandelbarkeit einer Wandelbarkeit des Beobachters, die Montaigne genau erfaßt hat: *Wer sich nur recht beobachtet, wird sich kaum zweimal in der gleichen Verfassung finden.*

Jenseits dieses skeptischen Einverständnisses hat Claude Lévi-Strauss bei Montaigne noch eine andere, ebenfalls von der ethnographischen Reflexion inspirierte tragische Auffassung der Vernunft entdeckt. Montaigne bediente sich der ethnographischen Reflexion, um der Vernunft selbst den Prozeß zu machen. Die Entdeckung der Neuen Welt hob für ihn alle von der Vernunft verbürgten Gewißheiten auf, eine Feststellung, die um so niederschmetternder war, als sie es nur um den Preis des Verzichts auf den Gebrauch der Vernunft zuließ, bei irgendwelchen Gewißheiten Zuflucht zu suchen. Um die Vernunft zurückzuweisen, zog Montaigne nicht das Abweichende, mit unserem Verständnis nicht Vereinbare und für uns Abstoßende heran, sondern die alles andere als wahrscheinliche Ähnlichkeit der voneinander so entfernten Alten und Neuen Welt. Dieser überraschende Einklang des menschlichen Geistes, den Montaigne als *großen Wundertäter* bezeichnet, eröffnete, so Lévi-Strauss, eine neue Dimension der Vernunftskepsis: Denn die Vernunft versage bei der Bewältigung der Ähnlichkeiten ebenso wie bei der Bewältigung der Unterschiede. In beiden Fällen erweise sie sich als gleichermaßen unfähig, sich die Äußerungen des menschlichen Geistes – also ihre eigenen – wieder anzueignen. So wenig es eine begrenzte Anzahl dem menschlichen Geist aufgrund seiner eigenen Beschaffenheit eingeprägter Gesetze gebe, so wenig könne sich der Mensch auf seine Sinne verlassen, so daß wir sowohl in der Natur wie in der Kultur *keinerlei Anteil am Sein* haben, wie Montaigne sich ausdrückt. Lévi-Strauss nennt diese Formulierung Montaignes die stärkste, die sich in der gesamten Geschichte der Philosophie finden lasse.

So war Montaignes bloße Registrierung der verschiedenen Bräuche und Sitten auch ein Mittel, um der tragischen Ungewißheit Herr zu werden, die jede Vertiefung der Beobachtung mit sich bringen mußte. Für andere dagegen ging von der Verstörung durch die abstoßenden Gewohnheiten, Bräuche und Sitten, die so viele Reisende und Leser der Reiseliteratur verwirrte, die stärkste Beunruhigung aus. So warnte La Bruyère vor den Auswirkungen auf das Bewußtsein der Reisenden: *Es gibt Reisende, die sich durch lange Reisen zugrunde richten und das Wenige an Religion, das ihnen geblieben war, verlieren: Von Tag zu Tag lernen sie neue Kulte kennen, andere Sitten, andere Zeremonien.* Tatsächlich ließen sich mit Hilfe der Reiseliteratur beliebige Überzeugungen durch Beispiele aus der Ferne in Frage stellen, sogar das Eigentum, die Freiheit oder die Gerechtigkeit. Die Fülle des Verschiedenen erlaubte es nicht, die Unterschiede auf einen gemeinsamen Ursprung zurückzuführen, überall drängten sich besondere, individuelle Züge in den Vordergrund, die gegen die allgemeinen Vorstellungen Einspruch erhoben. Die exotischen Beispiele, die die zu Hause geltenden Überzeugungen zu kritisieren erlaubten, waren schier unerschöpflich. Aber während sich das kritische Urteil gegenüber den einheimischen Sitten, Gebräuchen und Überzeugungen scheinbar mühelos durchsetzen konnte, streckte es vor der Fülle des Abweichenden in anderen Gesellschaften die Waffen. So kritisch die Beobachter der Sitten zu Hause waren, so unkritisch waren sie in der Fremde. Diese Asymmetrie wurde nur selten bemerkt. Daran zeigte sich, wie tief die Erschütterung durch die Entdeckungen ging.

Man konnte aber auch, wie Diderot im «Nachtrag zu Bougainvilles Reise», die Komik dieser Verwirrung auskosten. Die Verschiedenheit der sexuellen Bräuche Europas und Tahitis gab hier Anlaß zu Mißverständnissen und komischen Situationen, und das Lachen sollte erweisen, wo in den Konflikten zwischen der, wie Diderot meinte, natürlichen Sexualmoral der Tahitianer und der unnatürlichen der Europäer die Wahrheit lag. Das Lachen wußte es besser als die Moralphilosophen. Der Schiffskaplan, dem die Tahitianer ein junges Mädchen zum Geschenk machen, neben dem er nach einigem seiner Religion geschuldeten Widerstreben eines Morgens mit dem Ausruf *Aber meine Religion, aber mein Stand...* erwacht, ist die komische Verkörperung des Moralkonflikts zwischen Natur und Widernatur.

Als Lösung empfahl Diderot ein elastisches Verhalten: *Man ziehe den Rock des Landes an, das man besucht, und bewahre den des Landes auf, aus dem man stammt.* Dies war eine Moral für Reisende. Nach demselben Rezept hatte sich schon ein Jahrhundert zuvor Montaigne auf seiner Reise durch Italien verhalten, wenn er in jeder Stadt, in die er kam, zuerst einen ortsüblichen Hut kaufte und ihn bei seinen Spaziergängen durch die Straßen als Zeichen seines Respekts vor den lokalen Bräuchen aufsetzte. Die Einwohner dieser Städte dürften über den wunderlichen Fremden eher den Kopf geschüttelt haben, als daß sie seine noble Geste des Respekts vor ihren Bräuchen anerkannt hätten. Diese Methode war auch kaum geeignet, jene ernsten Konflikte zu lösen, die zwischen unterschiedlichen moralischen Ordnungen entstehen konnten, wenn diese direkt miteinander in Berührung kamen. Auch konnte man sittliche Überzeugungen, die für die eigene Gesellschaft von zentraler Bedeutung waren, nicht wie ein Kleid ablegen und wieder anziehen. Man konnte nicht in der Fremde Relativist sein, zu Hause aber das Gegenteil.

Der Vergleich der Sitten und Gebräuche war also kein neutrales Experiment. Irgendwann mußte man wählen, denn um handeln zu können, sind Festlegungen unumgänglich. Für Diderot war es das Naturgemäße, das im Strudel der relativierenden Vergleiche Halt bot. Der Relativismus in der Moral war für ihn ein Wettbewerb um Natürlichkeit. Eine Moral, die, am Maßstab des

Natürlichen gemessen, nicht standhielt, verlor trotz der vom allgemeinen Relativismus angebotenen Lizenzen ihre Existenzberechtigung. Jede direkte Begegnung zwischen Kulturen konnte deswegen tödliche Formen annehmen.

16

Diesseits Wahrheit, jenseits Irrtum

Ein Jahrhundert vor Diderot hatte Pascal gegen den Relativismus der Moral und des Rechts protestiert: *Wir sehen nichts Gerechtes oder Ungerechtes, das nicht mit dem Klima seine Beschaffenheit ändert; drei Breitengrade mehr vom Pol stellen die ganze Rechtswissenschaft auf den Kopf, ein Längengrad entscheidet darüber, was wahr ist; nach wenigen Jahren der Gültigkeit ändern sich die grundlegenden Gesetze; das Recht hat seine Zeit, der Eintritt des Saturn in das Zeichen des Löwen bezeichnet uns die Entstehung eines solchen Verbrechens. Kuriose Gerechtigkeit, die ein Fluß begrenzt! Diesseits der Pyrenäen Wahrheit, jenseits Irrtum.* Der Ausgangspunkt der langen Betrachtung Pascals über das Verhältnis von Gesetzen und Gerechtigkeit war die Frage, worauf die Ordnung der Welt, *l'économie du monde*, gegründet sein müsse, damit die Welt regiert werden konnte. Sollte dies der Willkür einzelner überlassen bleiben, so daß alles in Verwirrung geriet? Oder gab es eine Gerechtigkeit, auf die sich diese Ordnung gründen läßt? Der Mensch kenne sie ja nicht, antwortete Pascal, denn würde er sie kennen, hätte die unter den Menschen verbreitete Maxime, daß jeder sich nach den Sitten seines Landes richten solle, keinen Sinn. Würde der Glanz der Gerechtigkeit alle besonderen Gebräuche überstrahlen, dann würden die Gesetzgeber sich nicht statt des unwandelbaren Rechts die Hirngespinste und Grillen bestimmter Völker zum Vorbild nehmen. Das Recht würde vielmehr bei allen Völkern und zu allen Zeiten Wurzel schlagen, statt vom Klima abhängig zu sein.

Und trotzdem, fährt Pascal nach seinem leidenschaftlichen Ausruf *Vérité au deçà des Pyrénées, erreur au delà* fort, behaupte man, daß das Recht nicht in diesen Gebräuchen und Sitten enthalten sei, sondern in den *natürlichen Gesetzen*, von denen man glaubt, daß sie in allen Ländern gelten. Und doch gab es kein Beispiel eines natürlichen Gesetzes, das tatsächlich überall in Kraft war. Statt dessen gebe es zahllose Bräuche, die dem Recht Hohn sprächen – Raub, Blutschande, Kindesmord, Elternmord. Pascal nennt es *plaisant*, einen Scherz, *daß ein Mann das Recht hat, mich zu töten, weil er jenseits des Wassers wohnt.* Nach diesem Recht waren die Einwohner der anderen Kontinente schon deswegen zum Tode verurteilt, weil sie fern von Europa wohnten. Pascal nennt dies eine Komödie der Vernunft. Alles Unheil schreibt er dieser *schönen verderbten Vernunft* zu, die *alles verdorben hat.* Die Vernunft selbst hat einen Keil getrieben zwischen die *zweifellos vorhandenen natürlichen Gesetze* und die Gebräuche, Sitten und Gesetze der Menschen. Sie hat dem Naturrecht andere Gründe des Rechts unterschoben und vorgezogen: Autorität, Nutzen, Brauch, Gewohnheit. Außerdem soll alles nur zu bestimmten Zeiten gelten, und so schwankt alles mit der Zeit. Und schlimmer noch: Gesetze, die diesen Mangel abstellen und Gerechtigkeit herbeiführen wollen, existieren nur in der Einbildung und sind zur Wirkungslosigkeit verdammt – Gesetze, die nur sich selbst genügen. Alle Bemühungen um ein Naturrecht waren daher dazu verurteilt, Wahnwelten zu erzeugen.

Die Argumentation Pascals richtete sich gegen die zeitgenössischen Spekulationen über natürliche Gesetze und Naturrecht, da sie, statt eine Ordnung zu begründen, nur die herrschenden Gesetze und Sitten untergruben. Weil man das Naturrecht nicht verwirklichen könne, werde die Suche nach ihm zu einem Kunstgriff, den Staat zu untergraben und alle vorhandenen Sitten und Gebräuche als Entstellungen eines ursprünglichen Sinns auszugeben, ihnen also jede Berechtigung zu nehmen. Dies sei, meint Pascal, *das sicherste Mittel, alles zu verlieren.* Denn *auf dieser Waage* bleibe nichts gerecht. Das Volk höre die Botschaft nur zu gern, weil sie die Großen als Nutznießer einer verzweifelten Lage erscheinen läßt. Ohne seine Zustimmung eigens kenntlich zu machen, zitiert Pascal den Rat eines weisen Gesetzgebers, daß man die Menschen, da sie die befreiende Wahrheit nicht kennen können, zu ihrem eigenen Wohl betrügen müsse. Er scheint hier wie Dostojewskis Großinquisitor zu reden: Da es die Wahrheit, die frei macht, nicht gibt, bleibe nichts anderes übrig, als die Menschen zu betrügen. Die Wahrheit über die *gesetzlose Maßnahme* dürfe man deswegen nicht merken lassen: *Wenn man nicht will, daß sie rasch ihr Ende findet, muß man sie, die einstmals ohne Vernunft eingeführt wurde und vernünftig geworden ist, als authentisch und ewig ansehen und ihre Anfänge verbergen.*

Das oberste Gebot ist für Pascal in dieser Situation die Pflicht, Frieden zu halten und den Bürgerkrieg zu vermeiden. Denn das schlimmste Übel sei der Bürgerkrieg, und der Friede das höchste Gut, so daß man den Herrschenden gehorchen müsse, nicht weil sie gerecht sind, sondern weil sie herrschen. Die Gesetze erfüllen, unabhängig davon, ob sie gerecht sind oder nicht, ihre Aufgabe, wenn sie die Menschen davon abhalten, sich Krieg und Chaos zu überlassen. Mit Berufung auf Pascals «Trois discours sur la condition des grands» meint Leszek Kolakowski, daß Pascal an keine gerechte irdische Ordnung geglaubt habe. Die Würde der für die irdischen Dinge Verantwortlichen beruhe auf Zufällen der Geburt, es gebe keine *natürliche Größe*, sondern nur Größe durch menschlichen Willen, und die Achtung vor Fürsten und Königen beruhe nie auf deren wirklichen, inneren Eigenschaften. Daß man sich vor ihnen erhebt oder vor ihnen niederkniet, sei nichts als eine gesetzliche Regelung. Und auch hier gelte, daß man die Menschen nicht darüber aufklären darf, daß die Gesetze, obwohl notwendig, nicht gerecht sind.

Pascals Erschrecken über die Ordnung der menschlichen Dinge, sein verzweifelter Ausruf *Plaisante justice qu'une rivière borne! Vérité au deçà des Pyrénées, erreur au delà,* war das Echo einiger Sätze Montaignes, der unruhig gefragt hatte: *Was ist das für ein Gutes, das ich gestern hochgelobt sah und morgen nicht mehr, und das der Lauf eines Flusses zu einem Verbrechen macht? Was für eine Wahrheit ist das, die an diesem Gebirgszug endet und für die Menschen, die jenseits von ihm leben, Lüge ist?* Wie könne man, fragte Montaigne weiter, unter diesen Umständen den Bräuchen und Gesetzen eines Landes folgen, wie Sokrates es gelehrt hatte, wenn diese so veränderlich sind wie die Meinungen des Volkes und der Fürsten, und wenn sich nicht nur die staatlichen, sondern auch die Religionsgesetze so rasch und tiefgreifend änderten, wie es in der Zeit der Religionswirren an der Tagesordnung war?

Gegen diese Vielfalt und Wandelbarkeit schien die Philosophie machtlos zu sein. Dieselbe Vernunft, vor der kein Brauch als solcher bestehen konnte, riet, sich den Bräuchen der Gesellschaft, in die man hineingeboren war und in der man weiter leben würde, anzupassen. Es konnte da nur als ein Witz erscheinen – wie Pascal betonte auch Montaigne die Komik der durch die Philosophie in die Welt gebrachten Verwirrung –, wenn man, um den Gesetzen Sicherheit zu geben, von beständigen oder nicht wankenden Gesetzen sprach. Von natürlichen Gesetzen, wie sie sich bei anderen Lebewesen beobachten ließen, konnte bei den Menschen nicht die Rede sein. Man konnte sich nicht einmal auf die Anzahl der für sie angeblich verbindlichen natürlichen Gesetze verlassen, für die einen gab es deren vier, für die anderen drei, für andere wiederum noch weniger oder auch mehr.

Daß es unter diesen Umständen eine alle Völker umfassende Übereinkunft geben sollte, erschien Montaigne kaum vorstellbar. Immer würde es ein Volk oder mehrere geben, die von universellen Naturgesetzen abwichen. Die moralische Geographie der Bräuche war völlig unüberschaubar: *Es gibt nichts,* erklärte Montaigne, *worin die Welt so verschieden ist wie in Gebräuchen und Gesetzen.* In Anbetracht alles dessen, was zu seiner Zeit in dieser Hinsicht zusammengetragen worden war, blieb nichts übrig, als an einer vernünftigen Ordnung der Dinge zu zweifeln. Montaigne ging allerdings so weit, die menschliche Vernunft selbst für diese Unordnung verantwortlich zu machen. Auch diese Demütigung der Vernunft hat Pascal bei seiner Wiederaufnahme der Gedanken Montaignes beibehalten – *cette belle raison a corrompu tout,* diese schöne Vernunft hat alles verdorben.

17
Über die Linie

Die Verzweiflung von Montaignes Ausruf: *Was für eine Wahrheit ist das, die an diesem Gebirgszug endet und für die Menschen, die jenseits von ihm leben, Lüge ist,* scheint eine Steigerung kaum zuzulassen. Und doch hat Pascal das Pathos noch intensiviert, indem er nicht nur Flußläufe und Gebirgszüge, sondern Meridiane nannte, Längengrade und Breitengrade, die über den ganzen Globus gezogen wurden. Pascal war, als er den Meridian erwähnte, seiner Zeit ein wenig voraus. Obwohl man Gradmessungen schon seit der Antike kannte, waren erst durch die 1615 von Snellius erfundene Triangulation weiträumige Vermessungen der Erde möglich geworden. Erst 1669, sieben Jahre nach Pascals Tod, gelang die berühmte Messung des Meridianbogens Amiens-Malvoisine durch Picard, die zum ersten Mal die Größe eines Grades und damit den Erdumfang zu bestimmen erlaubte. Die Messung und Bestimmung von Längen- und Breitegraden war ein großes Thema schon zu Pascals Lebzeiten. Damals setzten auch die Bemühungen um eine neue, wissenschaftliche Kartographie ein, die nicht nur die neuen Kontinente auf dem Globus verorteten, sondern auch jene Leerstellen ausfüllten, die noch von Fabeltieren und Phantasiegebilden besetzt waren, wie die Spottverse bezeugen: *So Geographers, in Africa-maps, /With savage-pictures fill their gaps, /And other unhabitable downs /Place elephants for want of towns.* Ähnlich phantastisch, wenn auch viel bunter, hatte man sich die über den Erdball verteilten Sitten und Gebräuche vorzustellen. Jede kartographische Erfassung der Bräuche mußte nicht anders als die Reiseberichte offenbaren, daß es in der Vielfalt der menschlichen Einrichtungen keine Gesetzmäßigkeit gab. Pascal genügte das intensive Interesse der Gelehrten seiner Zeit an der Bestimmung der Längen- und Breitengrade, um frühzeitig zu erkennen, daß die Vernunft sich anschickte, in die natürliche Verwirrung eine zusätzliche Unordnung zu tragen.

Weniger als die Vielfalt der Bräuche und Sitten beunruhigte Pascal die Tatsache, daß die Menschen künstliche Linien zogen, jenseits deren Recht oder Unrecht nicht dieselbe Geltung hatten wie diesseits. Nicht die Tatsache, daß es jenseits der Pyrenäen andere Gebräuche gab als diesseits, erschütterte Pascal, sondern daß nicht mehr gewußt werden konnte, was Recht war und was Unrecht. So jedenfalls hat Carl Schmitt in «Der Nomos der Erde» die berühmten Sätze Pascals interpretiert und diese neuen globalen Linien als Vorboten einer neuen Raumordnung gedeutet, so daß Pascals Ausruf *Ein Meridian entscheidet über die Wahrheit* nicht bloß einen allgemeinen relativistischen Skeptizismus, sondern das erschütternde Faktum aussprach, daß christliche Fürsten und Völker sich darauf geeinigt hatten, den Unterschied von Recht und Unrecht für bestimmte Räume als nicht vorhanden zu betrachten. Die Freundschaftslinien, die *amity lines*, grenzten zwischen der Freiheit der Meere als einer Sphäre der Rechtlosigkeit und dem Bereich eines geordneten Zustandes einen Zwischenbereich aus, in dem Recht und Unrecht keine Bedeutung hatten.

Diese Verwirrung war durch die Eroberung der Neuen Welt entstanden. Zum ersten Mal gab es eine Welt, in der die Gesetze der Reziprozität nicht galten, da sie nur aus der eigenen Sicht gesehen und genommen wurde. So hat Carl Schmitt auch die Freiheit der neuen Räume charakterisiert, die jenseits einer Linie begannen, die einen Bereich freier und rücksichtsloser Gewaltanwendung ausgrenzte. Alles, was jenseits der Linie geschah, blieb außerhalb der rechtlichen, moralischen und politischen Bewertungen, die diesseits anerkannt waren. Dies bedeutete, wie Carl Schmitt hervorhebt, zugleich eine ungeheure Entlastung der innereuropäischen Problematik. In dieser Entlastung habe auch der völkerrechtliche Sinn des berühmten und berüchtigten Liniendenkens gelegen.

Man konnte sich also sowohl diesseits wie jenseits, im Naturzustand wie im Rechtszustand, bewegen und den einen durch die Existenz des anderen schärfer artikulieren. Es gab eine globale Binnen- und eine Außenmoral, wobei die letztere eine ungeheure kritische Strahlkraft nach innen entfaltete. Das allmähliche Schrumpfen der rechtsfreien Räume mußte deswegen Folgen für die rechtlich gehegten Räume haben, vor allem in dem Maße, wie die Vorstellungen des freien Handels und des freien Weltverkehrs sich diesseits der Linie zur Geltung brachten. Das neue *globale Liniendenken*, so Carl Schmitt, wandte arithmetische und mathematische Regelmäßigkeiten auf den Bereich des Politischen an und grenzte auf diese Weise künstliche Bereiche aus, in denen Recht und Moral suspendiert waren: *Eine allgemeine, furchtbare Erschütterung aller überkommenen geistigen und moralischen Prinzipien war die Folge einer solchen von christlichen Regierungen anerkannten Ausgrenzung freier Räume*, schreibt Carl Schmitt. Diese Katastrophe habe in allen Theorien und Formulierungen des siebzehnten Jahrhunderts, soweit sie modern waren, ihren Niederschlag gefunden, am eindrucksvollsten in dem berühmten Satz Pascals: *Ein Meridian entscheidet über die Wahrheit.*

Die Freundschaftslinien waren ein Verfahren, etwas Allgemeines regional zu beschränken. Für Verträge, für Frieden und Freundschaft galt, daß sie sich grundsätzlich nur auf Europa bezogen, auf die alte Welt, den Bereich diesseits der Linie. So legten die Spanier fest, daß bestimmte Verträge in Indien, also in Amerika, nicht galten, weil es eine Neue Welt war. Die Linien erlaubten es, gegen sonst geltendes Recht und sogar gegen Grundsätze des Rechts zu verstoßen, und sie ließen sich auch für die Moralphilosophie verwerten, für skeptische Infragestellungen der universalen Geltung der Moral. In Verbindung mit der Tatsache der Verschiedenheit konkreter Moralsysteme konnte das achtzehnte Jahrhundert das globale Liniendenken deswegen moralphilosophisch aktualisieren. Die Vernunft wurde als eine Linie gedacht, die vernunftgemäße und vernunftwidrige Moral voneinander trennte. Die Linie der Moral entwertete aber nicht nur die Unterscheidung von Gut und Böse, sondern konnte auch dazu dienen, neue Grenzen zwischen Gut und Böse zu ziehen: Diesseits der Linie war das Gute, jenseits das Böse.

Das Liniendenken drang so auch in die heimische Moral ein, wo es mit der Unterscheidung von *natürlich* und *unnatürlich* die moralischen Gewißheiten untergrub. Insofern galt es auch noch für das achtzehnte Jahrhundert, als die Neue Welt für die Philosophie zu einem Paradies natürlicher Moral geworden war, das von den Entstellungen der Zivilisation verschont geblieben war. Diese zweite Entdeckung der Neuen Welt begründete eine kritische Moral, die sich gegen die zivilisierten Gesellschaften richtete, ohne daß die Eingeborenen, wie Carl Schmitt anmerkt, davon einen Vorteil hatten oder sich dem Gebot der Zivilisation entziehen durften. Die Indirektheit der moralischen Kritik erlaubte es, die Erschütterung der geistigen und moralischen Prinzipien sorgfaltig zu verhüllen. Dieses Verfahren der indirekten Kritik lenkt auch die spielerischen Gedankenexperimente Diderots, indem sie Nähe und Ferne, Kleinheit und Größe in eine kritische Spannung versetzen, aus der nur ein universalistischer Ausweg möglich ist.

18

Vermessung der Moral

Die Kluft zwischen physischer und moralischer Geographie hat 1766 der italienische Aufklärer Cesare Beccaria in seiner berühmten Schrift «Über Verbrechen und Strafen» mit fast denselben Worten bezeichnet wie vor ihm Montaigne und Pascal: *Ehre und Tugend verändern sich mit den Flüssen und Gebirgen, die oft genug nicht nur Grenzen der physischen, sondern auch der moralischen Geographie sind.* Daß die Moral beim Überschreiten von Flüssen und Gebirgen eine andere wird, war für Beccaria aber weit weniger beunruhigend als für seine beiden Vorgänger. Denn die regionale Begrenztheit der Moral war deswegen eine Voraussetzung für seine Reform des Strafrechts, da diese den Schaden für eine bestimmte Gesellschaft zum Maß der gerechten Strafe machte. Für die Berechnung des Schadens war die räumliche Begrenzung des Rechts eine unerläßliche Voraussetzung: *Die moralischen Handlungen haben wie die physischen ihren begrenzten Wirkungskreis, und wie alle Bewegungen der Natur werden sie auf verschiedene Weise von Zeit und Raum begrenzt.*

Man mußte also mit einer Vielzahl der Gesetzgebungen rechnen, die einander oft genug ausschließen, wodurch die Begriffe von Laster und Tugend vage und unbestimmt wurden. Wie man Landkarten für die physische Geographie der Erde zeichnete, so sollte nun auch das moralische Territorium vermessen werden, um zu erkennen, was hier und was dort in Geltung war. Die dadurch sichtbar gemachte Vieldeutigkeit der Rechtsbegriffe wurde noch gesteigert durch die Veränderungen und Umwälzungen der Rechtsordnungen und Staaten. Und schließlich konnte es auch noch zu Ungleichzeitigkeiten im Recht kommen, da die Leidenschaften des einen Jahrhunderts oft genug zur Grundlage der Leidenschaften des nächsten werden. Die Entdeckung der Ungleichzeitigkeiten im Recht war eine der Glanzleistungen Beccarias, der mit seiner Programmschrift für eine neue Rechtsauffassung werben wollte. Er wollte nicht nur erreichen, daß die grausamen Strafen und Hinrichtungen abgeschafft wurden, sondern vor allem den Schaden des Verbrechens für die Gesellschaft als neuen Maßstab für das Recht durchsetzen: Wäre dieses Kriterium erst einmal anerkannt, dann würden jene Vieldeutigkeiten beseitigt, die die Rechts- und Moralbegriffe verwirrten. Beccaria hielt es für einen Skandal, daß sich die weit entfernten Bewegungen der Himmelskörper genauer berechnen ließen als die den Menschen so nahen und für sie so wichtigen moralischen Begriffe, die durch Leidenschaften und Unwissenheit verwirrt werden.

An den regionalen Grenzen von Recht und Moral nahm Beccaria keinen Anstoß. Im Gegenteil, er widersprach der Ansicht, daß eine gesetzwidrige Handlung an jedem Ort bestraft werden konnte: *Manche glauben, daß eine grausame Tat, die in Konstantinopel begangen wird, in Paris bestraft werden könne, und zwar aus dem abstrakten Grund, daß, wer die Menschheit beleidigt, es verdient die ganze Menschheit zum Feinde zu haben und überall verabscheut zu werden, als wären die Richter die Rächer der Empfindsamkeit der Menschen und nicht vielmehr der Verträge, durch die sie miteinander verbunden sind. Der Ort der Strafe ist der Ort des Verbrechens, weil allein dort und nicht anderswo die Menschen dazu gezwungen sind, gegen einen einzelnen vorzugehen, um der Gefährdung der Allgemeinheit vorzubeugen.* Der Maßstab des Nutzens und Schadens für die Gesellschaft entschärfte zwar den Konflikt zwischen den Gesetzgebungen und Moralsystemen, aber solange das, was nützlich oder schädlich ist, nur mit Bezug auf eine bestimmte Gesellschaft festgestellt werden konnte, war die Aussicht auf einen Gerichtshof der Menschheit, von dem die Philosophen träumten, in weite Ferne gerückt. Es kam zunächst darauf an, die erstrebte Transparenz im Verhältnis von Verbrechen und Strafen in überschaubaren Gesellschaften zu verwirklichen, anstatt auf die Einrichtung einer universalen Rechtsordnung zu hoffen, ehe die moralischen Empfindungen dafür vorbereitet waren.

Wenn, wie Holbach lehrte, das Nützliche *der einzige Maßstab für die Urteile der Menschen und nützlich zu sein ein Beitrag zum Glück von seinesgleichen war,* konnte solches Glück nach Beccarias Ansicht auf absehbare Zeit nur regional verwirklicht werden. Die neue Rechtsordnung konnte sich nur Schritt für Schritt ausdehnen, und um unangefochten und ohne Einbuße ihrer Integrität zu existieren, müßten, wie Beccaria gegen den universalistischen Optimismus seiner Zeit hervorhob, erst die Despotien in die Tiefen Asiens zurückgedrängt sein. Aber die ungeduldige Philosophie, die in ihren physikalischen Spekulationen den Determinismus nicht konsequent durchzuführen vermochte, wollte wenigstens in der Moral ernst machen. In der Moral glaubten die Pariser Philosophen, die Geometrie einfach dekretieren zu können, wie es zum Beispiel Holbach tat: *Moral ist die Wissenschaft von den zuverlässigen und unveränderlichen Beziehungen, die zwischen den Wesen der menschlichen Gattung bestehen.* Diese zur Wissenschaft erhobene Moral hatte nichts mehr mit Bräuchen, Sitten und Dogmen zu tun, die überall verschieden waren. Die Moralphilosophie zog damit lediglich die Konsequenz daraus, daß die vielen Berichte der Reisenden über kuriose Sitten und Gebräuche keine moralphilosophisch erheblichen Erträge gebracht hatten.

Für Beccaria war die Aussicht auf das ferne Ziel einer universalen Gerichtsbarkeit weniger wichtig als die näherliegende Möglichkeit, die Widersprüche im Strafsystem schon in der Gegenwart zu beseitigen. Wie ein Symbol des Verfehlten wirkte es auf ihn, daß der Tod sowohl ein Objekt des Staunens und der Bewunderung als auch des Mitleids sein konnte: Die Hinrichtungen wurden festlich als öffentliches Schauspiel vollzogen, als handelte es sich um etwas Bewunderungswürdiges, während der Mörder in dem Augenblick, in dem er hingerichtet wurde, Mitgefühl erregte, als geschähe ihm Unrecht. Dieser Widerspruch konnte nicht allein durch den Maßstab des Nutzens und Schadens für die Gesellschaft beseitigt werden, er hatte tiefere Wurzeln in der seelischen Verfassung der Menschen.

Die große Wirkung von Beccarias Schrift über Verbrechen und Strafen, die ein fernes Echo noch in Dostojewskis Romantitel «Verbrechen und Strafe» findet, beruhte weniger auf der Berechnung des Nutzens für die Gesellschaft, als auf seiner Schilderung der durch den neuen Maßstab in grelles Licht gerückten grausamen Strafpraktiken der Zeit. Beccarias Vorschlag einer konsequenten Moralisierung des Strafsystems ließ dessen traditionelle Maßnahmen als atavistische Grausamkeiten erscheinen, wie die Scheiterhaufen der Ketzerverbrennungen, wo es *für die verblendete Menge ein gefälliges Schauspiel und ein angenehmer Wohlklang war, das dumpfe, unverständliche Wehklagen der Unglücklichen zu hören, das aus den Schwaden des schwarzen Rauches, Rauches von Menschengliedern, unter dem Prasseln der verkohlenden Gebeine und dem Schmoren der noch zuckenden Eingeweide drang.* Die ruhige Prosa Beccarias verwandelt sich in solchen Schilderungen in das unheimliche Flackern der Bilder Goyas.

19

Eine einzige Moral

Voltaire schlug 1767 in einem der kürzesten Artikel seines 1764 zuerst erschienenen «Dictionnaire philosophique» eine radikal einfache Lösung für die verwirrenden Komplikationen der Sitten und Bräuche vor: *Es gibt nur eine einzige Moral, wie es nur eine Geometrie gibt.* Die Vielfalt der Moralvorstellungen täuschte darüber hinweg, daß es nur eine Moral gab, die überall dieselbe war, auch wenn sie nicht immer erkannt wurde. Es verhielt sich hier nicht anders als in der Mathematik, von der die meisten Menschen nichts verstanden, über die man aber rasch Übereinstimmung erzielte, wenn man sich nur ein wenig Mühe gab. Nicht anders verhielt es sich in der Moral: *Die Bauern, die Handwerker, die Künstler haben keinen Moralunterricht genommen, aber wenn sie nur ein wenig nachdenken, sind sie, ohne es zu wissen, die Schüler Ciceros. Der indische Färber, der tatarische Hirt, der englische Matrose wissen, was gerecht ist und was ungerecht.*

Mit dieser Wendung, die Voltaire seinem Vergleich von Moral und Geometrie gab, erübrigte sich die Suche nach einer natürlichen Moral auf dem Umweg eines Vergleichs der Sitten der Völker. Der Vergleich hatte seine Bedeutung für die gesuchte Universalmoral verloren. Indem Voltaire die Moral zu einer Art Unterbewußtsein aller Völker erklärte, wollte er den Moralphilosophen das Studium der exotischen Bräuche ersparen. Erledigt war damit aber auch die für die Moralkritik so folgenreiche Debatte über die Reichweite der moralischen Gebote und die Konflikte zwischen universeller und regionaler Moral. Als neues, ebenso abgründiges Problem kündigte sich das der Konkurrenz verschiedener Moralbegründungen an. Die Kürze seines Artikels erlaubte es Voltaire, sich diese Schwierigkeiten zu ersparen.

Aber er hat sich diese Schwierigkeiten eines Ausgleichs der divergierenden Moralvorstellungen auch sonst erspart. Die Berichte der Reisenden bedeuteten ihm wenig, sein Urteil über den Weltzustand beruhte auf seinen eigenen Wahrnehmungen und Erfahrungen. Die Welt war überall schlecht, es kam darauf an, das Übel zu bekämpfen, wo man es antraf. Voltaire faßte das Übel als einen Feind ins Auge, und er wollte den Hauptfeind in der Welt, die er überschaute, stellen. *Écrasez l'infâme* war sein Schlachtruf, und er ordnete seine Truppen, um den Feind zu stellen. Aber erst der späte Voltaire, der sich des Schicksals der Familie des zu Unrecht verurteilten Calas annimmt, findet seinen eigenen Stil des Kampfs gegen das Böse.

Paul Valéry hat im Eintreten des späten Voltaire für Calas und andere Verfolgte etwas vollkommen Neues sehen wollen. Voltaire, meint er, habe damals seine Haltung grundsätzlich geändert. Er habe ein neues Bündnis angestrebt, ein Bündnis des Verstandes mit dem Mitleid: *Er beruft sich auf den Verstand, aber er zielt aufs Herz. Was könnte dem Bündnis der Wahrheit mit dem Mitleid widerstehen? Die eine wie das andere bewirken im Menschen das, was es an Menschlichstem gibt, was in ihm lebendig ist, wenn er frei ist, er selbst zu sein, wenn er ohne Haß und ohne Furcht ist.* Voltaire habe in die geregelte Verwaltung der Dinge eingegriffen wie eine persönliche Macht, die zwar nicht anerkannt ist, es aber dennoch wagt, sich mit der öffentlichen Gewalt zu messen. Voltaire habe sich aus sich selbst legitimiert durch das edle Ziel seiner Initiativen und durch den Nachweis, daß ein höheres Bedürfnis seinen Eingriff forderte, der sich ausschließlich auf sein Talent stützte. Valéry setzt hinzu: *Ich muß mich korrigieren: auf das Talent zusammen mit dem Mut und dem Glauben.* Es war eine neue Moral, weil es eine eingreifende Moral war, die sich durch ihre literarischen Mittel und ihre Wirkungen rechtfertigte – und durch nichts sonst.

Mit seiner Durchleuchtung der Affäre Calas, ihrer verfahrenstechnischen Durcharbeitung und seinem angemaßten Recht der Prüfung des Rechts schafft Voltaire, wie Valéry voll Bewunderung feststellt, eine neue Instanz, die sich noch kaum dessen bewußt ist, welche Rolle sie spielen wird. Voltaire entreiße die Fälle, mit denen er sich befaßt, der engstirnigen und mechanischen Beurteilung, der berufsmäßigen Gleichgültigkeit, mit der die Gerichte sie behandeln, er bringe sie *vor einen Richter, der noch kaum weiß, daß er es in letzter Instanz ist, und der seine Macht und Zuständigkeit noch nicht kennt: den Menschen. Er zitiert das Gesetz vor den Menschen.*

Worum es in all diesen Fällen, bei Calas und den anderen zu Unrecht Verurteilten, ging, war nicht unbekannt. Aber es mußte entdeckt werden, worin genau die Verletzung des Rechts lag und wie sie vom Gesetz und von den gewöhnlichen und anerkannten Rechtspraktiken verkannt wurde. Daß bestimmte Praktiken in der Rechtsordnung verankert und seit Menschengedenken üblich waren, mußte als verabscheuungswürdige Rechtsverletzung zum Bewußtsein gebracht werden. Die Literatur wie die Öffentlichkeit wurden von Voltaire zu Instanzen erhoben, die von nun an legitimiert sein sollten, das Unrecht festzustellen und auszusprechen. Voltaire brachte zu allgemeinem Bewußtsein, was bis dahin bloß als Unruhe gespürt worden war, er weckte Zweifel und Gewissensbisse, die bis dahin nicht existiert hatten, er erzeugte einen Abscheu, der bis dahin von den Gewohnheiten so zugedeckt gewesen war, daß er sich nicht artikulieren konnte.

Voltaire entdeckte, wie Valéry mit großem Pathos verkündet, neue ungeheure Verbrechen, die als solche noch nie erkannt worden waren: *Voltaire verkündet, daß es Verbrechen gegen die Menschheit gebe und ebenso gegen das Denken, und er dekretiert, daß sie angeklagt werden sollen.* Die Bestrafung und sogar die Ordnung selbst können ein Verbrechen sein, sogar dann, wenn sie sich gegen Verbrechen richten. In den Augen der von dem neuen Anwalt der Menschlichkeit leidenschaftlich erregten Öffentlichkeit kann sich der Verbrecher in ein Opfer der Justiz, in ein unschuldiges Opfer verwandeln. Die von Voltaire vor den Gerichtsstuhl der Öffentlichkeit gezogenen Verbrechen ließen die etablierte Ordnung als Unordnung erscheinen, trotz der rationalen Gründe, auf die sie sich berufen mochte. Der Gerichtsstand war nicht Toulouse, Paris oder welcher Ort auch immer, an dem das Recht verletzt wurde. Beccarias Grundsatz, daß der Ort des Verbrechens der Ort des Gerichts sei, galt nicht mehr, denn das von Voltaire ans Licht gezogene Unrecht postulierte eine Gerichtsbarkeit, die sich auf das Gesetzbuch der Menschheit berief.

Wenn Voltaires Feder die Wiederaufnahme des Falls Calas erzwang, war für einen Augenblick die Unterscheidung zwischen den vielen Rechtsordnungen und der einen Gerechtigkeit aufgehoben. Indem zahllose Menschen, die bis dahin von einer abscheulichen Kriminalaffäre nichts gehört hatten, durch Voltaires Feder zu leidenschaftlicher Anteilnahme verführt werden, konkretisiert sich das Menschheitsgewissen, für das es bis dahin kein Ausdrucksmittel gegeben hatte, das zum direkten Eingriff in die Ordnung der Dinge berechtigte. *Allein durch die Macht der Feder,* schreibt Valéry, *allein mit seinem Geist erschüttert Voltaire seine gesamte Epoche.* Und darüber hinaus demonstrierte er, daß nicht die langsame Arbeit der Angleichung der Rechtsordnungen der direkte Weg zu einem umfassenden Recht der Menschheit war, daß nicht die endlose Kasuistik der unerschöpflich vielen Bräuche und Sitten den Weg wies zu einem Recht, das ihnen allen gerecht zu werden vermochte. Voltaires ungeduldiger Einspruch in seinem philosophischen Taschenwörterbuch, dem «Dictionnaire philosophique»: *Es gibt nur eine einzige Moral ...* wird nun als Echo seines Triumphs in der Affäre Calas hörbar. Vielmehr beweist Voltaires Engagement das Vorhandensein eines umfassenden Rechtsbewußtseins. Es zeigt sich in dem Augenblick, in dem es seinen Gegenstand gefunden hat: den Menschen, der durch ein unvorhergesehenes Zusammenwirken von Vernunft und Mitleid erkannt wird.

Aber darüber darf nicht vergessen werden, daß Voltaires Eintreten für Calas so überwältigend wirkte, weil er in seinen Schriften seit den «Lettres philosophiques» ein Klima der Mitleidlosigkeit geschaffen hatte, das für Erbarmen mit den Benachteiligten keinen Platz zu lassen schien. Daß er für Calas eintrat, geschah völlig unvorbereitet, sein Engagement unterschied sich vollkommen von dem der aufgeklärten Reformer, Beccaria eingeschlossen. Weil sein Mitleid nicht vom Mitleid, sondern von kaltem Verstand angetrieben zu sein schien, wirkte der Angriff umso stärker.

20

Große und kleine Staaten

Die Beunruhigung über die Verschiedenheit und Relativität der Sitten und Gebräuche nimmt im achtzehnten Jahrhundert einen anderen Charakter an: Sie wird zur Pointe. So schreibt Rousseau in seiner «Lettre à d'Alembert», seiner Streitschrift gegen die

«Encyclopédie» und die Philosophie seiner früheren Freunde: *Eine junge Chinesin, die ihre Fußspitze bedeckt und in einem Schuh vorstreckt, wird in Peking größeres Aufsehen erregen als das schönste Mädchen von der Welt, das ganz nackt am Taygetos getanzt hätte.* Dies war ein Beispiel, das Diderot und seine Freunde beeindrucken sollte. Das Aufsehen, das ein Verhalten erregt, bemißt sich nicht an einem vermeintlichen Maßstab der Natürlichkeit, sondern allein an den Umständen und herrschenden Konventionen. Eine winzige Abweichung kann ebenso wie eine vermeintliche Unzüchtigkeit ein Skandal sein. Die Sitten entscheiden darüber. Nicht die Relativität der Sitten ist die Pointe von Rousseaus Beispiel, sondern ihre Unangreifbarkeit.

Die Bestandsaufnahme der Sitten und Gebräuche im Gefolge der Entdeckungen und des weltumspannenden Handels ließ das Bild der Menschheit in unabsehbar viele Facetten und Unterschiede zerfallen. Die Differenzierung der Menschheit war so weit vorgeschritten, daß man nicht mehr fragen konnte, was für den Menschen allgemein gut ist. Für Rousseau war eine Regionalisierung der Vernunft das unausweichliche Ergebnis: *Es gibt von Volk zu Volk eine ungeheure Verschiedenheit der Sitten, der Temperamente, der Charaktere. Der Mensch ist eins, ich räume es ein. Aber der von den Religionen, den Gesetzen, den Bräuchen, den Vorurteilen, dem Klima veränderte Mensch wird so verschieden von sich selbst, daß man bei uns nicht mehr danach zu suchen braucht, was für die Menschen im allgemeinen, sondern was für sie zu dieser Zeit und an diesem Ort gut ist.* Die Menschen sind nicht einfach verschieden, sondern sie sind, was sie sind, durch die Unterschiede, die sich zwischen ihnen herausgebildet haben. Der Mensch unterscheidet sich von sich selbst, so daß seine konkreten Erscheinungsweisen nicht unter einem allgemeinen Begriff subsumiert werden können. Es handelt sich stets um konkrete Realisierungen eigenen Rechts: Wie die Komödien des Menander nicht für Rom geschaffen wurden und dort im Theater deplaziert wirken würden, so sei es auch in allem übrigen. Die Erkenntnis des Menschen muß Zeit und Ort einbeziehen, sie ist nur als konkrete Erkenntnis möglich.

Den Relativismus der Philosophen hat Rousseau zu einem bestimmten Zeitpunkt offenbar akzeptiert, aber zugleich so zugespitzt, daß er zu Spekulationen über eine natürliche oder eine Menschheitsmoral nicht mehr taugte. In seiner «Lettre à d'Alembert», die dessen Vorschlag, in Genf ein Theater nach Pariser Vorbild einzuführen, zurückwies, diente der Relativismus der Moral als Argument, um die lokalen Sitten entscheiden zu lassen, was an einem Ort gut oder schlecht ist. Was in Paris gefällt, muß in Genf nicht gefallen, und was für eine verfeinerte oder dekadente Gesellschaft gut ist, kann es nicht für eine Gesellschaft sein, die am Herkommen und ihren lokalen Traditionen festhält.

Die Diskussion über das Genfer Theater, die Rousseau gegen seine ehemaligen Freunde entfesselte, war nur ein vorgeschobener Schauplatz für die eigentliche Frage nach der Zuständigkeit der allgemeinen Menschenvernunft für die Regelung gesellschaftlicher Ordnungen. Was Rousseau damals in die Debatte warf, war ein Programm zur Deregulierung der Vernunft. Er empfahl – als Mittel gegen Religionsstreitigkeiten und Intoleranz – eine andere Auffassung der Vernunft. Weil die menschliche Vernunft kein *gemeinsames Maß* besitze, sei es *für jeden Menschen unrecht, wenn er seine eigene Vernunft als Richtmaß für die der anderen ausgebe.* Die Vernunft des einen konnte und sollte nicht das Richtmaß für die des anderen sein. Sie sollte dereguliert werden, da sie nur bis zu einem bestimmten Grad und in einem bestimmten Ausmaß eine gemeinsame Vernunft war. Da die allgemeinen Grenzen der menschlichen Vernunft nicht festgelegt seien, könne niemand über die Grenzen der Vernunft eines anderen befinden, denn er kennt die Beschaffenheit und die Grenzen der Vernunft nicht. Rousseau meinte, daß die Anerkennung dieses Sachverhalts ausreichen würde, um allen Versuchen, durch Gewalt und Dogmatismus Überzeugungen zu erzwingen, ein Ende zu machen. Man hat seine Meinung nach allen anerkannten Kriterien geprüft, man weiß, daß man Recht hat, und doch stimmt nicht jeder zu – das ist die Erfahrung des Regionalismus der Vernunft.

Rousseaus Aufforderung, die Grenzen der eigenen Vernunft in Rechnung zu stellen, hatte unmittelbare Folgen für ein zentrales Lehrstück der politischen Theorie des achtzehnten Jahrhunderts: für die Frage des Verhältnisses von großen und kleinen Staaten. Schon während des Streits um seinen Ersten Discours hatte Rousseau in seiner «Letzten Antwort an Bordes» gegen die Geometrisierung der Moral protestiert: *Man könnte sich schwer vorstellen, daß man die Moral mit dem Werkzeug eines Feldmessers messen sollte.* Trotzdem aber glaubte er auch damals schon, daß die Ausdehnung der Staaten nicht ganz ohne Beziehung zu den Sitten der Bürger sein könne. Vielleicht, so spekulierte er, war das Verhältnis zwischen Territorium und Sitten genau umgekehrt, als üblicherweise angenommen, so daß die Sitten in den kleinen Staaten höher entwickelt wären als die in den großen und man diese eher an jenen messen müsse: *Zwischen diesen Dingen besteht sicherlich irgendein Verhältnis; ich weiß aber nicht, ob es nicht ein umgekehrtes ist.* Diese Bemerkung war offenbar gegen die Geringschätzung der kleinen Staaten und die übertriebene Bewunderung der großen gerichtet. Was wäre, wenn die moralische Bilanz genau umgekehrt ausfiele, als die Philosophen in den großen Staaten annahmen?

Die vor allem von Montesquieu als theoretisches Universalinstrument eingesetzte Klimatheorie hatte die Probleme der Vielzahl und Vielfalt gesellschaftlicher Ordnungen entschärft, indem sie Gesetze und Sitten an ihrer Anpassung an bestimmte klimatische Bedingungen maß. Aber zugleich entstanden neue Probleme, die Rousseau in der ersten Fassung des «Contrat social» prägnant erfaßte: *Dieselben Gesetze können nicht für so viele verschiedene Völker passen, die verschiedene Sitten haben, die in gegensätzlichen Klimaten leben und die nicht dieselbe Regierungsform ertragen können.* Eine unbeabsichtigte Folge des relativistischen Ausgleichs der Vielfalt und Verschiedenheit mußte Unsicherheit über das eigene Erbe und über die Tugend sein, die unter diesen Bedingungen möglich war. Vor allem mußte diese existentielle Unsicherheit der Moral in den Augen Rousseaus für jene Großstaaten gelten, *in denen die Talente vergraben und die Tugenden verkannt werden und wo das Laster in der Menge der von der Verwaltung an einem einzigen Ort zusammengeführten und miteinander nicht bekannten Menschen ungestraft bleibt.*

Der Ausgleich, den die Klimatheorie des achtzehnten Jahrhunderts zwischen den großen und den kleinen Staaten und zwischen den aufeinander nicht reduzierbaren gesellschaftlichen Ordnungen schaffen wollte, begann in dem Augenblick brüchig zu werden, als die Vernunft sich selbst regionalisierte, also kein gemeinsames Maß an die Verschiedenheit anlegte, sondern ihren inneren Wert ins Auge faßte. Das Gewicht verschob sich dann von den großen zu den kleinen Gesellschaften, und die Größe der Staaten wurde zu einem Hindernis für die Erfüllung strenger moralischer Anforderungen und für ihre Regierbarkeit. Es gab Rousseau zufolge eine optimale Größe der Staaten: *Für die beste Verfassung eines Staates gibt es Grenzen der Ausdehnung, die er haben darf, damit er weder zu groß wird, um gut regiert werden zu können, noch auch zu klein, um sich aus eigener Kraft zu erhalten.* Dies war ein Argument gegen die Sucht der Staaten, sich zu vergrößern, das nicht aus der Machtkonkurrenz zwischen ihnen gewonnen war, sondern gleichsam auf neutralem Boden formuliert wurde. Rousseau wollte damit der noch nicht hinlänglich verbreiteten Einsicht Nachdruck verschaffen, *daß sich das gesellschaftliche Band, je mehr es sich dehnt, desto schlaffer wird.* Da die Bindekräfte in einer Gesellschaft zu einem großen Teil gefühlsmäßige sind, gilt auch für sie das Gesetz der Abschwächung der Gefühle durch Erweiterung und Ausdehnung. Wenn die Stärke der Staaten die Stärke des gesellschaftlichen Bandes ist, wird es möglich zu sagen, daß *ein kleiner Staat, proportional genommen, viel stärker ist als ein großer.*

Man kann diese Gedanken Rousseaus über große und kleine Staaten durchaus aktualisieren. Die Ansicht, die Rousseau mit Montesquieu teilte, daß nicht jede Regierungsform für jedes Land tauge, rechtfertige es, von einer politischen Ökologie zu sprechen, wonach die politische Form eines Landes das Ergebnis einer langsamen Anpassung der Menschen an ihre Umwelt ist. Bei Rousseau geht diese Anpassung der Politik an die Umgebung allerdings viel weiter als bei Montesquieu, der bloß von sehr allgemeinen Bedingungen spricht, während Rousseau für eine Abschottung gegen die Einflüsse des Handels plädieren muß, der eine Unabhängigkeit von besonderen Umgebungen herbeiführt und Unterschiede der Klimazonen und anderer Gegebenheiten überwindet. Die scheinbar so neutralen Überlegungen Rousseaus richten sich unausgesprochen nicht nur gegen den Handel, jene von Montesquieu als Ausgleich und Milderung der Sitten begrüßte moderne Macht, sondern auch gegen jede politische und gesellschaftliche Innovation. Denn jede politische Neuerung ist ein Eingriff in eingespielte Anpassungen, die zu integrieren viel Zeit brauchte und braucht.

Rousseau betonte die Rolle, die die Gewöhnung in einem anpassungsfähigen politischen System spielt. Deswegen sei es, je älter eine Nation sei und je mehr von ihrer Geschichte bestimmt, desto risikoreicher, in ihre Verfassung einzugreifen. Darin hat man Rousseaus nationalistisch konservative Haltung, seine xenophobe politische Vision erkennen wollen. Seine ursprünglich, im «Contrat social», für eine große Gesellschaft gedachte politische Theorie begrenzte ihren immanenten Universalismus zunehmend auf den Sonderfall bestimmter kleiner Gesellschaften, wie Korsika und Polen, für die er in seinen späten Jahren Verfassungen entwarf. Seine politische Philosophie wurde zunehmend zu einer Theorie für Ausnahmegesellschaften. Rousseaus politische Ökologie führte ihn zu der Ansicht, daß es für die großen Gesellschaften seiner Zeit, die sich den Gesetzen des weltweiten Handels unterwarfen, keine politische Form mehr gab, die den klassischen politischen Formen entsprach. Sie bewegten sich in einer überpolitischen Sphäre, die ihre eigenen Regeln hatte. In dieser Lage erschien es ihm wichtiger, die noch vorhandenen Unterschiede der Nationen zu bewahren, als zur Verwirklichung eines überpolitischen Allgemeinen beizutragen.

21

Das republikanische Dilemma

Im achtzehnten Jahrhundert unterschied die politische Philosophie zwischen großen und kleinen Gesellschaften, sie hatten nicht nur verschiedene Schicksale, sie waren von verschiedener Wesensart. Die Gesellschaften mit großem Territorium und einer zahlreichen Bevölkerung wurden von Monarchen oder Despoten regiert, während man sich Republiken wie die des Altertums nur als kleine Staaten mit einer überschaubaren Bevölkerung vorstellen konnte. Diese Auffassung wurde durch Montesquieus «Geist der Gesetze» kanonisch. In einer Republik, erklärte er, müsse die Anzahl der Bürger in den Versammlungen begrenzt werden, weil man andernfalls nie wissen könne, ob das Volk oder nur ein Teil des Volkes gesprochen habe; deswegen sei die Öffentlichkeit der Abstimmung unerläßlich. Die Reichweite der Stimme war das Maß der republikanischen Verfassung. Ein großes Reich dagegen erforderte eine despotische Autorität, da nur die Raschheit der Entschlüsse die großen Entfernungen ausgleichen konnte.

Da die Verfassungen, ebenso wie das Klima, tief in das Verhalten der Menschen eingriffen und jede Regierungsform ihr eigenes, unverwechselbares Ethos besaß, war die Menschheit auch moralisch in Angehörige großer und kleiner Staaten gespalten. Diejenigen, die in der einen Verfassungsform lebten, waren von dem Ethos ausgeschlossen, das durch die andere verwirklicht wurde. Deshalb erregte Montesquieus Bestimmung der Monarchie durch die Ehre und der Republik durch die Tugend großen Unwillen, denn die Untertanen der französischen Monarchie meinten, auf diese Weise von der Ausübung der Tugend abgeschnitten zu sein. Jeder Ausweg aus den Gegebenheiten der Verfassungsformen schien dadurch versperrt, sie waren auch in moralischer Hinsicht ein ehernes Gehäuse.

Doch im Jahre 1787/88 wurde ein solcher Ausweg entdeckt, als Alexander Hamilton und James Madison in ihren Artikeln in den «Federalist Papers» der politischen Theorie und Verfassungstradition Europas eine neue Wendung gaben, indem sie zur Grundlage der amerikanischen republikanischen Freiheit machten, was bis dahin als deren größtes Hindernis gegolten hatte: ein großes Territorium. Montesquieu hatte in «De l'Esprit des lois» ein Dilemma formuliert, das den Republiken nur eine prekäre und vorübergehende Existenz zugestand, so daß sie über kurz oder lang zum Untergang verurteilt zu sein schienen: *Wenn eine Republik klein ist, wird sie von einer äußeren Macht zerstört, und wenn sie groß ist, zerstört sie sich selbst durch ein inneres Laster.* Die Überschaubarkeit des Territoriums, die als Grundregel für die republikanische Regierungsform galt, schloß deren Todesurteil ein. Jeder Versuch, eine ausgedehnte Republik zu gründen, schien zum Scheitern verurteilt.

Die Lösung für dieses Dilemma entdeckte Alexander Hamilton ausgerechnet bei Montesquieu. In seinem «Esprit des lois», im Kapitel über die konföderierten Republiken des Altertums, war zu lesen, daß ihr Zusammenschluß das Überleben der kleinen Republiken ermöglicht habe. Es würde keine Republiken mehr geben, hätten sie sich nicht in Konföderationen zusammengeschlossen. Schon Montesquieu selbst hatte also bemerkt, wie bedrohlich es für das Schicksal der Republiken gewesen wäre, wenn es aus dem von ihm aufgestellten republikanischen Dilemma keinen Ausweg gegeben hätte: *Es ist sehr wahrscheinlich*, schrieb er, *daß die Menschheit schließlich gezwungen gewesen wäre, ständig unter der Herrschaft eines einzigen Menschen zu leben, wenn sie nicht eine Form der Verfassung ersonnen hätte, die alle inneren Vorzüge einer republikanischen Ordnung mit der äußeren Stärke einer monarchischen verbindet.* Einzig die Konföderation von Republiken, lehrte er, sei in der Lage, *sowohl Parteiungen zu unterdrücken und den inneren Frieden der Staaten zu bewahren, als auch ihre äußere Stärke und Sicherheit zu erhöhen* – also das republikanische Dilemma aufzulösen.

Diese Passage inspirierte Alexander Hamilton im berühmten Neunten Artikel der «Federalist Papers» zu einem verfassungspolitischen Experiment: Die Schwächen der Volksregierung sollten durch eine *Vergrößerung ihres Umkreises, innerhalb dessen solche Systeme eingerichtet werden sollten*, ausgeglichen werden. Es war der verzweifelte Versuch, das Übel durch seine Vermehrung zu heilen. Es war auch das einzige Mal, daß die Federalists eine Autorität der modernen politischen Theorie ausführlich zitierten. Als Hamilton dieses Modell aus dem Altertum unbefangen in die Gegenwart übertrug, ließ er sich durch die Tatsache, daß allein schon die Einzelstaaten der Union das klassische Größenmaß für Republiken übertrafen, nicht beirren. Die Aussichten für das Schicksal kleiner Republiken, die Montesquieu so eindringlich gezeichnet hatte, waren zu düster, um sich bei dieser Frage aufzuhalten. Denn sonst bliebe, so Hamilton wiederum mit deutlichem Bezug auf Montesquieus republikanisches Dilemma, nur die Alternative, *uns entweder sofort in die Arme der Monarchie zu flüchten oder uns in eine Unzahl von kleinen, rivalisierenden, widerstreitenden, nicht zur Ruhe kommenden Gemeinwesen zu spalten – Brutstätten unaufhörlicher Zwietracht und Gegenstand allgemeinen Mitleids oder allgemeiner Verachtung*. In der politischen Form von Montesquieus konföderierter Republik glaubten die Federalists, die bis dahin vergeblich gesuchte Lösung der Aufgabe gefunden zu haben, Freiheit mit politischer Stabilität zu verbinden.

Dem Wunder einer Heilung des Übels durch seine Vergrößerung halfen die Federalists mit einer neuen Auffassung der Repräsentation nach. Sie war das Mittel, um die Nachteile der Großräumigkeit der Konföderation auszugleichen. Da aber die Größe des Territoriums es unmöglich machte, die Bürger der Konföderation unmittelbar an der Regierung zu beteiligen, schien es auch unmöglich zu sein, die antiken Republiken wiedererstehen zu lassen. Wählte man jedoch statt der direkten Stimmabgabe die Repräsentation der Stimmen, dann konnte man hoffen, die Ausdehnung des Territoriums mit dem republikanischen Ideal zu versöhnen. Von den bis dahin bekannten Formen der Repräsentation unterschied sich die Auffassung der Federalists dadurch, daß für sie die Repräsentation in erster Linie ein Mittel war, um die räumliche Ausdehnung der Einzelstaaten und der Konföderation zu kompensieren. Sie war ein technisches Instrument, mit dessen Hilfe das natürliche Territorium der Republik in ein politisches verwandelt wurde.

Während die natürliche Grenze für eine Demokratie, erklärt James Madison im vierzehnten Artikel der «Federalist Papers», diejenige Entfernung vom Zentrum sei, die es den am weitesten entfernt lebenden Bürgern gerade noch erlaube, sich so oft zu versammeln, wie ihre öffentlichen Aufgaben es erforderten, sei die natürliche Grenze einer Republik diejenige Entfernung vom Zentrum, die es den Repräsentanten gerade noch erlaube, sich so oft zu treffen, wie es für die Verwaltung der öffentlichen Angelegenheiten nötig sei, worunter er nur solche Angelegenheiten verstand, die zwar alle Mitgliedstaaten der Republik betrafen, aber nicht von einem einzelnen geregelt werden konnten. Die Grenzen, innerhalb deren diese Verwaltung tätig wurde, waren dabei nicht natürliche im geläufigen Sinne, denn sie konnten mit Hilfe der Verkehrstechnik verändert werden: Eine der Hauptaufgaben der Union war es, die Straßen zu verbessern und zu vermehren – Straßenbau bekam Verfassungsrang.

Eine große Republik von der Art der Vereinigten Staaten von Amerika verwandelt den natürlichen Raum in einen politischen Raum, sie schafft eine neue Raumordnung. Das *Experiment einer großen Republik* löste schließlich jenes Problem, das die Leser des «Geistes der Gesetze» verstört hatte, denn in einer großen Republik erweiterte sich auch das Spektrum der institutionellen Tugenden. So ließ sich hier die Tugend, die in den kleinen Republiken zu Hause war, mit der Ehre verbinden, die den Großstaaten eigen war. Diese Möglichkeit verkörperte sich auch in den beiden Hauptautoren der «Federalist Papers», dem leidenschaftlichen Republikaner Madison und dem Zentralisten und ersten amerikanischen Nationalisten Hamilton.

22
Die Grenzen der Gleichheit

Als der fünfundzwanzigjährige französische Aristokrat Alexis de Tocqueville im April 1831 mit seinem Freund Beaumont für zwei Jahre nach Amerika aufbrach, planten die beiden Juristen, im Auftrag des Innenministeriums das Strafsystem der jungen Vereinigten Staaten zu studieren. Aber schon bald, nachdem sie in Amerika eingetroffen waren, erwies sich dieses Vorhaben als viel zu begrenzt, um die Fülle der Eindrücke aufzunehmen, die Tocqueville immer stärker fesselten. Damals kam er zu der Überzeugung, *daß wir durch unsere Gesetze und Sitten unaufhaltsam auf eine völlige Gleichheit der gesellschaftlichen Bedingungen zusteuern,* wie er es im Rückblick auf die Amerika-Expedition formulierte. Tocqueville erfüllte den zusammen mit Beaumont übernommenen Auftrag, im Januar 1833 erschien ihr Werk über Amerikas Besserungssystem «Du système pénitentière aux États-Unis et de son application en Europe», wobei sich sein Anteil an dem Werk, wie er später schrieb, auf kritische Kommentare und einige Anmerkungen beschränkte.

Sein eigenes, viel größer angelegtes Vorhaben hatte sich schon bald in den Vordergrund gedrängt: eine umfassende Untersuchung über die Demokratie in Amerika. Tocqueville hatte entdeckt, daß das Leben in Amerika nicht Bilder der Vergangenheit, sondern der Zukunft bot und daß die politischen Einrichtungen und Sitten dieses riesigen Landes eines Tages Europas Vorbild werden würden. Der erste Band von Tocquevilles «De la démocratie en Amérique» erschien 1835 und wurde ein außerordentlicher Erfolg, den der zweite Band fünf Jahre später nicht wiederholen konnte, obwohl er als Untersuchung der Sitten und der Kultur in der amerikanischen Demokratie in manchem sogar noch origineller war.

Eines der Themen, das Tocqueville im zweiten Band seines Demokratiebuches behandelt, ist die Erweiterung der Gefühle in der Demokratie. Es war für ihn selbstverständlich, daß es *echtes Mitgefühl nur zwischen seinesgleichen*, also zwischen Angehörigen der eigenen Kaste geben konnte. Nach der aristokratischen Auffassung der Gefühle hatten diese ihren festumrissenen Bereich, in dem sie sich äußerten. Der aus der französischen Aristokratie stammende Tocqueville ruft, ehe er die Gefühle in der Demokratie untersucht, zunächst die Gefühlswelt der feudalen Gesellschaft in Erinnerung: *Nicht dem Menschen glaubte man die Hilfe schuldig zu sein, sondern dem Vasallen oder dem Herrn. Die feudalen Lebensformen weckten ein feines Empfinden für die Leiden bestimmter Menschen, nicht aber für die Nöte der Menschen schlechthin.* Die Sitten hätten sich damals mehr durch Großmut als durch Sanftmut ausgezeichnet, und obwohl sie zu großer Hingabe anspornten, erzeugten sie kein wirkliches Mitgefühl.

Tocqueville betont, daß die gegenseitigen Verpflichtungen, die eine Gefühlsgeschichte zur Darstellung bringen würde, ihren Ursprung nicht im Naturrecht, sondern im politischen Recht hätten, einer Quelle, aus der die Gesellschaft mehr geschöpft habe, als aus der Menschlichkeit zu gewinnen gewesen wäre. Gefühle sind lange exklusiv, ehe sie auf die Menschheit ausgedehnt werden. Für die auffallende Gefühllosigkeit der feudalen Gesellschaft und auch noch späterer Zeiten sei in erster Linie nicht die mangelnde Bildung verantwortlich, sondern die politische Verfassung der aristokratischen Gesellschaft. Die ungleiche Verteilung des Mitgefühls in ihr sei dabei nicht Ausdruck von gewohnheitsmäßigem Haß oder grundsätzlicher Geringschätzung des Volkes gewesen. Denn den Krieg zwischen den Klassen habe es noch nicht gegeben: *Man gehorchte eher einem Instinkt als einer Leidenschaft; da man von den Leiden der Armen keine klare Vorstellung hatte, war die Anteilnahme an ihrem Los gering.*

Auch die Grausamkeit des gewöhnlichen Volkes beim Zusammenbruch des Feudalismus erklärte Tocqueville aus der für diese Gesellschaft typischen Unfähigkeit, sich in Angehörige anderer

Schichten hineinzuversetzen. Als Beispiel zitiert er einen Brief von Madame de Sévigné, die über die Aufstände in der Bretagne im Jahre 1675 berichtet: *Vorgestern flocht man einen Geiger aufs Rad, der mit dem Tanz und der Plünderung des Stempelpapiers angefangen hatte; er wurde gevierteilt, und die vier Stücke seines Körpers wurden in den vier Ecken der Stadt aufgehängt. Man hat sechzig Bürger ergriffen, und morgen beginnt man mit dem Hängen. Diese Provinz ist für andere ein schönes Beispiel, vor allem für die Achtung vor den Statthaltern und Statthalterinnen und dafür, daß man keine Steine in ihren Garten werfen darf.* Einige Tage später fügte sie hinzu: *Wir werden hier nicht mehr so gerädert; einer in acht Tagen, um die Gerechtigkeit aufrechtzuerhalten. Es ist wahr, daß das Hängen mir jetzt wie eine Erfrischung erscheint. Ich habe, seit ich in diesem Lande bin, einen ganz anderen Begriff von Gerechtigkeit. Eure Galeerensträflinge kommen mir vor wie eine Gesellschaft von Ehrenmännern, die sich aus der Welt zurückgezogen haben, um ein angenehmes Leben zu führen.* Dies war der leichte und frivole aristokratische Ton, den auch Voltaire noch in seinem Feldzug für die Gerechtigkeit anschlug. Tocqueville erklärte Madame de Sévignés Roheit damit, daß man damals vom Leiden von Menschen, die keine Aristokraten waren, keinerlei Vorstellung gehabt habe. Heute würde sich, fährt er fort, der hartherzigste Mensch in ähnlichen Fällen solche Späße nicht erlauben.

Schließlich stellte Tocqueville die Frage: *Sind wir feinfühliger als unsere Vorväter?* Er verneinte sie, obwohl er erkannte, daß sich *unser Mitfühlen* auf eine weit größere Anzahl Menschen erstreckte. Offenbar fühlte er selbst schon als Bürger des demokratischen Zeitalters: In einer Demokratie könne sich jeder in die Empfindungen anderer einfühlen, es gebe kein Elend, das nicht jeder mühelos begreife. Ob es sich um Freund oder Feind handelte, die Einbildungskraft vermochte sich in der demokratischen Gesellschaft in jeden anderen versetzen, und in dieses Mitempfinden mische sich persönliches Erleben – *es läßt ihn selbst leiden, während man den Leib seines Mitmenschen zerreißt.* Zugleich aber glaubte Tocqueville, ein Absinken des allgemeinen

Gefühlsniveaus und ein Schwinden der Leidenschaft zu bemerken, die doch eine Voraussetzung für die Erweiterung des Mitgefühls war: *In den demokratischen Zeitaltern opfern sich die Menschen selten füreinander auf; aber sie bekunden ein allgemeines Mitgefühl für alle Angehörigen des Menschengeschlechts. Man sieht sie keine nutzlosen Leiden zufügen, und wenn sie, ohne sich selbst viel zu schaden, die Schmerzen anderer lindern können, so tun sie es gern; sie sind nicht uneigennützig, aber sie sind mild.* Die Ausdehnung der Gefühle griff die Substanz der Leidenschaft an. Der Eigennutz, der die Menschen in der Demokratie beherrschte, arrangierte sich mit dem Mitgefühl, das durch die Vermehrung seiner Objekte aber zugleich an leidenschaftlicher Intensität verlor.

Das Mitleid wurde sehr hoch gewertet, ohne aber das tatsächliche Verhalten zu bestimmen. Symptomatisch für diese demokratischen Gefühlsverhältnisse war in Tocquevilles Augen die Nachsicht in der Anwendung des Strafrechts. In den Vereinigten Staaten habe es, wie er anmerkt, seit fünfzig Jahren kein Todesurteil mehr gegeben. Auch die Sklaven würden im Vergleich zu den europäischen Kolonien in der Neuen Welt milde behandelt. In diesem Fall war Tocquevilles Diagnose jedoch weniger zutreffend als sonst. Da die Behandlung der Sklaven ihn wieder an das Gesetz erinnerte, das für das Gefühlsleben in der aristokratischen Gesellschaft galt, legte er den Maßstab der alten aristokratischen und nicht der neuen demokratischen an. In der Demokratie Amerikas bildete die Sklaverei die Enklave einer vergangenen Gesellschaftsordnung, mit der Folge, daß das demokratische Empfinden hier außer Kraft gesetzt ist: *So wird der gleiche Mensch, der voll Mitgefühl für seine Mitmenschen ist, gefühllos gegenüber ihren Leiden, sobald diese nicht zu seinesgleichen gehören, sobald also die Gleichheit aufhört.*

Das alte Gesetz der Beziehung zu seinesgleichen galt also auch in der neuen Gesellschaft der Gleichheit. Das erklärte auch, warum die Amerikaner außerhalb ihrer Grenzen so wenig Mitgefühl für andere zeigten und für alles, was Menschen dort widerfuhr, wenig Aufmerksamkeit und Einfühlung übrig hatten. Das

Mitgefühl reichte nur so weit wie das Regime der Gleichheit. Deswegen glaubte Tocqueville auch, daß die Milderung der Sitten, die er in Amerika beobachtete, eine direkte Folge der in ihr wirklich oder vermeintlich durchgesetzten Gleichheit war. Wäre die demokratische Feinfühligkeit nicht auf die Gleichheit, sondern auf die Bildung oder Kultur der Amerikaner zurückzuführen, dann hätte jener Befund anders lauten müssen.

Die Humanisierung des Verhaltens würde dann nicht an den Grenzen der politischen Ordnung halt machen, sondern sich auf den Menschen als solchen beziehen. Die Grenzen der Anteilnahme an anderen wären weniger eng gezogen, als sie es durch die Gleichheit tatsächlich waren. Nur dem Anschein nach bezogen sich die Gefühle in der Demokratie auf die Menschheit, in Wirklichkeit beschränkten sie sich auf die Mitbürger. Jenseits der Grenzen ihres Landes, so der Beobachter Tocqueville, verhielten sich die Amerikaner nicht anders als die Angehörigen der alten Aristokratie.

23

Geschlossene und offene Gesellschaften

Der Gegensatz von geschlossenen und offenen Gesellschaften wurde 1932 von Henri Bergson in seiner Studie über die beiden Wurzeln der Moral und der Religion, «Les deux sources de la morale et de la religion», zum ersten Mal verwendet, um zwei Arten von Gesellschaften zu bezeichnen, die voneinander völlig verschieden waren, und zwischen denen trotzdem ein Übergang möglich sein sollte. Bergsons geschlossene Gesellschaften sind nichts anderes als das, was das achtzehnte Jahrhundert unter kleinen Gesellschaften verstand, deren Mitglieder eng aneinander gebunden waren. Während im achtzehnten Jahrhundert Gesellschaften dieser Art vereinzelt überlebt hatten und man über ihre Stärkung ernsthaft nachdenken konnte, wie Rousseau es tat, mußten zur Zeit Bergsons die untergegangenen primitiven Gesellschaften als Beispiele für geschlossene Gesellschaften dienen. Er sprach über sie allerdings in Wendungen, die Rousseau entlehnt waren: *Die geschlossene Gesellschaft ist jene, deren Angehörige sich gegenseitig halten, gleichgültig gegenüber der restlichen Menschheit, stets bereit, anzugreifen oder sich zu verteidigen, auf eine kämpferische Einstellung festgelegt. So ist die menschliche Gesellschaft, wenn sie aus den Händen der Natur hervorgeht.* Die geschlossene Gesellschaft war demnach die menschliche Gesellschaft an sich, so daß sich ihr Gegenbild, die offene Gesellschaft, unabhängig von ihr gar nicht definieren ließ. Die Öffnung der geschlossenen Gesellschaft mußte also von dieser selbst ausgegangen sein, sie mußte sich von selbst geöffnet haben. Irgendwie mußte die offene Gesellschaft also in der geschlossenen Gesellschaft stecken.

Gäbe es nur eine geschlossene Gesellschaft, bemerkt Bergson, dann wäre der Gedanke ihrer Öffnung gar nicht zu fassen. Für die erste und entscheidende Öffnung habe der Krieg gesorgt, obwohl er der stärkste Ausdruck des Prinzips der geschlossenen Gesellschaft ist. Denn indem sie mit kriegerischen Mitteln die Fremden von sich fernhält oder sich gegen sie zu Wehr setzt, öffnet sich die Gesellschaft im Angriff, um ihre Geschlossenheit zu verteidigen. Und umgekehrt wird die offene Gesellschaft, die unter normalen Bedingungen Menschen, die nicht zu ihr gehören, offen steht, im Krieg wieder zu einer von jenen geschlossenen Gesellschaften, die sonst nur aus der Frühzeit der Menschen vertraut sind. Im Krieg werden die Prinzipien der offenen Gesellschaft – zum Beispiel der Glaube, daß es unzweifelhafte Pflichten gegenüber den Menschen als Menschen gibt – für eine gewisse Zeit außer Kraft gesetzt. Dann taucht im Innern einer zivilisierten Gesellschaft die alte geschlossene Gesellschaft unserer Urahnen wieder auf. Auch für Bergson war es wohl, wie für Freud, die Erfahrung des Ersten Weltkriegs, die diesen Gedanken der Wiederkehr des Ältesten aufdrängte.

Aber nicht nur in extremen Lagen bestehen Beziehungen zwischen der geschlossenen und der offenen Gesellschaft. Wie Bergson betont, steckt in jeder offenen Gesellschaft eine geschlossene, denn, wie groß auch der Umfang einer offenen Gesellschaft sein mag, stets gibt es Menschengruppen, die von ihr ausgeschlossen bleiben. Außerdem gibt es zwischen der Moral der geschlossenen und der offenen Gesellschaft einen entwicklungsgeschichtlichen Zusammenhang, da die Moral der offenen Gesellschaft durch Erweiterung aus der geschlossenen Gesellschaft hervorgegangen ist. In vielen ihrer Erscheinungen ist die Moral der offenen Gesellschaft deswegen nichts weiter als eine erweiterte Familien- und Stammesmoral, wie der Patriotismus oder die nationalistische Exaltation zeigen, die jenen Zusammenhalt des Ganzen erneuern, wie er für die primitiven Gesellschaften charakteristisch war. Jede Gesellschaft, erklärt Bergson, habe für die meiste Zeit und auch in ihrem Normalzustand, also in Friedenszeiten, sowohl teil an der offenen wie an der geschlossenen Gesellschaft, wie sich an der fortdauernden Wirksamkeit des in der Urzeit geprägten sozialen Instinkts zeige, der letztlich immer auf seine Herkunft in einer geschlossenen verweist. Obwohl nicht für die offene Gesellschaft geschaffen, bringt dieser soziale Instinkt den Patriotismus durch Erweiterung der Sympathiegefühle hervor.

Nach demselben Prinzip der Erweiterung soll sich nun auch die Sympathie für die Menschheit als ganze entwickeln: *Unsere Sympathie*, schreibt Bergson, *würde sich so durch einen kontinuierlichen Fortschritt erweitern, wachsen, indem sie dieselbe bliebe und schließlich in der Umfassung der ganzen Menschheit enden.* Die Sympathie für die Menschheit als solche findet ihr Objekt aber nicht vor, sondern sie wird ins Leere entworfen, um erst rückwirkend Realität zu erhalten: Sind die Sympathiegefühle hinreichend erweitert, wird die Menschheit als ihr Objekt möglich. Bergson hat diesen Vorgang mit der ästhetischen Erfahrung verglichen: Nicht die Alpen haben das neue Naturgefühl hervorgebracht, sondern dieses hat den Eindruck auf sie projiziert, den sie nun zurückspiegeln. So denkt sich Bergson auch den Vorgang, durch den die Sympathie für die Menschheit sich gleichsam ins Leere entwirft, um schließlich ihr reales Objekt zu finden. Das Sympathiegefühl, das sich ursprünglich auf Verwandte und Bekannte, auf Stamm und Nation bezog, bleibt sich in diesen sukzessiven Erweiterungen jeweils so lange gleich, bis das neue Objekt – zuletzt die Menschheit – in das Becken der erweiterten Gefühle einströmt. Trotz aller Erweiterung bleiben die Sympathiegefühle gegenüber der Menschheit das, was sie gegenüber der Familie, dem Stamm, der Nation einst waren.

Daß sich die Erweiterung der Sympathiegefühle nach einer rein geometrischen Vorstellungsweise vollzieht und daß es sich bei der fortschreitenden Erweiterung des Gefühls in Wahrheit um ein Schließen handelt und nicht um ein unmittelbares Empfinden, hat Bergson gesehen. Aber obwohl, wie er versichert, zwischen Familie und Gesellschaft, zwischen der Moral der geschlossenen und der offenen Gesellschaft, eine echte Kontinuität bestehe, gebe es doch zwischen Gesellschaft und Menschheit eine Kluft, so daß sich die ursprüngliche Spannung zwischen geschlossener und offener Gesellschaft an dieser Stelle noch einmal in ihrer ganzen Stärke erneuere: *Zwischen der Gesellschaft, in der wir leben, und der Menschheit im allgemeinen gibt es denselben Gegensatz wie zwischen dem Geschlossenen und dem Offenen.* Damit wird, entgegen allen Versicherungen des Optimismus der Erweiterung, unübersehbar, daß die Klammer der Sympathiegefühle die Kluft zwischen der geschlossenen und der offenen Gesellschaft zuletzt doch nicht überbrücken kann, so daß die Frage unumgänglich wird, ob es überhaupt gelingen kann, die ganze Menschheit mit Sympathiegefühlen zu umfassen. Zwar versichert Bergson, daß sich die Liebe zur Menschheit von der konkreten Menschenliebe nur dadurch unterscheide, daß sie indirekt und erworben ist, aber ungewiß bleibt doch, ob die Menschheitsliebe wenigstens von der Intensität der Vaterlandsliebe sein kann, und ob es überhaupt möglich ist, zur ganzen Menschheit gefühlsmäßige Bindungen zu entwickeln, da alle

Anhänglichkeit ein exklusives Gefühl ist, also wesentlich auf Ausschließung anderer beruht.

Bergson mußte also einsehen, daß die Liebe zur Menschheit nur auf Umwegen entstehen konnte. Für den Durchbruch zu einer echten Menschheitsmoral schienen ihm deswegen herausragende Individuen von entscheidender Bedeutung zu sein, Weise, Heilige, Moralvirtuosen, die einen Appell und einen Vorgriff auf eine *andere Moral* repräsentierten. Durch die Ausstrahlung ihrer Lehre und ihres Daseins sollte jene *zweite Moral* angeregt werden, die Bergson für den Übergang in die Menschheitsgesellschaft für unerläßlich hielt und die das moralische Virtuosentum in Gewohnheit verwandeln sollte. War dies nun eine selbständige oder eine ergänzende Moral, die ohne die Unterstützung durch die erste Moral nicht bestehen konnte? Sie sollte nach Bergson menschlich statt sozial sein, und der soziale Druck, der in allen Gesellschaften auf die einzelnen ausgeübt wird, sollte durch sie in einen ideellen verwandelt werden. Die Einwirkung der zunächst von Weisen oder Heiligen repräsentierten zweiten Moral auf die erste stellte sich Bergson so vor, daß die vorhandenen moralischen Gefühle nach und nach in die der künftigen Menschheitsmoral umgeschmolzen würden. Die sozialen Pflichten sollten nach und nach zu Pflichten gegenüber dem Menschen erweitert und abgemildert werden. Die mehr oder weniger entleerten Gefühlshülsen würden sich auf diese Weise allmählich füllen: *Wir spüren, daß eine andere Moral sich einstellt.* Die Liebe zur Menschheit ist dabei, wie Bergson ernüchtert einräumt, nur als Annäherung denkbar, es gebe keine autonome und direkte Menschheitsliebe, da ihr Objekt zu riesig und zu diffus sei.

Die Erweiterung der Moral, um die sich Bergson so bemüht hatte, genügte also nicht, um die Kluft zwischen geschlossener und offener Gesellschaft zu schließen. Es bedurfte dazu noch einer zweiten Moral aus eigenen Quellen, die über die institutionalisierten Formen des Verhaltens hinausgreifen sollte, um das Gefühl der Sympathie auf die Menschheit als ganze übertragen zu können, so verschwommen sie als Objekt auch bleiben mochte. Fast schwärmerisch beschwört Bergson nun die *offene Seele*, in die alles einfließen soll, was für das neue Menschentum erfordert wurde. Um sich dieser mystischen Beschwörung zu nähern, war die Logik der Erweiterung unentbehrlich. Sie war die Leiter, die man fortwarf, wenn es galt, den letzten Schritt zu tun. So glaubte Bergson unangefochten, daß immer mehr Gesellschaften durch allmähliche Erweiterung den Schritt vom Patriotismus zur Menschheitsliebe tun würden, bis diese eines Tages eine unablässig wachsende Anzahl von Menschen umfassen würde. Bergson wußte aber auch, daß in diese neue Entwicklung die Energie der uralten sozialen Instinkte einströmen mußte, damit die durch die Erweiterung immer mehr verdünnten Gefühle sich regenerieren konnten. Auch wenn die Erweiterung der moralischen Gefühle nicht ausreichte, um den Schritt zur neuen Moral zu tun, war sie unentbehrlich, um den Zusammenhang mit ihrer Quelle in den geschlossenen Gesellschaften der Urzeit zu wahren.

Die Menschheitsgesellschaft selbst aber konnte nicht allein durch den Mechanismus der Öffnung entstehen, sondern nur durch die moralischen Träume einiger weniger, die eine Verwandlung der Menschen anbahnten, indem sie die Gesellschaft gleichsam einen Spalt breit öffneten. Für wenige Augenblicke floß dann Neues in die Gesellschaft ein, die es aber sofort mit ihren Formen umschloß. Dies sollte nun in immer neuen Anläufen geschehen, aufgrund jenes *élan vital*, den Bergson berühmt gemacht hat und dem er schon die Arbeit der Öffnung der geschlossenen Gesellschaften der Urzeit zugewiesen hatte. Herausragende Individuen, die eine dynamische Religion verkörpern, machten sich diesen *élan* zunutze, gaben ihm für Augenblicke eine Richtung und überließen es den Gesellschaften, diesen Impuls zu verarbeiten.

Bergson dachte sich die existierenden Gesellschaften mitgerissen und geführt von der Sehnsucht einiger großer mystischer Geister, die im Gedächtnis der Menschheit ihre Spuren hinterlassen und deren Lehren sich allmählich im Gewissen der einzelnen verankern. Er dachte dabei an die Propheten des Alten Testaments, die mit ihren Appellen die Gerechtigkeit in die Welt brachten, und an das Christentum, das zuerst das Prinzip der Brüderlichkeit verkündete, aber auch daran, wieviel Zeit es gebraucht hatte, bis diese Appelle Frucht trugen. Noch einmal zweitausend Jahre, bemerkt er, habe es gedauert, bis durch die Puritaner in Amerika und durch die Französische Revolution die Menschenrechte in die Welt traten, Ergebnis eines langsamen Prozesses der Erweiterung der zunächst in geschlossenen Gesellschaften verwirklichten Moral. Aber dieser Prozeß von langem Atem, erklärte Bergson, wäre nicht möglich gewesen, wenn nicht der Impuls der Erweiterung hinzugekommen wäre: *das Bedürfnis, sich zu erweitern, der Drang sich fortzusetzen, der Schwung (élan), die Bewegung, all dies ist jüdisch-christlichen Ursprungs.* Wenn Bergson ein Ethos für die letzte offene Gesellschaft entwirft, dann appelliert er an die Lebenskraft, den Schwung dieser Tradition. Vielleicht sah er sich selbst als einen solchen Propheten der offenen Gesellschaft, als einen Mystiker der Menschheit.

Das Szenario, das Bergson entwirft, endet in einem grandiosen Mystizismus, in dem beschwörend vorgetragenen Wunsch, *daß ein mystischer Genius aufstehen und eine schon ungeheuer gewachsene Menschheit mit sich reißen möge zu der von ihm verklärten Seele.* Eine neue Menschheit sollte entstehen. Aber dies war nicht möglich, ohne daß eine *große privilegierte Seele* erschien. Der Schluß von «Deux sources» lautet: *Die Menschheit seufzt, schon halb erdrückt vom Gewicht der Fortschritte, die sie gemacht hat. Sie weiß nicht zur Genüge, daß ihre Zukunft von ihr selbst abhängt. Daß es an ihr liegt, zunächst zu sehen, ob sie weiter leben will. An ihr ist es, sich dann zu fragen, ob sie bloß leben oder darüber hinaus die notwendige Anstrengung aufbieten will, damit sich auch auf unserem widerspenstigen Planeten die wesentliche Funktion des Universums erfülle – eine Maschine zur Erzeugung von Göttern zu sein.*

In demselben Augenblick, als Bergson den Fortschritt zur offenen Gesellschaft verklärte, schrieb Paul Valéry 1931 in seiner Essaysammlung «Regards sur le monde actuel»: *Die Zeit der geschlossenen Welt beginnt.* Die offene Gesellschaft, die über die geschlossenen Gesellschaften einen endgültigen Sieg davontrüge, so kann man Valéry deuten, würde eine geschlossene Welt heraufführen. Sie würde mit der Bestandsaufnahme und Registrierung alles dessen beginnen, was zu ihr gehört, und sie würde nur noch ein Innen und kein Außen mehr kennen. Es würde aus ihr keine Auswege mehr geben. Da sie auf dem Sieg eines geistigen Prinzips beruhte, würde sie ein stählernes Gehäuse ohne Ausgänge errichten. Es wäre die erste geschlossene Gesellschaft, die sich nicht öffnen könnte.

III

BLICKE AUF FERNE KATASTROPHEN

24

Alles ist gut in Lissabon

Am 1. November 1755, als die Bewohner von Lissabon Allerheiligen feierten, wurde die Stadt von einem Erdbeben heimgesucht, das die meisten Kirchen und zwölftausend Gebäude zerstörte. Von den damals geschätzten 260000 Einwohnern starben wahrscheinlich zehn- bis fünfzehntausend Menschen. Die ursprünglichen Schätzungen hatten allerdings weit höher gelegen, man sprach in den ersten Wochen nach der verheerenden Katastrophe von 150000 Toten. Das Erdbeben von Lissabon wurde zum Gesprächsthema überall in Europa, noch nie hatte eine Naturkatastrophe so große Aufmerksamkeit auf sich gezogen. Vor allem aber war es das erste Mal, daß ein Ereignis dieser Art philosophisch folgenreich wurde – bei Voltaire, Rousseau, Kant.

Voltaire brachte das Erdbeben sofort in einen Zusammenhang mit der besten aller möglichen Welten von Leibniz, mit dem philosophischen Optimismus von Alexander Pope und dessen Devise *Alles ist gut*. In Voltaires vier Jahre später erschienenem Roman «Candide» entkommt der Held in Lissabon mit knapper Not dem Erdbeben und einem Autodafé, *verstört, bestürzt, außer sich, ganz voll Blut und am ganzen Leibe zitternd* sagt er zu sich: *Wenn das hier die beste der möglichen Welten ist, wie mögen dann erst die anderen aussehen!* Die Philosophie, die das Böse der Welt mit dem Guten des Ganzen verrechnen wollte, kam durch das Erdbeben von Lissabon in Schwierigkeiten. Voltaire begriff sofort die Chance, aus dem Unglück ein Argument gegen die göttliche Vorsehung zu gewinnen, um sie anzuklagen. Er machte aus der Naturkatastrophe eine Katastrophe für die Philosophen und die Theologen. Sein «Poème sur le désastre de Lisbonne», das fünf Monate später im März 1756 erschien, war der Höhepunkt seiner Kampagne gegen den philosophischen Optimismus.

Es dauerte zwei Wochen, bis die ersten Katastrophenmeldungen aus Lissabon nach Paris und London gelangten. Voltaire, der in Genf lebte, erwähnt das Erdbeben zum ersten Mal am 24. November in einem Brief an seinen Arzt und Vertrauten Jean-Robert Tronchin: *Sehen Sie, mein Herr, welch grausame Physik. Man wird sehr in Bedrängnis geraten, wenn man sich vorzustellen versucht, wie die Bewegungsgesetze solche furchtbaren Katastrophen in der besten der möglichen Welten zuwege bringen*. Ihm war also sofort klar, welche Argumente für eine Widerlegung der Theodizee dieses Ereignis bieten konnte, auch wenn er das Stichwort des Optimismus, das diese ganze Affäre begleitete, erst ein paar Tage später ausdrücklich nannte: *Welch furchtbares Argument gegen den Optimismus*. Voltaire sah überall im *Spiel des menschlichen Lebens* nur Zufälle, das Leben sei ein *trauriges Spiel des Zufalls*. In sein Erschrecken mischten sich aber auch weniger düstere Empfindungen: Das Erdbeben verschonte seine Feinde nicht, es hatte sich in einer Stadt ereignet, die Prediger und Fanatiker besonders anzog. Sie sollten, meinte Voltaire, aus der Katastrophe lernen, einander lieber nicht zu verfolgen – *denn während einige verdammte Schurken einige Fanatiker verbrennen, verschlingt die Erde die einen wie die anderen*. Während die Bilanz des philosophischen Optimismus durch die Katastrophe aus dem Gleichgewicht geriet, sah Voltaire einen Hoffnungsschimmer, daß sie die Bilanz seines Kampfes gegen Fanatismus und Glaubenseifer verbessern würde. Denn das Erdbeben von Lissabon war ein neues schlagkräftiges Argument in seinem Feldzug gegen die Kirche, die Jesuiten, den Fanatismus und die Intoleranz.

Zwei Tage nach seinem ersten Brief an Tronchin brachte Voltaire einen neuen Aspekt des Unglücks ins Spiel. In Genf fürchteten manche, daß neue Erdbeben, vielleicht sogar in unmittelbarer Nähe, ausbrechen könnten. Man hörte von Nachbeben in Cadiz, Sevilla und in anderen Städten. Als eines Tages die Post aus Frankreich ausblieb, glaubte man, es könnte sich irgendwo auf dem Postweg ein ähnliches Unglück ereignet haben. Wegen der großen Entfernung zwischen Lissabon und Genf hatte man sich zunächst in Sicherheit gewiegt, nun meldeten sich Zweifel. Es gab aber nicht nur Stimmungen und Gefühle, es gab auch Interessen. Da Genf mit Lissabon wirtschaftlich enger verbunden war als die meisten anderen europäischen Handelsstädte, mischten sich in den Schrecken über das Schicksal der Unglücklichen in Portugal und Spanien bald auch Sorgen um den wirtschaftlichen Schaden, den Genf erleiden könnte. Man hatte also gute Gründe, an sich selbst zu denken. Auch Voltaire schwankte zwischen dem Mitgefühl mit dem Schicksal der Erdbebenopfer und der Sorge um das eigene Wohlergehen. Anfangs war er fest entschlossen, keinen Gedanken mehr an sie zu verschwenden: *Seit diesem Unglück wage ich es nicht mehr, über meine Koliken zu jammern.* Ein Privatmann sollte in einem so großen Durcheinander nicht an seine Privatangelegenheiten denken. Kurze Zeit später meinte aber auch er, man solle seine Geschäfte nicht vernachlässigen.

Während es für die Genfer Geschäftsleute zu diesem Zeitpunkt noch nicht abzusehen war, in welchem Umfang die weit entfernte Katastrophe die eigenen Geschäfte in Mitleidenschaft ziehen würde, war es schon bald klar, daß der Wiederaufbau von Lissabon große Gewinne versprach. Man wußte auch, daß die Engländer auf lange Sicht am meisten daran verdienen würden. Auch hier gab es Glück im Unglück. Während die einen vom Erdbeben um ihre Existenz gebracht worden waren, machten andere mit dem Unglück Geschäfte. Deswegen konnte Voltaire am 9. Dezember des Unglücksjahres mit der ihm eigenen Frivolität schreiben: *Tout va bien à Lisbonne*, alles läuft gut in Lissabon. In der Ökonomie rechnete er mit jener Balance des Guten und der Übel, die ihm an der Theodizee so abstoßend erschien.

Im Lauf des Dezembers wurden die Angaben über die Anzahl der Opfer zum ersten Mal korrigiert, es wurden jetzt nur noch fünfundzwanzigtausend Tote genannt. Wie alles, was mit dem Erdbeben von Lissabon zusammenhing, gab auch diese Nachricht Voltaire Gelegenheit für einen polemischen Seitenhieb gegen die Mächtigen. Die Könige seien offenbar nicht in der Lage, zuverlässige Angaben über ihre Untertanen zu machen, während jeder Kaufmann seine Verluste genau kannte, da er über seine Einkünfte Buch führte. Solche Sticheleien, aber auch die Zeitungsmeldungen, daß man in Italien neue Opern einstudierte, in Paris eine Lotterie von dreißig Millionen auflegte und neue Stücke auf die Bühne brachte, waren ein erstes Zeichen der Erholung vom Schock der Katastrophe.

Bis zum Ende des Jahres, als Voltaire mit der Niederschrift seines Gedichtes über das Erdbeben von Lissabon begann, spielte er in seinen Briefen das gesamte Register der Reaktionen auf die Katastrophe durch. Seine Beschäftigung mit dem Unglück hatte dabei mehr Ähnlichkeit mit einer journalistischen Recherche als mit Vorarbeiten für ein Gedicht. Als er schließlich einige Monate später seine beiden philosophischen Gedichte – das «Poème sur la loi naturelle» und das «Poème sur le désastre de Lisbonne» – veröffentlichte, zeigte sich, daß einige seiner Einfälle, die er schon in seinen Briefen verbreitet hatte, in sie Eingang gefunden hatten. So wurden seine hämischen Ausfälle gegen die Frömmler und Fanatiker in Lissabon zu einem Vers des Gedichtes über das Naturgesetz, der den Rückgang der Judenverbrennungen in der Art einer Zeitungsmeldung feststellte: *On brûle moins d'Hé-*

breux dans les murs de Lisbonne. Und im Gedicht über das Erdbeben von Lissabon fragte er, wie er es schon in seinen Briefen getan hatte, ob diese große Stadt, die nicht mehr existierte, lasterhafter gewesen sei als London oder als Paris, das in seinen Vergnügungen versank. Er fand für diesen Gedanken eine Formulierung, deren journalistische Treffsicherheit nicht mehr überboten werden konnte: *Lisbonne est abîmée, et l'on danse à Paris.* Lissabon liegt in Trümmern, und in Paris wird getanzt: Dies ist die seitdem immer wieder abgewandelte Formel für die Unzulänglichkeiten des Mitgefühls bei weit entferntem Unglück. Es war Voltaires einprägsamster Beitrag zur Theorie der moralischen Gefühle in einer Welt, deren Informiertheit weiter reicht als die Gefühle. Man weiß viel und vergißt schnell.

25
Furcht und Mitleid

Daß Voltaire auf das Erdbeben von Lissabon mit einem philosophischen Lehrgedicht antwortete, war schon damals ein Anachronismus. Zehn Jahre später, in seiner Kampagne für die Rehabilitierung des zu Unrecht verurteilten Jean Calas, veröffentlichte er über den Fall, der ihn viele Monate ausschließlich beschäftigte, keine Gedichte. Er zog Erkundigungen über alle Umstände des Justizirrtums ein, studierte die Prozeßakten, sammelte Dokumente und veröffentlichte seine Recherchen über die Affäre, die er durch seine Briefe schon in ganz Europa bekannt gemacht hatte, 1763 in seinem großen Traktat über Toleranz, dem «Traité sur la tolérance». Es gibt kein Gedicht von Voltaire auf Calas. Der Prosatraktat, das Pamphlet, das journalistische Pasquill waren die wirksamsten Mittel, um das Bewußtsein des Publikums über Unrecht und Elend zu schärfen und der Gerechtigkeit aufzuhelfen – aber auch, um recht zu behalten. An die Stelle des Mitgefühls trat ein neues, stärkeres Gefühl: die humane Empörung, die aus einer Kränkung der Vernunft entsprang. Es galt, die Entschlußkraft der Vernunft zu stärken. Diese Absicht verband Voltaires Reaktionen auf das Erdbeben von Lissabon mit seinem Engagement für Calas. Beide Male wird das Erschrecken über ein Unglück in eine leidenschaftliche Anklage übersetzt, im einen Fall gegen die Vorsehung und im anderen gegen die Rechtsordnung.

Über die Grenzen menschlicher Teilnahme machte sich Voltaire keine Illusionen. Mitgefühl mit Unglücklichen in weiter Ferne konnte nur auf Umwegen erzeugt werden. Er wollte der Menschlichkeit neue Wege bahnen, indem er die theologischen und philosophischen Systeme erschütterte, die das Unglück und das Böse in der Welt erklärten und rechtfertigten. Ein neues Verständnis des Leidens, das von Illusionen frei sein und zu helfender Teilnahme anspornen sollte, mußte gegen die dogmatischen Welterklärungen durchgesetzt werden. Dazu mußten vor allem die Kenntnisse über das Unglück und seine Ursachen erweitert werden. Voltaire ließ sich in seiner weitgespannten Korrespondenz über Naturkatastrophen in aller Welt unterrichten, auch auf den Fall des unglücklichen Calas war er durch einen Brief aufmerksam gemacht worden. Als er im April 1756 Einzelheiten über die Zerstörung von Quito in Peru erfuhr, seufzte er noch einmal in Erinnerung an seine Kampagne um das Erdbeben von Lissabon: *Es ist schlimmer als in Lissabon, die Erde hat dort drei Monate lang gebebt. Das ‹Alles ist gut› ist in Europa, in Amerika und in Afrika ein wenig in Unordnung geraten. Ständig gibt es blutige Schauspiele in Asien, in Persien ebenso wie in Hindustan*. Der Schauplatz war die ganze Erde, und Voltaire häufte Unglück und Unrecht zu einem riesigen Leidensberg, den auch die Theologen und Philosophen nicht abzutragen vermochten.

Voltaires Beschäftigung mit dem Erdbeben in Lissabon wurde begleitet von seinem höhnischen Refrain *Alles ist gut*. Die Devise des philosophischen Optimismus war zur suggestiven Formel für ein ernüchtertes Verständnis der Situation des Menschen geworden. Angesichts des Elends, das die Menschen in der Welt nicht heimisch werden läßt, nahm Voltaire eine Haltung ein, die als Tapferkeit der Vernunft bezeichnet werden kann und die er, nicht frei von der Selbstgerechtigkeit des vom Unglück Verschonten, als ein neues Ethos propagierte. Man mußte die Welt nicht für gut halten, um gegen Elend und Ungerechtigkeiten vorzugehen, wo immer Schuldige haftbar gemacht werden konnten. Das war die Lehre, die Voltaire aus dem Erdbeben von Lissabon gezogen hatte und die er in seinem Engagement für die Familie des unglücklichen Calas beherzigte. Sein höhnisches und verzweifeltes *Alles ist gut* war dafür die Devise.

Daß das Erdbeben von Lissabon eine europäische Debatte auslösen konnte, lag daran, daß diese Katastrophe nicht in der Perspektive der direkt Betroffenen erfahren wurde, sondern als ein Unglück, das sich jederzeit und überall wiederholen konnte. Das Erschrecken über die Allgegenwart der Bedrohung bewirkte den lang anhaltenden Schock. Zum ersten Mal machte man sich das Risiko bewußt, das die Zivilisation und das Leben in den großen Städten mit sich brachten. Man beklagte die Opfer, aber man dachte an sich selbst in einem künftigen Fall. In das Mitleid mischte sich Selbstmitleid. Da die Städte nicht schützten, fühlte man sich von der Natur bedroht wie in Urzeiten. Voltaire hatte diese Erschütterung des Sicherheitsgefühls sofort erfaßt und nutzte sie für seinen Angriff gegen den Optimismus von Leibniz und Pope. Gerade weil den Menschen in Genf und Paris der Anblick der Katastrophe verwehrt war, entstand ein neuartiges Gefühl der Gefährdung. Man brauchte gar nicht auf die Berichte von Augenzeugen und die Bilder von der Unglücksstelle zu warten, die bloße Nachricht von der Zerstörung einer europäischen Metropole hatte schon genügt, um die Bewohner der europäischen Großstädte tief zu beunruhigen, als hätte die Katastrophe sich in ihrer unmittelbaren Nähe ereignet.

Das Erdbeben von Lissabon untergrub das Weltvertrauen gerade bei denen, die vom Unglück verschont geblieben waren und fern vom Unglücksort lebten. Die Sicherheit ihres Standortes erschien ihnen nicht mehr garantiert. Die Gefahr war um so bedrohlicher, weil die Naturforschung nicht voraussagen konnte, wann und wo sich ein solches Ereignis wiederholen würde. Und je mehr diese Erschütterung des Daseinsgefühls philosophisch vertieft und begründet wurde, desto tiefer grub sie sich in das Bewußtsein ein. Wie Voltaires Briefwechsel zeigt, baute sich schon bald die Erwartung auf, daß ein ähnliches Unglück sich jederzeit und überall in anderen Städten Europas ereignen konnte. Lissabon war überall. Für die dadurch entstandene Gefühlslage, die von der Publizistik über das Erdbeben noch verstärkt wurde, erfand Voltaire ein Existenzbild, das die Opfer von Katastrophen mit dem kalten Blick eines distanzierten Zuschauers erfaßt. Voltaire vergleicht die von Naturkatastrophen heimgesuchten Menschen mit den Ameisen, die er *unsere Nächsten* nennt, und während er auf ihr Gewimmel hinabblickt, malt er sich aus, welche Ängste sie wohl erlitten, wenn sie zertreten wurden. Mit einem teleskopischen Blick, wie er ihn auf die Ameisen richtete, blickt er auch auf die Menschen, die vom erhöhten Standort der Natur nichts weiter waren als Ameisen, und deren Leid von niemandem bemerkt wurde außer von ihnen selbst.

Im gleichen Jahr 1756, in dem Voltaires Gedichte über das Naturgesetz und über das Erdbeben von Lissabon erschienen, veröffentlichte in Königsberg der junge Magister Immanuel Kant, der gerade seine ersten Vorlesungen hielt, zwei Abhandlungen, eine kürzere und eine längere, in denen er sich als Naturforscher mit dem Erdbeben von Lissabon beschäftigte. Die erste erschien in einem Königsberger Blatt unter dem umständlichen Titel: «Von den Ursachen der Erderschütterungen bei Gelegenheit des Unglücks, welches die westlichen Länder von Europa gegen das Ende des vorigen Jahres getroffen», die zweite umfangreichere als selbständige Broschüre: «Geschichte und Naturbeschreibung der merkwürdigsten Vorfälle des Erdbebens, welches am Ende des 1755sten Jahres einen großen Teil der Erde erschüttert hat.»

Das Erdbeben von Lissabon war der Anlaß für eine Naturgeschichte der Erdbeben: *Große Begebenheiten, die das Schicksal aller Menschen betreffen, erregen mit Recht diejenige rühmliche Neubegierde, die bei allem, was außerordentlich ist, aufwacht und nach den Ursachen derselben zu fragen pflegt.*

Es war aber nicht nur Neugierde, die durch das Außerordentliche geweckt wurde, sondern eine Beunruhigung, die von der Naturgeschichte allenfalls beschwichtigt, nicht aber beseitigt werden konnte. Der Magister Kant im fernen Königsberg malte ein Bild der menschlichen Existenz, in das Katastrophen wie das Erdbeben von Lissabon als allgemeine Bedingungen eingewoben waren. Es war eine Aufforderung, an die Stelle der Furcht vor künftigen Gefahren das Mitleid für gegenwärtiges Leiden treten zu lassen, ein Aufruf zur Besonnenheit angesichts der durch Lissabon ausgelösten Erdbebenhysterie: *Wir wohnen ruhig auf einem Boden, dessen Grundfeste zuweilen erschüttert wird. Wir bauen unbekümmert auf Gewölben, deren Pfeiler hin und wieder wanken und mit dem Einsturze drohen. Unbesorgt wegen des Schicksals, welches vielleicht von uns selber nicht fern ist, geben wir statt der Furcht dem Mitleiden Platz, wenn wir die Verheerung gewahr werden, die das Verderben, das sich unter unsern Füßen verbirgt, in der Nachbarschaft anrichtet.* Die jüngste Erfahrung war in diese Beschreibung unverkennbar eingezeichnet, indem das ferne Unglück in unmittelbare Nähe rückte und gleichsam unter den Füßen spürbar wurde.

In seinem berühmten Brief an Voltaire vom 18. August 1756 hielt Rousseau dem Verfasser des Gedichts über die Vorsehung entgegen, er habe sich im Adressaten seiner Anklage geirrt. Nicht die göttliche Vorsehung sei anzuklagen, sondern die Menschen, die an der Stelle, wo das Erdbeben ausgebrochen ist, eine Stadt errichtet hatten. Die Häuser mit sechs oder sieben Stockwerken seien nicht von der Natur an dieser Stelle errichtet worden, und die Zerstörungen wären viel geringer gewesen, hätten sich die Einwohner wenigstens gleichmäßig über die Stadt verteilt. Die Menschen seien für alles Unglück, das sie durch die Natur erleiden, auch dann verantwortlich, wenn sie es nicht selbst verursacht haben. Zumindest vergrößerten sie es durch alle Anstalten, die sie für ihr zivilisiertes Dasein trafen. Als hätte er Rousseaus Brief gekannt, hat Kant dieses Argument in seiner zweiten Abhandlung aufgegriffen. In einem Abschnitt über den Nutzen der Erdbeben schreibt er: *Es läßt sich leicht raten, daß, wenn Menschen auf einem Grunde bauen, der mit entzündbaren Materien angefüllet ist, über kurz oder lang die ganze Pracht ihrer Gebäude durch Erschütterungen über den Haufen fallen könne; aber muß man denn darum über die Wege der Vorsehung ungeduldig werden? Wäre es nicht besser also zu urteilen: Es war nötig, daß Erdbeben bisweilen auf dem Erdboden geschähen, aber es war nicht notwendig, daß wir prächtige Wohnplätze darüber erbaueten.* Auch Kant wußte von den Erdbeben in Peru und sogar, daß die Bauweise der niedrigen Häuser den Schaden dort begrenzt hatte. Der Mensch sollte also lernen, sich nach der Natur zu richten, sich auf sie einzurichten, aber er sollte nicht wollen, daß sie sich nach ihm richtete. Wie die Geschäftsleute in Genf sah auch Kant, daß der Schaden, den die Erdbeben an einem Ort anrichten, durch den Nutzen andernorts, beispielsweise durch heiße Quellen, die denselben unterirdischen Kräften entsprangen, kompensiert werden konnte.

Auf Rousseaus Verteidigung der Vorsehung – Kants Überlegungen konnte er nicht kennen – ist Voltaire in seiner Antwort auf Rousseaus Brief nicht eingegangen. Die Antwort wäre ihm leichtgefallen, in diesem Punkt konnte er sich mißverstanden fühlen. Denn daß der Anteil des Menschen am Elend und Unglück der Welt weit größer war als der Anteil der Natur, gehörte zu seinen festen Überzeugungen im Kampf gegen Kirche, Fanatismus und Intoleranz. In einem Brief vom 16. Dezember 1755 heißt es: *Ich beklage die Portugiesen, aber die Menschen auf ihrem kleinen Ameisenhaufen tun sich noch viel mehr Übles an. Unsere Kriege erwürgen mehr Menschen, als die Erdbeben verschlingen. Wenn man in dieser Welt nur das Abenteuer von Lissabon zu fürchten hätte, würde man sich einigermaßen wohlfühlen.* Die Menschen waren also doch nicht nur unglückliche Opfer wie die Ameisen.

26

Eine Katastrophe in China

Das große europäische Echo auf das Erdbeben, das eine Stadt in den Abgrund gerissen und die Philosophie der Zeit erschüttert hatte, veränderte den Stil der moralphilosophischen Reflexion. Vier Jahre nach dem Erdbeben von Lissabon, 1759, veröffentlichte Adam Smith sein erstes Buch, «The Theory of moral sentiments», eine Untersuchung über die moralischen Gefühle, die in der Gesellschaft seiner Zeit lebendig waren. Daß diese Gesellschaft ein Netz von kommerziellen Interessen über den Globus gezogen hatte und ein Seereich war, wird in den moralphilosophischen Erörterungen von Adam Smith kaum spürbar. Aber eine Moralparabel, die er etwa in der Mitte seines Buches erzählt, macht mit einem Schlag deutlich, daß der Horizont dieser Moralphilosophie die ganze Welt umfaßte. Es geht in dieser Parabel um die moralische Bedeutung der Spannung von Nähe und Ferne.

Die Geschichte, die Adam Smith erzählt, handelt von einer Katastrophe in China: *Stellen wir uns vor, daß das große chinesische Reich mit seinen Myriaden von Einwohnern plötzlich durch ein Erdbeben verschlungen würde, und überlegen wir, wie ein human gesinnter Mann in Europa, der keinerlei Beziehungen zu jenem Weltteil hätte, davon bewegt würde, sobald er von diesem fürchterlichen Unglück Kenntnis erhielte.* Jeder Hinweis hat hier Bedeutung: Es muß China sein, das bevölkerungsreichste Land, und es genügt nicht, daß sich irgendwo ein Erdbeben ereignet und Tausende von Menschen, wie es in Lissabon geschehen war, in den Abgrund reißt, es müssen Myriaden sein. Das ganze riesige Land wird von einer einzigen Katastrophe verschlungen, ein Unglück von biblischen Ausmaßen. Eine Nachricht über das unglaubliche Geschehen erreicht Europa, ein Mann in London hört davon. Adam Smith interessiert sich nur für diesen isolierten Mann in London, von dessen Lebensumständen er nicht mehr sagt, als daß er keinerlei Beziehung zu jenem Weltteil habe, vor allem keine geschäftlichen Verbindungen, die ihn zu einem durch die Katastrophe Geschädigten gemacht hätten. Seine Teilnahme an dem Unglück ferner Menschen sei also vollkommen selbstlos.

Adam Smith schildert nun weiter, wie die Reaktion des humanen Londoners aussehen würde: *Zunächst würde er, stelle ich mir vor, seiner Trauer über das Mißgeschick jenes unglücklichen Volkes sehr lebhaften Ausdruck geben, er würde sich mancherlei trübseligen Betrachtungen hingeben über die Unsicherheit des menschlichen Lebens und über die Eitelkeit aller Arbeiten und Werke der Menschen, die in einem einzigen Augenblick so völlig vernichtet werden können. Vielleicht würde er auch, wenn er ein nachdenklicher Mann wäre, mancherlei Überlegungen über die Folgen anstellen, die dieses Unglück für den Handel Europas und für den Geschäftsverkehr der Welt im allgemeinen nach sich ziehen dürfte*. So stark die Erschütterung ist, die Gedanken, die den humanen Londoner bewegen, münden bald in allgemeine Betrachtungen über den Weltlauf und über das Auf und Ab des menschlichen Lebens. Auch seine Erwägungen über die Folgen für den Handel und Wandel in Europa bleiben allgemein, da er persönlich nicht involviert ist. Je nachdem, wie philosophisch er gestimmt ist, wird er seine melancholischen Betrachtungen länger ausdehnen oder sie nach einiger Zeit beenden. Etwas geringschätzig spricht Adam Smith von der *fine philosophy* des Mannes, einer hübschen Philosophie, in die er sein Mitgefühl mit fernem Leid gießt.

Jedenfalls kehrt der humane Londoner über kurz oder lang zu seinen Alltagsgeschäften zurück: *Wenn er aber mit dieser ganzen artigen Philosophie fertig wäre, wenn er allen seinen humanen Empfindungen geziemend Ausdruck gegeben hätte, würde er sich wieder seinen Geschäften oder seinem Vergnügen zuwenden und sich seiner Erholung oder seiner Zerstreuung widmen, all dies so gemächlich und ruhig, als ob sich kein derartiger Vorfall ereignet hätte*. Die Erschütterung hat ihre Zeit, und auch die Betrachtungen, zu denen sie Anlaß gibt. Bald aber kommt der Augenblick, wo er zu seinen Geschäften und Vergnügungen zurückkehrt und sich wieder seiner Erholung und Zerstreuung widmet. All dies klingt auch heute noch ganz vertraut, nichts an der Beschreibung von Adam Smith ist veraltet, es ist der typische Verlauf von Aufmerksamkeit und Teilnahme bei großen Katastrophen, die sich in weiter Ferne ereignen. In dem Augenblick, in dem solche Katastrophen bekannt werden, lösen sie ein intensives Erschrecken aus und ein Mitleid, das für eine gewisse Zeit festgehalten wird, bald aber in allgemeine Betrachtungen übergeht. Schon Adam Smith und sein humaner Europäer lebten in einer Welt, in der von überall Nachrichten über Wohl und Wehe von Menschen eintrafen, über die man wenig mehr wußte, als daß sie Menschen waren. Die moralische Wahrnehmung und der Wille zu einer humanen Haltung können dabei so stark ausgeprägt sein, daß die Reaktionen auf fernes Leid der Wahrnehmung des Unglücks in der nächsten Umgebung gleichen. Auch wenn diese Verwechslung nur für Augenblicke anhält, wird sie nicht als ungerechtfertigt angesehen. Auch Adam Smith hielt sie für einen Ausdruck des Willens zur Humanität. Aber je mehr Gelegenheiten es gibt, eigenes und fremdes, nahes und fernes Leid miteinander zu vergleichen, desto dringlicher bedarf die Frage des richtigen Verhaltens in diesen Situationen einer moralphilosophischen Klärung.

Mit Recht konnte sich der humane Londoner als ein moralisches Wesen fühlen. Aber seine Gefühle mußten angesichts der großen Entfernung zum Unglück unzulänglich bleiben und in allgemeine Betroffenheit über das menschliche Geschick münden, es fehlte der persönliche Zugang zum Leiden anderer, um ihn aus seiner Selbstbezogenheit herauszureißen. Im Fortgang der Parabel nimmt Adam Smith nun an, daß sein humaner Londoner selber von einem Mißgeschick getroffen wird, oder sich vielleicht auch nur einbildet, ihm werde am nächsten Tag etwas zustoßen: *Der kleinste Unfall, der ihm selbst zustoßen könnte, würde ihn viel stärker beunruhigen. Der Gedanke, daß er morgen seinen kleinen Finger verlieren müßte, würde ihn schon heute nachts nicht schlafen lassen, während er bei dem Untergang von hundert Millionen seiner Brüder in tiefster Seelenruhe schnarchen würde – vorausgesetzt, daß er jene niemals zu Gesicht bekommen hätte. Die Vernichtung jener ungeheuren Menschenmenge berührt ihn offenbar viel weniger als dieses erbärmliche Mißgeschick, das ihn selber trifft.* Im Vergleich zu diesem lächerlichen Unglück, das noch nicht einmal eingetreten ist, sondern nur in der sorgenvollen Phantasie existiert, erscheint die ferne Katastrophe auf einmal als bedeutungslos. Die allgemeinen Betrachtungen über das ungewisse Schicksal der Menschen sind vergessen, sobald die Angst vor einem Unglück, das ihn selbst treffen könnte, von ihm Besitz ergriffen hat. Die bloße Möglichkeit, daß ihm selbst etwas zustoßen könnte, und wäre es nur der Verlust seines kleinen Fingers, ruft bei ihm ein Selbstmitleid hervor, das weit stärker ist als die Erschütterung über das Unglück vieler tausender Menschen, über das er sich eben noch so betroffen gezeigt hatte. Das Selbstmitleid verdrängt das Mitleid. Der Untergang von Millionen Menschen läßt den human gesinnten Mann ruhig schlafen, während die Sorge um seinen kleinen Finger ihm schlaflose Nächte bereitet.

Würden die Menschen so handeln, wie sie fühlen, dann wären die Aussichten für die Menschheit düster. Dies ist das Fazit, das Adam Smith aus der Geschichte vom humanen Londoner zieht. Beunruhigt fragt er, ob die Menschen dem eigenen Wohlergehen auch in ihrem Handeln mit derselben Entschiedenheit den Vorzug geben werden, wie sie es in ihrem Gefühlsleben tun? Er spitzt diese Frage noch weiter zu durch die Annahme, daß jemand sein persönliches Wohlergehen nur erlangen könnte, wenn er die Vernichtung einer unübersehbaren Anzahl von Menschen in Kauf nähme: *Würde also ein human gesinnter Mensch, um dieses erbärmliche Mißgeschick von sich abzuwenden, bereit sein, das Leben von hundert Millionen seiner Brüder zu opfern, vorausgesetzt, daß er diese niemals gesehen hätte?* Wenn die Menschen sich in ihren Handlungen nicht anders verhalten würden als in ihren Gefühlen, dann könnte man sich für das Leben sogar von hundert Millionen Menschen nicht verbürgen. Wenn ein Mensch die

Mittel hätte, einen Teil der Menschheit zu vernichten, um dadurch ein Unglück abzuwenden, das ihm selbst droht, würde er dies nach Meinung von Adam Smith auch tun. Damit ist auch die Mandarinfrage eindeutig beantwortet: Unter den von ihr formulierten Bedingungen würde Adam Smith für das Überleben der Menschheit nicht garantieren.

David Hume, der mit Adam Smith befreundete und von ihm bewunderte Philosoph, hatte in seinem «Treatise on Human Nature» behauptet, daß eine solche Handlungsweise mit der Rationalität des Menschen vereinbar wäre: *Für den Verstand kein Widerspruch, lieber die ganze Welt vernichtet als meinen Finger verletzt sehen zu wollen.* Der Verstand sieht in der Befriedigung eines übermächtigen egoistischen Wunsches auf Kosten anderer Menschen, ja der ganzen Menschheit, keinen Widerspruch, er achtet bloß auf die Widerspruchsfreiheit des Gewollten. Um eigenen Schmerz zu vermeiden, wäre der Mensch also, wenn er nur auf seinen Verstand hören würde, sogar bereit, die Vernichtung der ganzen Welt in Kauf zu nehmen. Nichts anderes sagt auch Adam Smith, wenn er davor warnt, sich allein auf die Logik der Gefühle zu verlassen.

Adam Smith schneidet jedoch allen Betrachtungen dieser Art den Weg ab, indem er zwischen den passiven Gefühlen (*passive feelings*) und den Grundsätzen des Handelns (*active principles*) unterscheidet, die sich glücklicherweise nicht miteinander decken. Wenn die Menschen handeln, verhalten sie sich vollkommen anders, als wenn sie sich ihren Gefühlen überlassen. Offenbar sind Handlungen von einer ganz anderen moralischen Beschaffenheit als Gefühle: *Wenn unsere passiven Gefühle fast immer gemein und selbstsüchtig sind, wie kommt es dann, daß unsere aktiven Prinzipien so oft großzügig und vornehm sind?* Nicht was im Gefühlsleben der Menschen vorgeht, ist für die Gesellschaft von vorrangiger Bedeutung, vielmehr sind es die Grundsätze, nach denen sie handeln, und diese Prinzipien des Handelns haben andere Quellen als die Gefühle, so moralisch hochkultiviert diese sein mögen. Alles läuft auf eine strikte Trennung zwischen Gefühlen und

Handlungen hinaus. Die Theorie der moralischen Gefühle von Adam Smith ist deswegen entgegen dem, was der Titel seines Buches erwarten läßt, eine Theorie des Handelns und nicht des Fühlens. Es stellt sich heraus, daß die Handlungen der Menschen ihrem Gefühlsleben inkommensurabel sind, so daß nicht der Egoismus einer Erklärung bedarf, sondern die Tatsache, daß die Menschen in ihren Handlungen ihr eigenes Interesse dem anderer zu opfern bereit sind. Großzügigkeit ist ein größeres moralisches Rätsel als Egoismus.

27

Warnung vor allgemeiner Menschenliebe

Anstatt also, wie es meistens geschieht, darüber zu klagen, daß die Menschen nicht genauso handeln, wie sie fühlen, sollte man erleichtert sein, daß sie es nicht tun. Denn in der Welt der Gefühle triumphieren zuletzt immer die egoistischen Strebungen über die humanen Impulse, seien diese auch noch so kultiviert und verfeinert. Die Antwort auf die am Ende der Parabel vom humanen Londoner aufgeworfene Frage, ob jemand für sein persönliches Interesse das Leben von Millionen Menschen opfern würde, ist für Adam Smith eindeutig: *Die menschliche Natur wird mit Abscheu vor diesem Gedanken zurückschrecken, und niemals hat die Welt in ihrer schlimmsten Verworfenheit und Verderbtheit einen Schurken hervorgebracht, der fähig gewesen wäre, diesen Gedanken zu fassen.* Eine solche Tat auch nur zu erwägen hielt Adam Smith nicht nur für unmoralisch, er war davon überzeugt, daß es keinen Menschen gab, der eine solche Tat ernsthaft erwog.

Es ist zweifellos Diderots *raisonneur violent,* der hier noch einmal einen eindrucksvollen Auftritt hat. Da die Encyclopédie zu den verbreitetsten Werken der Aufklärung gehörte, dürfte Adam

Smith, der sich für die französische Philosophie stark interessierte, den fünften Band mit Diderots Naturrechtsartikel gleich nach Erscheinen durchgesehen haben. Die eindrucksvolle Figur des *raisonneur violent* kann ihm dabei kaum entgangen sein, und er spielt ja auch deutlich auf sie an, wenn er die Frage aufwirft, ob ein Mensch für sein persönliches Interesse das Leben von Millionen Menschen opfern würde. In gewisser Weise läßt Adam Smith diese Figur sogar noch beunruhigender erscheinen, indem er sie mit seinem humanen Europäer überblendet, der lebhafte Anteilnahme an fernem Unglück zeigt, ehe der Egoismus sich auch bei ihm durchsetzt. Trotzdem widerlegte Adam Smith Diderots Konstruktion, indem er die Ausführung solcher tödlicher Gedanken ausschließen zu können glaubte.

Diese Korrektur beruhte dabei nicht etwa auf einer milderen Auffassung der menschlichen Psychologie, im Gegenteil. Adam Smith war nüchtern genug, die beherrschende Rolle des egoistischen Interesses und sogar der Todeswünsche im menschlichen Gefühlsleben nicht zu unterschätzen, er glaubte offenbar, ähnlich wie Freud, daß die Menschen ihren Brüdern alles nur erdenkliche Schlechte wünschten, wenn sie ihr eigenes Wohl dadurch verbessern konnten, aber er wollte nicht glauben, daß es jemals einen Menschen gegeben hatte, gab oder geben würde, der das Wohlergehen von Millionen Menschen zu opfern bereit wäre, wenn das Interesse an seinem eigenen Wohl dies verlangte. Auch wenn sich jeder Mensch ständig in seinen Gefühlen an seinen Mitmenschen verging, gab niemand diesen Gefühlen die völlige Gewalt über seine Handlungen. Dieser Optimismus von Adam Smith hinsichtlich des menschlichen Handelns vertrug sich mit seinem Zweifel an der Menschenfreundlichkeit des Gefühlslebens.

Die Parabel vom humanen Londoner richtete sich gegen jene Moralphilosophen, die den Egoismus der menschlichen Gefühle bekämpfen wollten, indem sie eine allgemeine und gleichmäßige Menschenliebe predigten, um durch eine moralische Erziehung die Gefühle der Menschen zu umfassender Menschenliebe zu veredeln und diese für das Handeln verbindlich zu machen. Wenn diese Menschenfreunde das Mitgefühl, das sie ihren Verwandten und Bekannten in ihrer engeren Umgebung entgegenzubringen pflegten, auf unbekannte Menschen in weiter Ferne ausdehnen wollten, stifteten sie, wie Adam Smith meinte, eine heillose Verwirrung. Seine realistische Haltung konnte diese verfeinerte Moral nur mißbilligen, denn diejenigen, die sie predigten, bemerkten nicht, daß zwischen der Logik der Gefühle und der Logik des Handelns eine Kluft bestand, die ihr Vorhaben letztlich zum Scheitern verurteilte. Vor allem aber übersahen sie die Gefahren, die sie heraufbeschworen, indem sie die Gefühle für das Handeln verbindlich machen wollten. Adam Smith drückt sich etwas gewunden und vorsichtig aus, um nicht den Eindruck der Gleichgültigkeit gegenüber dem Unglück anderer Menschen zu erwecken: *Wenn die Glückseligkeit oder das Elend anderer tatsächlich von unserem Verhalten völlig unabhängig, wenn unsere Interessen von ihren völlig getrennt und abgelöst sind, so daß es zwischen ihnen weder einen Zusammenhang noch einen Wettbewerb gibt, halten wir es nicht immer für erforderlich, entweder unsere natürliche, vielleicht unpassende Sorge um unsere eigenen Angelegenheiten oder unsere natürliche, vielleicht nicht weniger unpassende Gleichgültigkeit gegenüber den Sorgen anderer Menschen zu zügeln.* Soweit die Menschen nicht durch Interessen miteinander verbunden seien, schuldeten sie einander nicht mehr als eine allgemeine Sympathie.

Das Mißverhältnis zwischen unseren Gefühlen gegenüber uns selbst und anderen zu beseitigen war nach Ansicht von Adam Smith auch das fragwürdige Ziel einer *künstlichen und verfeinerten Erziehung* und von *jammernden und trübsinnigen Moralisten*, die Mitleid auch mit solchem Elend predigten, *das wir nie gesehen, von dem wir nie gehört haben, von dem wir aber annehmen sollen, daß es zu allen Zeiten so viele unserer Mitgeschöpfe befällt, daß dadurch die Freude der Glücklichen gedämpft und eine trübselige Gedrücktheit für alle Menschen zur Gewohnheit wird.* Mitgefühl mit fernem Leid entspringe einer moralischen Überfeinerung, die das Handeln nur verwirren könne: *Eine so extreme Sympathie mit Mißgeschick und Elend, von dem wir nichts wissen, scheint ganz und gar widersinnig und unvernünftig.* Das Mitleid, das sich in die Ferne und auf Menschen richtet, mit denen wir nicht bekannt sind, zu denen wir keine Beziehung haben und die sich außerhalb unseres Wirkungskreises befinden, könne nur Ängste bei uns selbst hervorrufen, ohne den Menschen, denen es gilt, irgendeinen Vorteil zu bringen. Diese extreme Rücksicht auf andere bezeichnet Adam Smith als *künstliches Mitleid.*

Man sollte deswegen, erklärt er, nur geringes Interesse an denen nehmen, deren Glück man weder nützen noch schaden kann und die in jeder Hinsicht – räumlich, zeitlich, gefühlsmäßig – weit entfernt von uns sind. Im Gegensatz zu den Stoikern, die empfahlen, eigenes Leid und fremdes Leid, nahes und fernes Unglück mit demselben Gleichmut zu betrachten, also das Nahe so, als wäre es weit entfernt, rät Adam Smith, gegenüber dem Unglück, das sich außerhalb unseres Einflußbereichs ereignet, eher gleichgültig zu sein, dafür aber um so lebhafter am eigenen wie am fremden Wohlergehen in unserer näheren Umgebung Anteil zu nehmen. Je stärker diese Anteilnahme war, desto mehr konnte sie dazu beitragen, die humanen Regungen zu kultivieren. Denn nur durch eine Sympathie, die sich auf ein konkretes Gegenüber richtet, könnten die Menschen dem Ideal der Selbstbeherrschung nahe kommen. Indem man im Umgang mit Menschen seiner nächsten Umgebung die *erlesenste Menschlichkeit* praktiziere, erlange man auf ganz natürliche Weise und ohne jedes moralisches Virtuosentum ein Höchstmaß an Selbstbeherrschung: *Der Mensch, der am meisten für die Freuden und den Kummer anderer empfänglich ist, ist am besten vorbereitet, die vollständigste Kontrolle über seine eigenen Freuden und Leiden zu erwerben.* Adam Smith korrigierte damit all jene Moralphilosophien, die nahes und fernes Leiden gleich bewerten wollten und dadurch den Gefühlen zu großen Einfluß auf das Handeln einräumten. Während diese Lehren die Menschen durch die Forderung der Anteilnahme am Glück und Elend entfernter Menschen zusätzlich belasteten, wollte Adam Smith sie davon entlasten, um ihre Handlungsfähigkeit zu erhalten und zu stärken. Seiner Ansicht nach war es um so nötiger, eine umfassende Kontrolle über ihre Freuden und Leiden zu erlangen und damit dem Ziel größter Selbstbeherrschung nahe zu kommen.

Für das Ganze, für das Glück aller Lebewesen, erklärt Adam Smith schließlich, seien nicht die Menschen zuständig, sondern Gott, dem die *Verwaltung des großen Weltgebäudes* und die *Sorge für die universelle Glückseligkeit aller rationalen und fühlenden Wesen* oblag. Der Gott von Adam Smith ist Unternehmer, er verwaltet das Weltgebäude und Wohl und Wehe aller Lebewesen, zwischen ihm und den Menschen besteht Arbeitsteilung. Nur durch diese Beschränkung ihrer Verantwortung konnten die Menschen in die Lage versetzt werden, eine vollkommene Kontrolle über ihr Glück und Elend, das in ihrer Reichweite lag, anzustreben. Ihre Verantwortung erstreckte sich nur auf ihr eigenes Glück, auf ihre Familie, ihre Freunde und ihr Land, es reichte nicht darüber hinaus. Nur durch Selbstbegrenzung ließ sich das Ideal der Selbstbeherrschung verwirklichen. Daß der Mensch sich manchmal hochfliegenden Betrachtungen hingab, konnte niemals eine Entschuldigung dafür sein, daß er sein bescheidenes Aufgabengebiet vernachlässigte: *Die erhabenste Spekulation des kontemplativen Philosophen kann die Vernachlässigung der kleinsten tätigen Pflicht kaum kompensieren*.

Der humane Londoner, der sich von dem Unglück in weiter Ferne für kurze Zeit zu tiefsinnigen Gedanken über das allgemeine Los der Menschen hinreißen läßt, aber schon bald wieder von seinen eigenen Sorgen in Anspruch genommen wird, verhält sich ganz im Sinne der Moralphilosophie von Adam Smith. Würde er dagegen versuchen, seine menschenfreundliche Haltung, die gegenüber dem Leid und Elend von Menschen in der näheren Umgebung angebracht wäre, gegenüber unbekannten Menschen in weiter Ferne über eine längere Zeit aufrechtzuerhalten, könnte er die erstrebenswerte Selbstkontrolle niemals erlangen.

Aus heutiger Sicht ist gegen die Haltung, die Adam Smith in seiner Parabel vom humanen Londoner zu erkennen gibt, von Martha Nussbaum eingewandt worden, sie sei *unausgewogen und inkonsistent*. Denn angesichts der Erweiterung des Horizonts durch den Welthandel sei es widersprüchlich, für eine Begrenzung des Mitleids zu plädieren. Angesichts der weiter fortgeschrittenen Integration der Menschheit erscheint es heute offenbar als noch zwingender, die emotionale Vorstellungskraft an die Handlungsräume anzupassen, wobei die Inkonsistenzen der Moral weniger ins Gewicht fallen als die des Handelns. Irritierend an der Parabel von Adam Smith ist dabei offenbar nicht so sehr seine Behauptung, daß die Reichweite des Mitleids begrenzt sei, als seine These, daß die Erweiterung des Mitleids die Menschen dazu verleite, der Logik ihrer Gefühle, vor allem ihren egoistischen Strebungen, mit allen grausamen Konsequenzen, die dies haben kann, zu folgen. Deswegen erscheint auch die Wendung des humanen Londoners vom Mitleid zur Grausamkeit als besonders provozierend. Derselbe Mann, der sich eben noch durch fernes Unglück zu melancholischen Betrachtungen anregen ließ, soll durch eigenes Mißgeschick so aus dem Gleichgewicht geworfen werden, daß er ohne zu zögern andere Menschen für sein eigenes Wohl opfern würde, wenn er die Mittel dazu hätte. Gerade dieser Zug des humanen Londoners ist aber psychologisch besonders plausibel, wie das oft zitierte Beispiel der Tierliebe von Wächtern in Konzentrationslagern zeigt. Es ist ein Hinweis darauf, daß das Mitgefühl eine seiner Wurzeln in der Eigenliebe und im Selbstmitleid hat. Wenn sich der humane Europäer Adam Smith fremdes Leid vorstellt und sich in weit entfernte Menschen versetzt, tut er dies auf dem Umweg über den Gedanken, ihm könnte ähnliches zustoßen.

28

Dialog mit dem Doppelgänger

Die Trennung der Moral der Gefühle und der Moral des Handelns, die Adam Smith mit den gefährlichen Folgen begründet, die eine verfeinerte Moral für das Handeln haben würde, konnte auch mit den Erfahrungen im ausgedehnten Handlungsraum des britischen Weltreichs begründet werden. Die Verhaltensforschung würde von einem Auseinandertreten von Merkwelt und Wirkwelt sprechen. Die Prinzipien, denen das kommerzielle Handeln folgt, konnten mit den Verhaltensweisen im nächsten Umkreis der Menschen nicht ohne weiteres in Einklang gebracht werden. Der naheliegende Gedanke, die moralischen Gefühle so elastisch werden zu lassen, daß sie mit den kommerziellen Interessen mitlaufen konnten, führte nach Ansicht von Adam Smith in eine Sackgasse: Die moralischen Gefühle ließen sich nicht auf die Menschheit als ganze ausdehnen, ohne die Integrität des Handelns zu gefährden. Die Vermischung von kommerziellen Interessen und moralischen Gefühlen gefährdete nicht nur die rationale Kalkulation der kommerziellen Interessen, sondern trübte auch das moralische Urteil. Um dieser Verwirrung vorzubeugen, betonte Adam Smith in seiner Parabel, daß sein humaner Londoner in China, wo sich die ungeheure Katastrophe ereignet hatte, weder persönliche Bekanntschaften noch kommerzielle Interessen hatte. Seine Betroffenheit wäre von anderer Art, wenn seine persönliche Sympathie bis zum Schauplatz des Unglücks reichen würde. Sie würde sich dann in ähnlicher Weise äußern wie bei einem Unglück in seiner nächsten Umgebung. Der Vorschlag von Adam Smith, die moralischen Gefühle, die auf der Sympathie zu anderen Menschen beruhen, auf den Bereich einzuschränken, den der einzelne zu überschauen vermag, war zugleich ein Versuch, das kommerzielle Handeln zu entmoralisieren, um ihm Beweglichkeit und Beständigkeit zu geben.

Um Gefühle und Handlungsprinzipien zu entwirren, erfand Adam Smith ein Instrument der Beurteilung, dessen Aufgabe es war, die Kluft zwischen Gefühlen und Handlungen zu überbrücken: den unparteiischen oder unbeteiligten Zuschauer. Dieser soll immer dann von besonderem Nutzen sein, wenn man sich in ungewöhnlichen Situationen über seine Gefühle und darüber, was zu tun ist, klar werden muß. Wenn es zu einem Konflikt zwischen Neigungen und erwartetem Verhalten, zwischen persönlichen Emotionen und Geboten der Erziehung kommt, empfiehlt Adam Smith, den unbeteiligten Zuschauer zu befragen und auf seinen Rat zu hören. Von emotionaler Anspannung frei, werde er über die Situation besonnen urteilen und zu dem raten, was Erziehung, gesellschaftliche Konvention und Menschlichkeit unter diesen Umständen fordern. Er führt das Beispiel eines Soldaten an, der mitten im Schlachtgetümmel bemerkt, wie ein Offizier, der ihn immer schlecht behandelt hat und dem er nichts Gutes wünscht, in Lebensgefahr gerät. Wie wird er sich verhalten? Würde er auf seine Gefühle hören, dann würde er den Offizier seinem Schicksal überlassen, hörte er aber auf den unbeteiligten Zuschauer, dann würde er, ohne weiter auf seine persönlichen Gefühle zu achten, ihn unter Einsatz seines eigenen Lebens retten. Sobald der Soldat sich dessen bewußt werde, meint Adam Smith, was von ihm erwartet wird, werde er diesen Erwartungen gemäß handeln, unabhängig davon, was seine Gefühle ihm einflustern. Denn der unbeteiligte Zuschauer hat ihm geraten, nicht auf sie zu hören.

Der unbeteiligte Zuschauer beschränkt sich dabei zunächst darauf, die Situation, die anfänglich stark emotional gefärbt erlebt wird, aus einer gewissen Distanz zu betrachten. Er wird sich nicht aufdrängen, sondern muß befragt werden. Die wichtigste Voraussetzung dafür, daß er Gehör findet, ist deswegen, daß die Person, die vor eine Entscheidung gestellt wird, ihre Erregung zunächst einmal zu besänftigen vermag. Obwohl in das Geschehen nicht in gleicher Weise emotional verstrickt wie die Person mit ihren widerstreitenden Impulsen, ist er von ihr doch nicht so getrennt, daß sie nicht sofort Zugang zu ihm findet, wenn sie seinen Rat einholen möchte. Der unbeteiligte Zuschauer ist eine Art Doppelgänger, der immer bereit ist, sich in die Lage des Ratsuchenden zu versetzen. Da Akteur und Zuschauer von gleicher Art sind, gibt es zwischen ihnen keine Verständigungsschwierigkeit, der Ratsuchende wird die Ratschläge immer verstehen, sobald er wenigstens für einen Augenblick zur Besinnung gekommen ist und sich in die Lage gebracht hat zuzuhören.

In dieser Konfiguration der Person mit ihrem Doppelgänger ist die Moralphilosophie von Adam Smith mit ihrem Ideal der Selbstbeherrschung im Keim angelegt. Die angestrebte Selbstbeherrschung ist das Ergebnis des Dialogs mit dem unbeteiligten Zuschauer. Es ist ein innerer Dialog, in dem das Verhalten des Akteurs zwischen den Ansprüchen seiner Emotionen und denen der Gesellschaft gleichsam ausgehandelt wird. Nicht nur durch diese Bereitschaft zum Dialog unterscheidet sich der unbeteiligte Zuschauer vom traditionellen Gewissen, sondern auch durch seine Nähe zu den gesellschaftlichen Konventionen. Er vertritt Erwartungen, die die Gesellschaft an den einzelnen richtet, und übt seinen Einfluß, anders als das Gewissen, nicht gebieterisch aus. Während sich die Stimme des Gewissens meist gegen den Willen des einzelnen erhebt, muß der unbeteiligte Zuschauer vom einzelnen selbst ins Spiel gebracht werden. Der Zuschauer, der Ratschläge gibt, ist das zu einem gesellschaftlichen Organ umgeformte Gewissen. Im Unterschied zu diesem scheint er in der Regel eine neutrale Position einzunehmen, er besänftigt die heftigen Gefühle lediglich, ohne sie zu verurteilen. Diese Neutralität ist jedoch eine Täuschung. Im Kapitel «Über die gesellschaftlichen Leidenschaften» erklärt Adam Smith, daß der unparteiische Zuschauer keineswegs neutral sei, sondern eine bestimmte Art von Gefühlen bevorzuge. Er ist also in Wahrheit parteiisch, so unparteiisch er in seinem Vorgehen auch erscheinen mag. Gegen die egoistischen Gefühle, die ihre Ansprüche lautstark geltend machen, vertritt er die Rechte der nichtegoistischen Gefühle: Großzügigkeit, Menschlichkeit, Mitgefühl, gegenseitige Freundschaft und Achtung. Diese sozialen Affekte, betont Adam Smith, gefielen dem unbeteiligten Zuschauer bei fast jeder Gelegenheit – sogar dann, *wenn sie im Gesichtsausdruck oder in der Haltung sogar gegenüber Personen zum Ausdruck gebracht werden, mit denen wir nicht in besonderer Weise verbunden sind.*

Es ist eine andere Eigenart des unbeteiligten Zuschauers, daß er die Maßstäbe seiner Beurteilung der Gefühle keinem strengen Moralkodex entnimmt, dem kaum jemand vollkommen gerecht werden könnte, sondern den gesellschaftlichen Gewohnheiten. Wenn er also Verhaltensweisen bevorzugt, die dem Zusammenhalt der Gesellschaft zugute kommen, ist er zwar keineswegs neutral, aber er plädiert nie für ein besonders anspruchsvolles oder virtuoses moralisches Verhalten. Er gibt dem Funktionieren der Gesellschaft als ganzer sogar den Vorzug vor bestimmten Handlungen, die als besonders moralisch galten. Den Frieden und die Ordnung der Gesellschaft hielt Adam Smith für wichtiger als beispielsweise die Unterstützung der Armen. Er ging dabei aber nicht so weit wie Mandeville, der den gleichen Gedanken in seiner «Bienenfabel» radikaler formuliert hatte, indem er die Menge der Armen und Unwissenden als notwendig für das Wohl der Gesellschaft hinstellte.

Zur Rechtfertigung seiner Parteinahme für das Interesse der Gesellschaft berief sich Adam Smith sogar auch auf das Urteil der Gefühle. In einem ruhigen Augenblick, wenn die egoistischen Leidenschaften schweigen, meinte er, werde fast jeder zustimmen, daß diese gesellschaftlichen Regeln Beachtung verdienten. In dieser Überlegung machte er sich gleichsam zu einem zweiten unbeteiligten Zuschauer, um die Handlungsweise des ersten zu beurteilen. Ohne ein strenges Moralgesetz mit ausdrücklichen Verhaltensregeln zugrunde zu legen, wird auf diese Weise doch ein Verhaltenskodex erkennbar, ein ideales Verhalten, das stets situationsbezogen ist und den Egoismus der Gefühle zu korrigieren vermag.

29

Die Verwandlung des Zuschauers

Obwohl Adam Smith gewisse Prinzipien der menschlichen Natur zu erkennen glaubte, vermied er es, deren Wirksamkeit unter allen Umständen und in allen Lagen zu behaupten. Die Billigung, mit der der unbeteiligte Zuschauer bestimmte Gefühle wie Großzügigkeit, Menschlichkeit, Mitgefühl, Freundschaft und Achtung, auszeichnet, war die größte Annäherung an eine universale Moral, die Adam Smith zugestand. Viel sei schon gewonnen, meinte er, wenn man diese sozialen Gefühle auch beliebigen anderen Menschen unterstelle und erwarte, daß diese sich ihnen gemäß verhalten, und sie bis zu einem gewissen Grade auch auf Menschen ausdehne, mit denen man sich nicht persönlich verbunden fühle. Dann seien Großzügigkeit, Menschlichkeit, Freundschaft, Achtung geeignet, das Verhalten zu anderen Personen auch in einem weiten Umkreis zu regeln: *Für wie selbstsüchtig man den Menschen auch immer halten mag, so gibt es doch gewisse Prinzipien in seiner Natur, die ihn dazu bringen, am Schicksal anderer Anteil zu nehmen und ihr Wohlergehen für ihn selbst für notwendig zu halten, auch wenn sie ihm, abgesehen vom Wohlgefallen bei ihrem Anblick, keinerlei Vorteil bringen.*

Zu diesen Gefühlen gehört auch das Mitleid oder, wie Adam Smith allgemeiner sagt, die Sympathie, die die Menschen für das Elend oder Unglück anderer empfänglich macht, wenn sie eine unmittelbare Anschauung davon erhalten oder dazu angeregt werden, es sich irgendwie vorzustellen. In ihren Beziehungen zu anderen befinden sich die Menschen aufgrund dieser Sympathiegefühle in einer ähnlichen Position, wie sie der unbeteiligte Zuschauer ihnen gegenüber einnimmt. Wenn sie zum Zuschauer des Unglücks anderer werden, pflegen sie sich spontan so zu verhalten, wie es ihnen bei eigenem Unglück der unbeteiligte Zuschauer empfehlen würde. Beim Anblick fremden Leidens lassen sie deswegen die selbstsüchtigen Neigungen für eine gewisse Zeit in den Hintergrund treten. Hier aber verkehrt sich das Verhältnis von Gefühl und Handeln, da die Menschen, wenn sie nach ihrer Versenkung in das Leiden anderer zum Handeln übergehen, dazu neigen, diese Haltung aufzugeben und den selbstsüchtigen Impulsen wieder die Führung zu überlassen. Der unbeteiligte Zuschauer dagegen würde an der anfänglichen Einschätzung der Situation festhalten und seine Ratschläge danach richten. Deswegen spricht Adam Smith auch davon, daß der voreingenommene Betrachter, der den selbstsüchtigen Impulsen das Wort redet, stets zur Hand sei, der unvoreingenommene dagegen oft genug weit entfernt.

Auch bei der Wahrnehmung fremden Unglücks zeigt sich, daß der unparteiische Zuschauer wegen der Schwierigkeit, über die eigenen Gefühle aus der eigenen Sicht zu urteilen, unentbehrlich ist: *Wir können unsere eigenen Gefühle und Motive nie prüfen, wir können uns über sie nie ein Urteil bilden, es sei denn, wir entfernten uns sozusagen aus unserer natürlichen Position und nähmen uns vor, sie in einem gewissen Abstand zu uns selbst anzuschauen. Dies ist uns jedoch auf keine andere Weise möglich als dadurch, daß wir sie mit den Augen anderer Personen anschauen oder so, wie andere Personen sie wahrscheinlich anschauen würden.* Um sein eigenes Verhalten beurteilen zu können, es zu billigen oder zu tadeln, muß sich die Person also jedes Mal in zwei Personen teilen, in das eigene Ich und ein fremdes, in zwei verschiedene Charaktere. Der einzelne sei zwar berufen, seine eigenen Gefühle zu beurteilen, allerdings nur in erster Instanz. In letzter Instanz urteile der unparteiische und gut unterrichtete Zuschauer, *der Mann in unserer Brust, der große Richter und Beurteiler unseres Verhaltens.* Der unbeteiligte Zuschauer, der zunächst als ein diskreter Begleiter des einzelnen auftrat und sogar von diesem abhängig und auf dessen guten Willen angewiesen zu sein schien, hat sich in einen souveränen Akteur verwandelt, der sich in der Menschenbrust an der Stelle niederläßt, wo traditionell das Gewissen zu Hause war. Adam

Smith spricht jetzt vom *Mann in der Brust*, der ähnlich eindringlich seine Stimme erhebt wie das Gewissen.

Der unbeteiligte Zuschauer zeigt die Sachlage nicht mehr nur an, sondern er zeigt deutliche Vorlieben und Abneigungen. Er richtet sogar eine förmliche Rechtsprechung ein, die sich auf den Wunsch der meisten Menschen gründet, Lob zu verdienen, und auf ihre Abneigung, getadelt zu werden. Irritieren könnten diesen Mann in der Brust allenfalls die Heftigkeit und das Lärmen der Menschen, er scheint sich manchmal darüber nur zu wundern, aber manchmal verwirrt ihn diese Aufgeregtheit. Auch hier sind es zwei Personen, die miteinander agieren, *der Mensch drinnen und der Mensch draußen*, wobei der innere Mensch eine ganz andere Statur hat als der äußere. Adam Smith nennt ihn deswegen *den großen Wächter* oder *den großen Einwohner der Brust, diesen inneren Richter, das natürliche Auge des Geistes*. Wie das Auge die scheinbare Größe der Gegenstände korrigiert, so berichtigt das *natürliche Auge des Geistes* die Verzerrungen durch Gefühle oder Interessen. In beiden Fällen wird diese Korrektur durch einen Standortwechsel möglich: *Der selbstsüchtigen und ursprünglichen Leidenschaft der menschlichen Natur scheinen Gewinn oder Verlust eines sehr kleinen eigenen Interesses viel bedeutender zu sein und wecken eine viel leidenschaftlichere Lust oder Unlust, eine viel brennendere Zuneigung oder Abneigung als das bedeutendste Interesse eines anderen, zu dem wir keine besondere Beziehung haben.* Es handelt sich um eine perspektivische Verzerrung durch die emotionale Besetzung der Objekte.

Vom Standort des einzelnen aus würde ein gerechter Ausgleich mit den Interessen anderer nie gefunden werden, und niemand könnte den einzelnen davon abhalten, etwas zu tun, was seine eigenen Interessen auf Kosten der Interessen anderer fördern würde. Ein Ausgleich dieser divergierenden Interessen ist nur möglich durch eine Veränderung des Standorts. Deswegen empfiehlt Adam Smith, die Interessen *weder von unserem eigenen Standort noch von einem anderen aus zu betrachten, sondern von dem Platz und mit den Augen einer dritten Person, die keine besondere Be-*

ziehung zu beiden hat und unparteiisch zwischen uns urteilt. Er hielt ein förmliches Schiedsverfahren mit einem unparteiischen Richter für nötig. Um sich auf ein solches Schiedsverfahren einzulassen, mußte man allerdings überzeugt sein, daß es tatsächlich eines Interessenausgleichs durch einen Dritten bedurfte. Man mußte sich vor allem darüber klar werden, wie gering in Wirklichkeit das Interesse des Menschen sogar an den wichtigsten Angelegenheiten seines Nächsten ist und wie wenig man von allem, was ihn betrifft, tatsächlich berührt wird. Dazu bedarf es eines gewissen Maßes an Nachdenken, ja sogar an Philosophie, da der Sinn für Billigkeit und Gerechtigkeit die natürliche Ungleichheit unserer Gefühle korrigieren muß. Wenn Adam Smith von der Ungleichheit der Gefühle sprach, meinte er das, was sonst mit dem Begriff des Naturzustands bezeichnet wurde, der also für ihn nicht in den Anfängen der Menschheitsgeschichte verortet war, sondern sich in jedem Menschen erneuerte. Jeder einzelne muß den Naturzustand noch einmal verlassen, um gegen die Ungleichheit der Gefühle die Zivilisation durchzusetzen. Bei der Erfüllung dieser Aufgabe ist der unbeteiligte Zuschauer der engagierte Vertreter der Gesellschaft und ihrer Gebräuche.

Der ständige Austausch mit dem unparteiischen Zuschauer führt schließlich zu dessen Vorherrschaft. Seine Ratschläge münden in eine einzige Lektion, die die Neigung des einzelnen Menschen, sich selbst zu überschätzen, korrigieren soll. In seinem zwanzig Jahre später erschienenen Buch «The Wealth of Nations» hat Adam Smith die unausrottbare Größenphantasie des Menschen an der Tatsache abgelesen, daß es Lotterien gibt, die nur möglich sind, weil die Menschen ihr Glück überschätzen. Diese Selbstüberschätzung des Menschen wird von dem *Mann in unserer Brust* korrigiert. Er entwirft ein anderes Bild des Menschen, er sieht sie, wie sie inmitten der Menge sind: *Wir sind nur einer unter vielen, in keiner Hinsicht besser als irgendein anderer.* Der unverdiente Vorzug, den die Menschen sich selbst geben, ruft den *inneren Menschen* auf den Plan, um zu beweisen, daß man nicht besser ist als die anderen und daß man Mißbilligung und Verachtung auf sich zieht, wenn man auf diesem Vorzug beharrt. In dieser demütigen Erkenntnis liegt die konkrete Bedeutung der Menschlichkeit: *Allein durch den Menschen in uns lernen wir die wirkliche Kleinheit von uns selbst und allem, was sich auf uns bezieht, kennen, und die natürlichen Verzerrungen durch die Eigenliebe können nur vom Auge des unparteiischen Zuschauers korrigiert werden.* Daß das Größen-Ich zurechtgestutzt wird, ist Voraussetzung dafür, jene Größe und jene Tugenden ans Tageslicht zu bringen, die nicht auf der Linie ausschließlicher Selbstbezogenheit liegen, ohne aber, wie Adam Smith betont, auf der Liebe zum Nächsten oder zur Menschheit als solcher zu beruhen: *Es ist nicht Liebe zu unseren Nächsten, auch nicht Liebe zur Menschheit, die uns bei vielen Gelegenheiten veranlaßt, jene göttlichen Tugenden auszuüben. Es ist eine stärkere Liebe, eine mächtigere Emotion, die sich bei diesen Gelegenheiten äußert, nämlich die Liebe zu dem, was ehrenvoll und vornehm ist, und zur Größe, Würde und Überlegenheit unseres eigenen Charakters.*

30

Mitgefühl mit Irren und Toten

Die «Theorie der moralischen Gefühle» beginnt mit einer optimistischen Feststellung: *Für wie selbstsüchtig man den Menschen auch halten mag, es gibt offenbar einige Prinzipien in seiner Natur, die ihn am Schicksal anderer Anteil nehmen lassen und ihm ihr Wohlergehen unentbehrlich machen, obwohl er daraus keinen Gewinn zieht außer dem Vergnügen, es anzuschauen.* Das Mitgefühl ist das erste Beispiel für eine solche selbstlose Empfindung: *der Affekt, den wir für das Unglück anderer empfinden, wenn wir es entweder sehen oder uns sehr lebhaft vorstellen.* Daß wir oft auf den Kummer anderer mit Kummer reagieren, sei, so Adam Smith, eine unbestreitbare

Tatsache, die keines Beweises bedürfe, und diese Reaktion beschränke sich keineswegs auf tugendhafte und feinfühlige Menschen, auch der größte Schurke sei nicht ganz frei davon.

Das Eigenartige dieser Gefühle soll nun aber sein, daß die Menschen gar keine unmittelbare Empfindung von dem haben, was andere fühlen, wenn sie leiden. Adam Smith wählt ein besonders krasses Beispiel, um dies zu verdeutlichen: *Obwohl unser Bruder gefoltert wird, werden unsere Sinne, solange es uns selbst wohl ergeht, uns niemals mitteilen, was er leidet.* Von dem, was andere Menschen fühlen, können wir uns ein Bild allenfalls machen, indem wir uns vorstellen, was wir selbst in der gleichen Lage fühlen würden. Was wir empfinden, wenn wir uns den Schmerz vorstellen, den wir in der Lage des anderen fühlen würden, entspricht dabei aber nicht dem, was wir empfinden würden, wenn wir diesen Schmerz wirklich hätten. Der vorgestellte Schmerz des anderen ist vom wirklichen genauso weit entfernt wie ein vorgestellter eigener Schmerz von einem wirklichen. Sich mit anderen identifizieren heißt also, den anderen mit sich zu identifizieren. Wir versetzen uns nicht eigentlich an seine Stelle, sondern umgekehrt ihn an unsere. Bei dem Versuch, die Distanz zum anderen zu verkleinern und eine Brücke zu seinem Schmerz zu schlagen, ist durch den Umweg über uns also nicht viel gewonnen. Diese Darstellung der Sachlage entspricht der alltäglichen Erfahrung: Wir empfinden beim Anblick fremden Leidens ein Art Schauder, der durch die Vorstellung hervorgerufen wird, daß ein ähnliches Leiden uns selbst treffen könnte. Deswegen sind es immer nur unsere eigenen Sinnesempfindungen, die wir bei Gelegenheit fremden Leidens reproduzieren: *Niemals konnten oder können die Sinne uns über unsere eigene Person hinaustragen, und nur durch die Einbildungskraft können wir uns eine Vorstellung von dem bilden, was die Empfindungen des anderen sein mögen.*

Beim Anblick fremden Leidens gelangt der Betrachter also nicht über die Grenzen seiner eigenen Person hinaus, obwohl er die Schmerzen des anderen zu spüren meint. Aber wäre denn eine echte Verschmelzung mit dem anderen überhaupt wünschenswert oder notwendig, um auf dessen Leiden in angemessener Weise zu reagieren? Für Adam Smith wurde die geforderte Identifikation durch den unmittelbaren Anblick des Leidenden adäquat geleistet, ohne daß es dabei zu irgendeiner Art von Verschmelzung mit ihm kommen mußte. Der unmittelbare Anblick des Leidens schafft einen privilegierten Zugang zum Leiden und setzt all jene Reaktionen frei, die als Zeichen der Identifikation mit dem Leidenden verstanden werden. Würde der Anblick nicht diese privilegierte Rolle spielen, könnten auch Nachrichten von einem Unglück in weiter Ferne dieselben Reaktionen auslösen, was ihnen allenfalls für wenige Augenblicke gelingt. Tatsächlich wird das Gefühl der Sympathie durch indirekte Mitteilungen über Leiden anderer ungleich weniger stark, vor allem aber nicht dauerhaft erregt. Wenn aber das bloße Bewußtsein der Tatsache, daß ein anderer leidet, mit dem Anblick des Leidenden verknüpft ist, genügt dies nach Auffassung von Adam Smith, um all die Gefühle hervorzurufen, die wir anderen zu schulden glauben. Ob es sich um fernes oder nahes Unglück handelt, in beiden Fällen handelt es sich nicht darum, Schmerzen anderer wirklich nachzuempfinden. Die beiden Fälle unterscheiden sich allein dadurch voneinander, daß der Anblick des Leidens die zusätzliche Wirkung hat, das allgemeine Leidensbewußtsein zu intensivieren und das Gefühl zu erzeugen, daß dieses Leiden aufhören solle.

Um zu verdeutlichen, wie Leiden und Mitleiden sich zueinander verhalten, erzählt Adam Smith von einem Irren. Obwohl dieser seinen Zustand nicht als ein Leiden oder auch nur als verkehrt empfinde, werde jeder, der auch nur den mindesten Funken Menschlichkeit habe, sein Schicksal für das schrecklichste halten. Denn wer den Gebrauch seines Verstandes verloren habe, erleide von allen Unglücksfällen bei weitem das Schrecklichste. Was bedeutet es jedoch, daß der so sehr Bemitleidete die Schrecklichkeit seiner Lage selbst gar nicht wahrnimmt? Sein Schicksal scheint gerade das Gegenteil dessen zu sein, was wir empfinden: *Das arme Wrack lacht und singt vielleicht sogar und ist ganz und gar fühllos für sein eigenes Elend. Die Beängstigung, die deshalb die Menschheit beim Anblick eines solchen Gegenstandes fühlt, kann nicht die Widerspiegelung irgendeiner Empfindung des Leidenden sein.* Die Empfindungen des Betrachters haben also keine Entsprechung in den Empfindungen des Betrachteten: *Das Mitleiden des Zuschauers muß ganz und gar aus der Erwägung entstehen, was er selbst empfinden würde, wenn er selber in eben diese unglückliche Lage gebracht würde, und zugleich, was vielleicht unmöglich ist, imstande wäre, sie mit seinem gegenwärtigen Verstand und Urteilsvermögen anzuschauen.* Die Wahrnehmung des Zustands eines Irren gibt also den Anlaß zu einer Empfindung, die unwirklich genannt werden muß und die wir nur dann haben würden, wenn wir in seiner Lage wären, ohne unseren Verstand verloren zu haben. Nicht anders ist es, wann immer man sich in ein Erleben versetzen will, das durch extreme Arten von Unglück, durch äußerste Armut oder größte Schmerzen hervorgerufen wird. Was in all diesen Fällen vorliegt, ist nach Ansicht von Adam Smith nur eine besonders deutliche Darstellung der auch sonst anzutreffenden Sachlage. Wir können uns buchstäblich nie in Unglück und Schmerz anderer versetzen, so daß es unrealistisch wäre, eine adäquate Wahrnehmung zu fordern, um adäquat auf das Leiden reagieren zu können. Am ehesten kann dieser Mangel durch den direkten Anblick fremden Leids behoben werden. Der Anblick und das Gefühl des Mitleids fügen zusammen, was eigentlich nicht zusammengehört.

Es sind also nach der Theorie von Adam Smith fiktive Gefühle, mit denen wir auf Gefühle anderer, die wir nicht direkt empfinden können, reagieren. Die Schwierigkeiten, die sich daraus für ein angemessenes Verhalten ergeben, werden dadurch behoben, daß wir in der Regel nicht allein auf den Anblick angewiesen sind, um unsere Reaktion zu justieren, sondern auch auf die Wahrnehmung der Situation zurückgreifen können. Auf diese Weise können wir unsere erste, spontane Reaktion gegebenenfalls durch später gewonnene, zusätzliche Kenntnisse korrigieren, die wir der Situation und den näheren Umständen entnehmen. So mag der Anblick eines vor Wut Rasenden auf den Betrachter zunächst abstoßend wirken, so daß er dessen Verhalten mißbilligt. Nachdem der Betrachter aber mehr über den Grund der Erregung erfahren hat, kann es sein, daß er den Zorn des Mannes mit mehr Sympathie betrachtet und, im Unterschied zu seinem ersten Eindruck, vielleicht sogar billigt. Aus Beispielen wie diesem zog Adam Smith die Schlußfolgerung, daß die Sympathie in den meisten Fällen nicht so sehr auf den Anblick des Leidens antworte als vielmehr auf die Situation. Damit vermochte er auch zu erklären, warum wir manchmal für einen anderen empfinden mit einer Leidenschaft, zu der er selbst ganz und gar unfähig zu sein scheint. Wir fühlen nicht mit anderen, sondern für andere.

Diese Eigenart der Sympathiegefühle erlaubt es auch, die Todesfurcht als *einen der wichtigsten Grundsätze in der menschlichen Natur* herzuleiten, obwohl es keine direkte Wahrnehmung der Befindlichkeit Toter geben kann. Die Todesfurcht war für Adam Smith einer der stärksten, wenn nicht der stärkste und wichtigste Affekt überhaupt, und diese außerordentliche Intensität konnte sie nur erreichen, indem die Emotion mit raffinierten Verstärkungen arbeitete, die sie nur aus sich selbst und nicht etwa durch Identifikation mit dem Toten gewinnen konnte. Daß es auf dem Wege der Identifikation mit dem anderen keinen Gefühlszugang zum Toten gab, führte paradoxerweise dazu, daß das Mitgefühl mit den Toten noch zunahm: *Daß unsere Sympathie den Toten keinen Trost gewähren kann, scheint uns ihr Elend noch zu vergrößern.* Das Grauen vor dem Tod war also ein Beispiel dafür, wie ein vorgestellter Schmerz, dem auf unserer Seite kein wirklicher Schmerz entsprechen kann, die Bedeutung eines wirklichen Schmerzes annehmen kann. Adam Smith rekonstruierte diesen Vorgang so: Wir versetzen uns mit unserem lebendigen Bewußtsein in einen Leichnam, der keinerlei Gefühle mehr hat, und versuchen, uns die Gefühle vorzustellen, die wir an seiner Stelle haben würden – als ob es überhaupt möglich wäre, diesen Zustand zu empfinden. Dieses Als ob ist für Adam Smith unentbehrlich, weil die Todesfurcht *eines der wichtigsten Prinzipien der menschlichen Natur* ist, *das stärkste Hindernis für jedes Glück, aber auch die gewaltigste Schranke für die Ungerechtigkeit der Menschen, die, während sie den einzelnen bedrückt und quält, die Gesellschaft hütet und beschützt.* All dies soll durch die so merkwürdige und letztlich unmögliche Einfühlung von Lebenden in Tote geleistet werden, indem sie sich in etwas einfühlen, was menschlichem Fühlen gar nicht zugänglich ist und nie sein wird. Die Theorie von Adam Smith über das Mitleid und verwandte Gefühle ist ein Vorgriff auf seine berühmte Lehre von der unsichtbaren Hand, die helfend nicht nur in die Wirtschaft, sondern auch in die Ökonomie der menschlichen Gefühle eingreift.

31

Firlefanz und Tand

Die Tatsache, daß die Menschen dazu neigen, bestimmten Fehleinschätzungen zu unterliegen, hat Adam Smith immer wieder beschäftigt. Diesen Fehlurteilen und der Neigung der Menschen, ihre eigenen Fähigkeiten zu überschätzen, stellte Adam Smith in «The Wealth of Nations» noch eine andere Irrtumsneigung des Menschen an die Seite, ihr blindes Vertrauen in ihr eigenes Glück: *Keiner, der sich nur halbwegs körperlich und geistig gesund fühlt, ist völlig frei davon.* Jeder überschätze mehr oder weniger seine Erfolgschancen, während die meisten das Risiko des Verlustes unterschätzten. Das Eigenartige an diesen Fehleinschätzungen ist, daß sie nicht etwa auf einem menschlichen Defekt, sondern geradezu auf seiner geistigen und körperlichen Vitalität beruhen, so daß gerade diejenigen, die sich in deren vollem Besitz fühlen, solchen Fehleinschätzungen unterliegen. Sie sind sogar konstitutiv für bestimmte Erscheinungen des Wirtschaftslebens, eine mitentscheidende Bedingung für dessen Prosperieren. Ohne die Überschätzung des eigenen Glücks gäbe es keine Lotterie und ohne die Unterschätzung des Verlustrisikos keine Versicherung und ähnliche Einrichtungen. Während die Selbstüberschätzung des Menschen, die Philosophen und Ethiker immer wieder beschäftigt hat, ethischen Regulierungen zugänglich zu sein scheint, gilt dies offenbar nicht für die von Adam Smith beobachtete notorische Überschätzung des Glücks und die Unterschätzung des Risikos.

Mit diesen Fehleinschätzungen scheinen auch einige Phänomene zusammenzuhängen, die Adam Smith (zusammen mit Hume, auf den er sich in diesem Zusammenhang beruft) als erster theoretisch zu durchdringen suchte. Sowohl in der «Theory of Moral Sentiments» wie in «The Wealth of Nations» ging Adam Smith auch der Frage nach, warum die Menschen überflüssigen Dingen immer wieder den Vorzug geben vor dem, was zur Verbesserung ihrer Lebenslage tatsächlich beiträgt. Sie stecken einen großen Teil ihres Vermögens in Dinge, deren Nutzen nicht zu erkennen ist, die ihnen aber wertvoller scheinen als alle nützlichen Dinge. So kam es den Sammlern von kunstvollen Uhren, die Adam Smith als Beispiel heranzog, nicht so sehr darauf an, daß diese die Zeit richtig anzeigten, vielmehr weckten die Perfektion der Ausführung und die Kompliziertheit der Mechanik ihre ganze Leidenschaft. Und so bei vielen anderen Dingen, die Adam Smith amüsiert und abschätzig als Firlefanz und Tand bezeichnete und denen er doch eine besondere theoretische Aufmerksamkeit zukommen ließ. Dieses Interesse des Klassikers der Nationalökonomie hat Albert Hirschman wiederentdeckt und ins richtige Licht gesetzt.

Im berühmten Kapitel über die Gründe des Niedergangs des Feudalismus – «Wie der städtische Handel zur Verbesserung des Landes beiträgt» – schildert Adam Smith, wie die großen Grundherren durch den Einfluß des aufkommenden Außenhandels und der Gewerbe dazu verleitet wurden, den gesamten Überschuß an landwirtschaftlichen Erträgen für die neuartigen Waren auszugeben, die ihnen jetzt angeboten wurden. Kaum sahen sie die Möglichkeit, die von ihnen erwirtschafteten Überschüsse dafür auszugeben, hörten sie auf, ihre Gewinne mit ihren Pächtern und einer Vielzahl von Gefolgsleuten zu teilen. Durch das neue Warenangebot des städtischen Gewerbes verführt, vernachlässigten und untergruben sie die Grundlagen ihrer bisherigen Macht und ihres Einflusses, die auf der Anzahl der Menschen beruhten, die von ihnen abhängig waren. Statt dessen gaben sie ihre ganzen Überschüsse für Nichtigkeiten aus, die ihnen von den städtischen Händlern angeboten wurden: *Für ein paar Diamantschnallen zum Beispiel, aber auch für jeden anderen Tand tauschten sie einen Wert, der dem Unterhalt oder, was das gleiche ist, dem Preis des Unterhalts von tausend Menschen im Jahr entsprach. Alle auf solchem Unterhalt beruhende Macht gaben sie damit aus der Hand.*

Verleitet wurden sie dazu nicht durch ein ökonomisches Motiv, sondern, wie Adam Smith erklärt, *durch die elende Devise der Herrschenden,* alles für sich selbst und nichts für andere zu wollen. Denn die diamantbesetzten Schnallen gehörten ihnen ganz allein, sie brauchten sie mit niemandem zu teilen, wie sie früher mit ihren Gefolgsleuten und Pächtern geteilt hatten. Vielmehr hielten sie es jetzt für einen großen Vorzug, ihre Einkünfte nicht mehr teilen und nichts mehr an andere abgeben zu müssen, und aus diesem Egoismus der Mächtigen heraus *verschacherten sie zusehends ihre ganze Macht und Autorität gegen die kindischsten, minderwertigsten und elendesten Nichtigkeiten*. Diese Bevorzugung von Genußgütern vor Lebensbedarfsgütern wurde als ein Zuwachs an Unabhängigkeit erfahren, während es in Wirklichkeit eine höchst folgenreiche Verkennung des Interesses der Feudalherren war. Denn leichtfertig untergruben sie dadurch ihre Existenzgrundlage. Auch wenn jetzt im städtischen Gewerbe und im Handel mindestens ebenso viele Menschen von ihnen lebten wie früher, als sie diejenigen, die ihnen direkt untergeben waren, finanzierten, schuf dieser neue wirtschaftliche Zusammenhang keine Abhängigkeit von der Art jener früheren, durch die die

Feudalherren wiederum Einfluß gewinnen konnten. Vielmehr zeigte sich der *stille und unmerkliche Einfluß* des Handels und Gewerbes, indem die Marktwirtschaft der Städte fast unbemerkt über die Feudalwirtschaft der Großgrundbesitzer siegte. Sie hatten, ohne nachzudenken und zu zögern, für die Spielereien, die der städtische Handel ihnen anbot, ihre feudalen Rechte aufs Spiel gesetzt. Diese Kurzsichtigkeit, die sich in der allzumenschlichen Vorliebe für Genußgüter ausdrückt, gab nach Ansicht von Adam Smith den Anstoß zum Untergang des Feudalsystems und zum Aufstieg der städtischen Wirtschaft.

Dieser spektakuläre Erfolg der von Adam Smith empfohlenen Wirtschaftsweise, der Marktwirtschaft, beruhte nicht nur auf nützlichen Dingen, die sie anbieten konnte, sondern auch auf jener rätselhaften und unsinnigen Vorliebe der Menschen für nutzlose Dinge. Wenn die Großgrundbesitzer Spielereien den Vorzug vor nützlichen Dingen gaben, war offenbar der unbeteiligte Zuschauer, der zur Korrektur von Selbsttäuschungen auffordern und auf den fragwürdigen Nutzen dieser neuen Vorlieben aufmerksam machen sollte, nicht zur Hand. Oder war er selbst überfordert? Die Bereitschaft, für neue Genüsse, die der Handel zugänglich machte, ererbte Rechte und Reichtümer hinzugeben, ohne an das damit verbundene Risiko zu denken, hatte vielleicht etwas mit jener schwer zu beeinflussenden Neigung des Menschen zu tun, sein Glück zu überschätzen und das Verlustrisiko zu unterschätzen. Tatsächlich hat das Verhalten gegenüber neuen Genußgütern eine gewisse Ähnlichkeit mit dem Glücksspiel oder der Lotterie: Statt in nützliche Dinge zu investieren und dadurch einen bescheidenen, aber ungefährdeten Gewinn zu erzielen, investiert man gleichsam in das Zutrauen zum eigenen Glück.

Der unbeteiligte Zuschauer meldet sich in solchen Fällen wohl deswegen nicht, weil er gegen diese konzentrierte Selbstüberschätzung nichts ausrichten kann. Wahrscheinlich sieht er auch, wie sehr dieses risikoreiche Verhalten zum allgemeinen Wohl beiträgt. Diese Betrachtungsweise hat Adam Smith nicht erst in

«The Wealth of Nations» angenommen, sondern schon in «The Theory of moral sentiments» hatte er sich entgeistert gezeigt über das Ausmaß, in dem die Menschen sich über ihre tatsächlichen Interessen täuschten, indem sie nach *trinkets of frivolous utility* strebten, nach *lächerlichen Dingen, Firlefanz, Tand*, und sich in ihrem Arbeitseifer davon antreiben ließen – *wie viele Menschen ruinieren sich selbst, indem sie ihr Geld in Firlefanz von lächerlichem Nutzen anlegen*. Als Beispiel für Dinge, für deren Erwerb die Menschen die Früchte ihrer Arbeit hinzugeben bereit waren, nannte er Uhren und Zahnstocher, ein Gerät zur Reinigung der Ohren oder Vorrichtungen zum Nägelschneiden. Durch den Besitz solcher nutzloser Gegenstände glaubten die Menschen offenbar, dem Ziel aller ihrer Anstrengungen wenigstens in den Augen ihrer Mitmenschen näher zu kommen, als wenn sie nur ihre vitalen Bedürfnisse befriedigten.

Um dieses merkwürdige Phänomen zu erklären, entwickelte Adam Smith eine Theorie der Funktionsschönheit, zu der ihn David Humes Bemerkungen über die Gründe der Schönheit nützlicher Gegenstände angeregt hatten. Adam Smith war der Ansicht, daß nützliche Dinge, die ihre Aufgabe auf eine für den Betrachter sinnfällige Weise erfüllen, zu Recht als schön empfunden werden: *Daß die Eignung jedes Gebäudes oder Gerätes, den Zweck hervorzubringen, für den es geschaffen ist, dem Ganzen in unseren Augen eine gewisse Angemessenheit und Schönheit verleiht und die bloße Vorstellung und Betrachtung dieses Gegenstandes angenehm erscheinen läßt, ist so offensichtlich, daß niemand es übersehen hat.* Er glaubte nun, daß Hume den Grund dafür herausgefunden hatte. Ihm zufolge fand der Besitzer an der Nützlichkeit eines Gegenstandes Gefallen, weil diese Anschauung ihn ständig an das Vergnügen oder die Bequemlichkeit erinnerte, die der Gegenstand zu bewirken in der Lage war: *Jedes Mal, wenn er ihn anschaut, kommt ihm dieses Vergnügen in den Sinn, und der Gegenstand wird so zu einer Quelle anhaltender Befriedigung und Freude*. Hinzu kam, daß jeder Zuschauer ihn in diesem Gefühl der Befriedigung bestätigte, indem er das Urteil des Besitzers über das Passende des Gegenstandes oder über seine Bequemlichkeit teilte und ihn deswegen ebenfalls als ein Beispiel für die Schönheit des Nützlichen wahrnahm.

So unstrittig der Sinn für Funktionsschönheit war, führte er doch zu erheblichen Verwirrungen und Komplikationen. Denn die Schätzung dessen, was Adam Smith die Eignung nennt, kann sich von dem eigentlichen Zweck des Gegenstandes unabhängig machen, wenn die Anordnung der Mittel zur Erreichung dieses Zwecks größere Aufmerksamkeit auf sich zieht als der Zweck selbst. So schien es Adam Smith beispielsweise bei Uhren der Fall zu sein, wenn deren kunstvoller Mechanismus weit mehr bewundert wird als ihre Funktion. Ein Besitzer vieler Uhren werde, wie Adam Smith meinte, eine Uhr, die nur eine einzige Minute nachgeht, lieber verkaufen und durch eine andere ersetzen, auch wenn er gar kein besonders pünktlicher Mensch ist oder wenn er auf die Genauigkeit der Zeitangabe dieser einen Uhr gar nicht angewiesen wäre, weil er viele besitzt. Ihm liege nämlich gar nicht in erster Linie daran, zu wissen, wie viel Uhr es ist, sondern an der Vollkommenheit des Instruments. Die Funktionsschönheit setzt eine vollkommene Zweckmäßigkeit auch dann voraus, wenn dieser Zweck gar nicht gewollt wird. In dieser Verlagerung des Interesses vom Zweck auf die Zweckmäßigkeit sah Adam Smith die Ursache für jene verhängnisvolle Vorliebe für Firlefanz und Tand, die, wie er später in «The Wealth of Nations» beklagte, eine ganze Ökonomie zugrunde zu richten vermochte.

Es handelte sich bei dieser Vorliebe für Nichtigkeiten also keineswegs nur um Marotten verwöhnter Menschen, die nach neuen Befriedigungen suchten und es sich leisten konnten, nutzlosen Spielereien den Vorzug vor ernster Beschäftigung zu geben. Die Verkehrung der Rangordnung zwischen Zweck und funktionalem Erscheinungsbild wies auf ein gravierendes Problem hin, auf die Bereitschaft der Menschen, sich wie jene verrückten Liebhaber von Spielereien zu verhalten, *die ihre Taschen mit kleinen Gegenständen vollstopfen, die der Bequemlichkeit dienen sollen, und die immer neue Taschen erfinden, die in den Kleidern anderer Leute nicht zu finden sind, um noch mehr solcher Dinge unterbringen zu können.* Sie beluden sich mit allerlei Kram, der zu irgendetwas gut sein mochte, aber doch immer entbehrlich war. Und sie taten dabei etwas, was nicht von dem normalen Verhalten der Menschen abwich, denn sie wurden von denen, die sich solche Spielereien nicht leisten konnten, nicht verachtet, sondern offen oder insgeheim bewundert.

32

Eine gigantische Zweckentfremdung

Genauso wie bei diesen kuriosen Liebhabern von Spielereien und Nichtigkeiten verhielt es sich nun nach Ansicht von Adam Smith auch mit den Antrieben des Arbeitseifers der einfachen Leute, die nüchtern ihrer Arbeit nachzugehen glaubten, in Wirklichkeit aber einer ähnlichen Täuschung erlagen wie die Reichen in ihrer Vorliebe für unnütze Spielereien. Adam Smith schildert einen Mann aus ärmlichen Verhältnissen, der sich ausmalt, wieviel bequemer es wäre, in einer Kutsche zu fahren, statt zu Fuß zu gehen oder wieviel angenehmer es wäre, eine zahlreiche Dienerschaft zu haben. Vielleicht träumt er sogar von einem Palast, in dem ihm alle Wünsche erfüllt werden. Durch solche Phantasien und das Bild einer in weiter Ferne liegenden künftigen Glückseligkeit läßt sich der arme Mann in seinem Arbeitseifer anstacheln und stellt sich vor, wie er sich, nachdem er all dies erreicht hätte, zufrieden zur Ruhe setzen und sich seines Glücks erfreuen würde. Weil dieses Ziel so weit entfernt ist, läßt sich nur schwer beurteilen, ob die Mittel, die eingesetzt werden, um es zu erreichen, tatsächlich dazu taugen, das Erträumte auch herbeizuführen. Würde sich der arme Mann die erstrebte Glückseligkeit in einer geringeren Entfernung vorstellen, als etwas, was er vielleicht in ein paar Monaten erreichen muß, dann würde er sofort erkennen, daß seine Bemühungen, an dieses Ziel zu gelangen, nicht ausreichen. Da aber das Ziel in weiter Ferne liegt, glaubt er, seine Phantasie doch eines Tages verwirklichen zu können, und strebt deshalb mit den Mitteln danach, die ihm zur Verfügung stehen. Er unternimmt alles in seiner Macht Stehende, um dieses Ziel zu erreichen, er arbeitet mit unnachgiebigem Fleiß Tag und Nacht, um alle seine Konkurrenten zu übertreffen. Er bemüht sich, seine Fähigkeiten öffentlich bekannt zu machen und ergreift jede sich bietende Gelegenheit, sie unter Beweis zu stellen. So macht er aller Welt den Hof, erweist denen, die er haßt, jeden erdenklichen Dienst und ist unterwürfig gegenüber allen, die er verachtet.

Am Ende seines Lebens kommt es zu einer unerwarteten Bilanz, die nicht nur mit den Motiven, die ihn antrieben, nicht übereinstimmt, sondern ein ganz neues Licht auf seine Bemühungen wirft: *Sein ganzes Leben lang jagt er dem Bild einer gewissen künstlichen und vornehmen Ruhe nach, die er vielleicht niemals erreichen wird. Er opfert ihr die wirkliche Seelenruhe, die zu erlangen jederzeit in seiner Macht stünde. Und sollte er in hohem Alter jene Ruhe endlich erlangen, wird er finden, daß sie in keiner Hinsicht der Sorglosigkeit und Zufriedenheit in jener bescheidenen Lebenslage vorzuziehen war, die er um ihretwillen aufgegeben hatte. Erst dann, wenn er am Bodensatz des Lebens angelangt ist, wenn sein Körper von den Mühen der Arbeit und von Krankheiten zerstört, sein Gemüt durch die Erinnerung an zahllose Beleidigungen und Enttäuschungen zermürbt und erbittert ist, erst dann beginnt er zu bemerken, daß Reichtum und Größe bloßer Tand sind, von lächerlichem Nutzen und nicht im geringsten besser geeignet, ihm körperliche Gesundheit und Seelenruhe zu verschaffen, als jene Futterale für alle möglichen Dinge, die ein Liebhaber solcher Spielereien sammelt, und daß sie wie diese dem, der sie mit sich herumschleppt, mehr Beschwerlichkeiten bereiten, als sie ihm Vorteile und Bequemlichkeiten bieten können.* Ohne daß er es voraussehen konnte, decken sich seine lebenslangen, am Ende vergeblichen Bemühungen ganz mit dem Verhalten der kuriosen Sammler von Nichtigkeiten, die sich ebenso wie er durch den Anblick der Funktionsschönheit gewisser Gegenstände verführen ließen. Was ein technisch perfektes Uhrwerk für den Sammler von Spielereien, ist für den armen Mann der Anblick des perfekt eingerichteten Mechanismus der Gesellschaft, von dem er selbst ein funktionstüchtiges Teil sein will.

Den Zweck des eigenen Tuns, das Ziel seiner Bemühungen aus den Augen zu verlieren und statt dessen etwas anderes zu befördern als das Beabsichtigte, war nicht nur eine Gefahr, die auf allen Ebenen der Gesellschaft drohte, sondern es war zugleich die Bedingung für das Funktionieren der Gesellschaft. Es war ohne Zweifel eine nützliche Täuschung, deren Nutzen freilich dem, der ihr erlegen war, allenfalls indirekt zugute kam. Ein großer Teil der Anstrengung der Menschen, Glück und Wohlbefinden zu erlangen, wurde offenbar von ihrer Unfähigkeit zunichte gemacht, die Mittel, die sie für dieses Ziel einsetzten, richtig zu beurteilen und das Verhältnis von Aufwand und Ertrag richtig einzuschätzen. Dies war besonders schwierig, weil dabei Mögliches mit Wirklichem verglichen werden mußte und das Mögliche oft genug höher taxiert wird als das Wirkliche, ein Irrtum, der erst spät, meist erst am Ende des Lebens durchschaut wird. Erst im Alter gelingt es den meisten Menschen, die eigene Lage ohne Illusionen zu beurteilen, und entsprechend düster stellt sich die Bilanz dann dar. Am Ende zeigt sich, daß die Antriebe und Zwecke der Menschen den Interessen des Ganzen mehr zugute gekommen sind als denen der Individuen.

Das individuelle Glück ist der mächtigste Antrieb für das Handeln der einzelnen, doch die Mittel, die sie wählen, um es zu erlangen, beruhen auf Täuschungen, die von den Menschen erst in dem Augenblick durchschaut werden, wenn ihre Reserven auf ein Minimum geschrumpft sind. Das Leben dessen, der sich vom Bild einer gemächlichen Ruhe leiten läßt und seine ganze Anstrengung auf dieses ferne Ziel richtet, unterscheidet sich, wie

Adam Smith nicht müde wird zu betonen, nicht wesentlich von jenen kuriosen Liebhabern von technischen Spielereien, die ihnen eher ein eingebildetes als wirkliches Wohlbefinden verschaffen. Nicht vom Luxus der Reichen ging eine Gefahr für die Harmonie der Gesellschaft aus, sondern die eigentliche Gefahr bestand in dem ungeheuren Aufwand für Ziele, die am Ende nicht hielten, was man sich von ihnen versprochen hatte. Alles in allem hätte man also das erträumte Ziel mit weit geringerem Aufwand erreichen können, vor allem ohne den komplizierten Mechanismus der Ökonomie in Gang zu setzen. Adam Smith zeichnete in seiner «Theory of moral sentiments» das Bild einer fundamentalen Vergeblichkeit, das er auch zwanzig Jahre später in «The Wealth of Nations» nicht korrigierte.

Die Zweckwidrigkeit des menschlichen Verhaltens erwies sich als das mächtigste Hindernis des Glücks. Und doch waren jene Spielereien, an denen, gegen allen greifbaren Nutzen, das Herz einiger Menschen hing, ein wichtiger Schlüssel zum Verständnis der Ökonomie. Denn letztlich war es der Hang, von anderen anerkannt zu werden und sich vor anderen auszuzeichnen, der den Besitz dieser kuriosen Gerätschaften so anziehend machte. Und in dieser Erwartung unterlagen die Liebhaber von Firlefanz und Tand keiner Täuschung: *Wenn wir näher untersuchen, warum der Zuschauer die Verhältnisse der Reichen und Großen mit so viel Bewunderung auszeichnet, dann werden wir finden, daß dies nicht wegen der größeren Behaglichkeit oder des größeren Vergnügens geschieht, deren sie sich, wie man annimmt, erfreuen, als vielmehr wegen der zahllosen kunstvollen und eleganten Vorrichtungen, die dazu dienen, diese Behaglichkeit und dieses Vergnügen zu fördern.* Es waren also gar nicht die Bequemlichkeit und die Behaglichkeit, die das Leben der Reichen auch für die einfachen Menschen so anziehend erscheinen ließen, sondern vielmehr die Tatsache, daß sie über so aufwendige Mittel zu ihrem Wohlbefinden verfügten.

Macht, Reichtum und der ungeheure Mechanismus wirtschaftlicher Betätigung, der für die Herstellung der Mittel für das

Wohlbefinden und die Bequemlichkeit in Gang gesetzt werden mußte, erschienen bei distanzierter Betrachtung als ein Mechanismus, dessen Leistung sich nicht im Glück und Wohlbefinden der einzelnen erschöpfte. Von den einzelnen her gesehen, konnte der Aufwand, der für ihr Wohlergehen betrieben wurde, als eine ungeheure Zweckwidrigkeit erscheinen, nicht anders als bei den raffinierten Spielereien, mit denen sich einige zu unterhalten pflegten. In «The Wealth of Nations» entwarf Adam Smith ganz im Einklang mit seiner Theorie der Funktionsschönheit das Bild einer erschreckenden Diskrepanz von Aufwand und Ertrag: *Macht und Reichtum erweisen sich also als riesige und schwerfällige Maschinen, die lediglich dazu dienen, ein paar läppische Annehmlichkeiten für den Körper hervorzubringen ... Zwar mögen sie dem, der sie besitzt, einige kleinere Unannehmlichkeiten ersparen, doch vor größeren Unbilden der Zeit schützen sie ihn nicht. Dem Sommerregen halten sie stand, nicht aber dem Wintersturm, und ebenso schutzlos wie zuvor, manchmal sogar ungeschützter, überlassen sie den Menschen der Heimsuchung durch Sorge, Furcht und Trauer, durch Krankheit, Gefahr und Tod.*

Das egoistische Interesse stand also letztlich in einem grotesken Mißverhältnis zu den Mitteln, deren es sich bedienen mußte, um zu Macht und Reichtum zu gelangen. Das, was die Menschen sich von dem wirtschaftlichen System erhofften, deckte sich nicht mit dem, was es tatsächlich leistete. Wenn die Menschen ihre Arbeitskraft und Energie in diesen Mechanismus investierten, machten sie sich notwendig falsche Vorstellungen von dem, was sie erreichen konnten. Anstatt diese Dinge mit philosophischem Abstand zu betrachten, verwechselten sie ihre Vorstellungen und Gedanken *ganz unwillkürlich mit der Ordnung, der regelmäßigen und harmonischen Bewegung des Gebäudes, der Maschine oder der wirtschaftlichen Einrichtung, durch die sie hervorgebracht werden.* Und doch hielt es Adam Smith für gut, wenn die Menschen in dieser Weise betrogen werden. Es handelte sich um eine gigantische Zweckentfremdung, an der die Menschen mitwirkten, und deswegen erscheint wohl nicht zufällig dort, wo in der

«Theory of moral sentiments» von Selbsttäuschung und Verkennung des Eigeninteresses der Menschen die Rede ist, das Bild der unsichtbaren Hand zum ersten Mal – als List des Ganzen gegenüber denen, die es betreiben.

IV

DER PHILOSOPH, DER SICH DIE OHREN VERSTOPFT

33

Unzeitgemäße Betrachtungen

Mit Beginn des Achten Buchs von Rousseaus «Confessions» tritt in der Erzählung seiner Lebensgeschichte ein Bruch ein, als er die Geschichte seiner Autorschaft zu erzählen beginnt. Er ist im Jahr 1749 angelangt und schildert, wie er an einem heißen Spätsommertag auf dem Weg zu seinem Freund Diderot, der wegen seines «Briefes über die Blinden» im Turm von Vincennes gefangen saß, in einer Zeitschrift blätterte und auf die darin abgedruckte Preisfrage stieß: *Ob die Fortschritte der Künste und Wissenschaften dazu beigetragen haben, die Sitten zu verderben oder zu reinigen?* Die Frage trifft ihn wie ein Blitz und löst eine Flut von Bildern und Gedanken aus: *In dem Augenblick, in dem ich dies las, sah ich eine andere Welt und wurde ein anderer Mensch.* In die Darstellung dieses Augenblicks mischen sich im Fortgang der Erzählung Vorbehalte gegen seine Existenz als Autor, die sich zu Angst und Schuldgefühlen steigern.

Dem Achten Buch ist eine Mitteilung an den Leser vorangestellt, in der der Verfasser erklärt, er habe nach Abschluß des vorhergehenden Buches eine Unterbrechung eintreten lassen müssen, und mit dem vorliegenden Buch beginne die lange Kette seines Unglücks. Der glückliche Augenblick seiner Erleuchtung auf dem Weg nach Vincennes erscheint so als der Anfang allen Übels. Rousseau erzählt von dem Wirbel, den sein Angriff auf die Künste und Wissenschaften auslöste, als er ihnen in seinem preisgekrönten Ersten Discours die Schuld am moralischen Niedergang der zivilisierten Gesellschaft gab. Er erzählt von den Streitschriften, in denen er sich mit seinen Kritikern auseinandersetzte, vom spektakulären Erfolg seiner Oper «Le Devin de village» am französischen Hof, von der Aufführung seines Schauspiels «Narcisse» an der Comédie française, aber auch von der Unzufriedenheit und Unruhe, die sein Aufstieg vom unbekannten Musiker zum berühmten Schriftsteller ihm bereiteten. Sein abenteuerliches Leben als Vagabund und als Lakai, als Sekretär und Literat, das er in den ersten Büchern der «Confessions» schilderte, nahm eine ebenso unvorgesehene wie beunruhigende Wendung.

Der Außenseiter war plötzlich in den Mittelpunkt der Gesellschaft gerückt durch eine Abhandlung, die der Gesellschaft, den Wissenschaften und Künsten der Zeit nicht schmeichelte, sondern ihnen ein schlimmes Versagen vorwarf. In dem für den Druck nachträglich geschriebenen Vorwort erklärte Rousseau, daß die von der Akademie gestellte Frage eine der wichtigsten sei, die man je gestellt hatte, und deshalb sei von dem, der sie beantworten wollte, Größe gefordert – sich der eigenen Zeit zu entziehen, sich über sie zu erheben oder sich von ihr unabhängig zu machen. Die richtige Antwort auf die Frage, ob die Wissenschaften und Künste zur Verbesserung der Sitten beitrugen, konnte also nur gefunden werden, wenn man von vornherein allem entgegentrat, was von den Zeitgenossen bewundert wurde. Damit war die Aufgabe schon gelöst. Die Antwort mußte jedenfalls unzeitgemäß sein, sie durfte die Vorlieben der Zeit und ihre

Bewunderung für die Fortschritte der Wissenschaften und Künste nicht teilen.

Rousseaus Erster Discours war die erste unzeitgemäße Betrachtung. Dem Verfasser war klar, daß er, wenn er allem entgegentrat, was die Menschen seiner Zeit bewunderten, nur Kritik von allen Seiten erwarten konnte. Aber dies erschien ihm als der beste Beweis der Richtigkeit seiner Kritik, und deswegen konnte nur die verneinende Antwort auf die Preisfrage richtig sein, der die Zeitgenossen nicht zustimmten konnten: *Ich habe meine Entscheidung schon getroffen, mir ist weder daran gelegen, den Schöngeistern noch den Leuten nach der Mode zu gefallen.* Schon in seiner ersten philosophischen Veröffentlichung kritisierte Rousseau die Philosophen seiner Zeit, die Enzyklopädisten, mit denen er damals freundschaftlich verbunden war: Auch sie seien an ihre Zeit angepaßt, aber sie merkten es nicht, weil sie über die Ansichten ihrer Zeit erhoben zu sein glaubten. Sie bekämpften heute den Fanatismus, während sie früher, zu Zeiten der Liga, selbst Fanatiker gewesen wären. Die Gleichsetzung der zeitgenössischen Philosophie mit dem Fanatismus greift auf das spätere Zerwürfnis mit seinen Freunden vor.

Für solche Leser wollte dieser Autor, wie er ausdrücklich erklärt, nicht schreiben. Denn er wollte außerhalb seiner Zeit leben. Nur so konnte er jene Größe erlangen, die die Helden der Vergangenheit ausgezeichnet hatte. In der letzten Erwiderung an seine Kritiker, der «Dernière réponse à Bordes», sagte Rousseau sogar voraus, welche Rolle er in seinem Jahrhundert und in der Nachwelt spielen sollte: *Unsere Nachkommen werden eines Tages erfahren, daß in diesem Jahrhundert der Weisen und der Philosophen der Mensch, der am tugendhaftesten war, ins Lächerliche gezogen und als ein Irrer behandelt wurde, weil er nicht seine große Seele mit den Verbrechen seiner Zeitgenossen besudeln, und weil er nicht mit Caesar und den anderen Räubern seiner Zeit ein Verbrecher sein wollte.* Das war der Preis, der für den Willen zur Integrität entrichtet werden mußte. Wenn die Übereinstimmung mit der eigenen Zeit als Maßstab des Richtigen ausfällt, muß das Schreiben für das Leben einstehen und das Verhalten für den Gedanken bürgen. Der Außenseiter bleibt Außenseiter, so talentiert er sein mag und so sehr seine Ansichten das Richtige treffen mögen. Rousseaus Gefühl, nicht in seine Zeit zu passen, war eine existentielle Erfahrung – und eine universelle Entschuldigung. Für den Talentierten ergab sich daraus Unglück auf hohem Niveau. In dem Abschnitt seines Ersten Discours, in dem er die Lage der Künste in seiner Zeit mit düsteren Farben schilderte, rief Rousseau die Künstler sogar dazu auf, sich gegen die Diktatur der Zeitgemäßheit zu erheben: *Der Augenblick ist gekommen*. Es war Zeit, mit der Anpassung an die Zeit ein Ende zu machen.

Das ungeheure Echo, das Rousseaus Angriff auf die Künste und Wissenschaften fand, schuf eine Vielzahl von Problemen. Vor allem mußte er den Verdacht ausräumen, nur eine paradoxe Pointe nach dem Geschmack der Zeit geliefert zu haben. Deshalb beschloß er, die Ansichten, die er öffentlich vertreten hatte, mit seinem Leben in Übereinstimmung zu bringen, indem er eine spektakuläre Veränderung seiner Lebensweise vornahm, die sein Außenseitertum sichtbar unter Beweis stellte. Diese Umwandlung seiner Lebensführung bezeichnete er als seine *materielle und persönliche Reform*. Die Initialgeste, mit der er seine Uhr fortwarf, ist berühmt geworden. Er zog sich aus der Pariser Gesellschaft zurück, um von nun an auf dem Land zu leben, in der Ermitage, einem Landhaus bei Montmorency, das seiner Gönnerin Madame d'Épinay gehörte. Um nicht auf die Einkünfte aus Veröffentlichungen angewiesen zu sein, wollte er sich seinen Lebensunterhalt mit Notenabschreiben verdienen.

Aber seine philosophischen Gedanken, die ihm die Vision von Vincennes so überwältigend enthüllt hatte, ließen ihn nicht los. In den «Bekenntnissen» berichtet er, wie sehr ihn eine im November 1753 wiederum von der Akademie von Dijon veröffentlichte Preisfrage fesselte, ohne daß er nach dem sensationellen Erfolg von 1749 hoffen konnte, den Preis ein zweites Mal zu erringen. Er wunderte sich, daß unter der französischen Monarchie eine Akademie es wagte, eine so gefährliche Frage wie die nach den Ursprüngen der Ungleichheit zur Diskussion zu stellen. Nach einigem Zögern entschloß er sich, sie zu beantworten. Er schildert nun, wie er im November 1753 für sieben, acht Tage im Forst von Saint-Germain spazierenging, um über die neue Preisfrage nachzudenken. An einem dieser Tage erlebte er eine Art Inspiration: *Den ganzen übrigen Tag, im Wald vergraben, suchte und fand ich dort das Bild der ersten Zeiten, deren Geschichte ich stolz nachzeichnete; ich fiel über die kleinen Lügen der Menschen her, ich wagte ihre Natur nackt zu zeigen, dem Fortschritt der Zeiten und Dinge zu folgen, die sie entstellt haben, und den Menschen des Menschen mit dem natürlichen Menschen zu vergleichen und ihm in seiner vorgeblichen Vollkommenheit die wahre Quelle ihres Elends zu zeigen.* Rousseau spricht von *erhabenen Betrachtungen*, die seine Seele an die Seite Gottes erhoben und ihn sehen ließen, wie seine Mitmenschen blind ihren Vorurteilen, ihren Irrtümern, ihren Verbrechen folgten: *Mit schwacher Stimme, die sie nicht vernehmen konnten, rief ich ihnen zu: Ihr Unsinnigen, die ihr ständig über die Natur klagt, seht ein, daß alle eure Übel von euch selbst kommen.*

Wichtiger als die Abhandlung selbst ist in der Darstellung der «Bekenntnisse» die Meditation in den Wäldern von Saint-Germain, die als ein zweites Erleuchtungserlebnis dargestellt wird. Auch diesmal hätte er sagen können: *Ich sah eine neue Welt.* Doch im Unterschied zur Vision von Vincennes, als in einem einzigen Augenblick eine Flut von Gedanken auf ihn einstürmte, hat die Vergegenwärtigung der Urzustände der Menschheit in den Wäldern von Saint-Germain den Charakter einer langen und ruhigen Meditation. Weder in den «Bekenntnissen» noch in der Abhandlung selbst sagt Rousseau etwas darüber, welcher Art diese Meditationen waren. Ein kleiner Hinweis findet sich aber schon in seinem Ersten Discours, wo er seine Methode der Vergegenwärtigung von Zuständen natürlicher Einfachheit mit einem einzigen Satz charakterisiert: *Es ist ein hübscher Bach, nur von den Händen der Natur geschmückt, zu dem man unausgesetzt die Augen hinwendet und man spürt, wie man sich mit Bedauern von ihm entfernt.* Rousseau gibt hier Einblick in seine Meditationstechnik: Er schaut auf einen reizenden Bach, dessen Ufer eine ganz ungestörte Natur zeigen; er kann das Auge nicht davon abwenden und merkt, daß er sich nicht ohne Wehmut zu entfernen vermag. Solche Bilder, erklärt er, müsse man beschwören, wenn man über die Urzustände und ihre Sitten nachdenken wolle: *Man kann nur über die Sitten nachdenken, wenn man sich an das Bild der Einfachheit der Frühzeit erinnert.* Die Faszination durch einen solchen Anblick entsteht dadurch, daß er nicht als gegenwärtiger Eindruck, sondern als Erinnerungsbild aufgefaßt wird. Eine Naturidylle scheint sich auf einmal, ohne sich verändern, in ungeheure Tiefen der Vergangenheit zu öffnen. Jedes abstrakte Nachdenken über die Sitten mußte sein Ziel verfehlen, wenn es nicht von einer solchen Anschauung der einfachen Natur begleitet war.

Wenn Rousseau sich den Menschen malt, wie er *aus den Händen der Natur hervorgegangen sein muß,* sieht er in diesem fernsten Verwandten in gewisser Weise sich selbst, wie er an jenem denkwürdigen Spätsommertag auf dem Weg nach Vincennes am Fuß einer Eiche niedersank. Nach diesem Bild stellt er sich den Urmenschen vor, der alles, was er braucht, um seine Bedürfnisse zu erfüllen, als Geschenk der Natur erhält: *Ich sehe ihn, wie er sich unter einer Eiche labt, wie er am ersten besten Bach seinen Durst stillt, wie er sein Bett am Fuß desselben Baumes findet, der ihm sein Mahl geliefert hat, und schon sind seine Bedürfnisse erfüllt.* Der Anblick von Bächen und Bäumen vermag zurückzurufen, wie es im Naturzustand gewesen sein mag, und er versetzt den späten Nachkommen des Urmenschen in die Stimmung, sich diese Urzustände auszumalen. Nicht anders blickte er auf Abbildungen aus fernen Zeiten und Gegenden, von einfachen Hütten und prachtvollen Tempeln, die ihm durchsichtig werden auf die Sitten der Urzeit. Im Ersten Discours behauptete Rousseau, man könne an den korinthischen Kapitellen die Laster ablesen, sie seien in die Säulen eingraviert. Die prächtigen Tempel brächten zur Anschauung, daß die Götter aus dem Leben der Menschen verbannt waren, während die einfachen Hütten der wilden Völker zeigten, daß die Menschen die Götter an ihrem Leben teilnehmen ließen und vor ihnen nichts verbargen. Aus solchen Betrachtungen fügte sich nach und nach das Bild der ältesten Geschichte der Menschheit. Daraus sei, erklärt Rousseau, die Abhandlung über die Ungleichheit hervorgegangen.

34
Zweideutige Ratschläge

In den «Confessions» berichtet Rousseau, daß sein Freund Diderot ihm zu der Zeit, als er über seinen Zweiten Discours nachdachte, mit seinen Ratschlägen nützlicher gewesen sei als irgendwann sonst und daß das Ergebnis ihm mehr gefallen habe als irgendeine andere seiner Schriften. Seit 1742 war er mit Diderot in einer engen Literatenfreundschaft verbunden, seit vielen Jahren tauschten sie sich über alles aus, was sie beschäftigte, Literatur, Musik und Philosophie. Sie spielten leidenschaftlich Schach gegeneinander und beschäftigten sich mit der Theorie dieses Spiels. Rousseau besuchte Diderot im Gefängnis von Vincennes, und sein Freund war auch der erste, dem er sein Erleuchtungserlebnis anvertraute. Diderot hat seine Erinnerungen an diesen Augenblick viele Jahre nach dem Bruch ihrer Freundschaft zu Papier gebracht und behauptet, daß er damals dem noch unschlüssigen Rousseau geraten habe, die Frage der Akademie, ob Wissenschaften und Künste zum moralischen Fortschritt beigetragen haben, mit einem Nein zu beantworten. Damit wollte Diderot der Nachwelt hinterlassen, daß er es war, der Rousseaus Vision interpretierte und aus ihr die Folgerung zog, durch die sein verwirrter Freund berühmt wurde.

An der Stelle in den «Bekenntnissen», wo Rousseau die guten Ratschläge Diderots erwähnt, hat er später im Manuskript eine

Fußnote hinzugefügt, die ein anderes Licht auf die geschilderten Vorgänge wirft: *Zu der Zeit, als ich dies schrieb, hatte ich noch keinen Verdacht des großen Komplotts von Diderot und Grimm, sonst hätte ich leicht bemerkt, wie sehr der erstere mein Vertrauen ausnützte, um meinen Schriften diesen harten Ton und diese düstere Stimmung zu verleihen, die sie nicht mehr hatten, als er aufhörte, mich zu lenken.* Und als Beweis für den Einfluß Diderots auf seine frühen Schriften nennt Rousseau eine Passage aus dem Zweiten Discours: *Das Stück vom Philosophen, der mit sich argumentiert, indem er sich die Ohren verstopft, um sich gegen die Klagerufe eines Unglücklichen unter seinem Fenster zu verhärten, ist von seiner Art, und er hatte mir andere noch stärkere Stücke überlassen, die zu verwenden ich mich nicht entschließen konnte.* Diderot hatte mehrere Einschübe angeboten, und Rousseau hatte die Passage über den Philosophen und vielleicht auch noch andere Stücke in seinen Text eingefügt, während er einige nicht zu übernehmen wagte. Diese Hinzufügungen waren nicht als Zusätze Diderots kenntlich gemacht, und bis zu dem Zeitpunkt, als Rousseau die Fußnote schrieb, in der er diesen Sachverhalt zum ersten Mal zur Sprache brachte, hatte er sie als zu seinem Discours gehörig aufgefaßt.

Jetzt erinnerte er sich an ihre Herkunft und versuchte, sich die Vertrauensseligkeit zu erklären, mit der er sie aufgenommen hatte. Der Tonfall, in dem sie gehalten waren, hatte ihn nicht weiter beunruhigt, weil er ihn auf Diderots *düstere Stimmung* zurückführte, *die der Turm von Vincennes ihm eingegeben hatte und von der man in seinem Clairval* – gemeint ist Dorval aus Diderots Stück «Le Fils Naturel», das im Februar 1757 herauskam – *eine ziemlich starke Dosis findet, kam es mir niemals in den Sinn, darin die geringste Boshaftigkeit zu vermuten.* Diese Fußnote trug Rousseau wahrscheinlich zu Anfang der siebziger Jahre in sein Manuskript der «Bekenntnisse» ein, etwa zur gleichen Zeit, als er in einem langen Brief vom 26. Februar 1770 an den Chevalier de Saint-Germain das gegen ihn gerichtete Komplott zum ersten Mal zusammenhängend darzustellen versuchte. Der lange Brief hat ausschließlich dieses Komplott zum Gegenstand, von dem sich

Rousseau bedroht fühlte und das er nie aufzuklären vermochte. Bis heute gibt es in dieser Frage zwei Parteien: Die einen halten die Verschwörung seiner ehemaligen Freunde, der Philosophen im Umkreis der Enzyklopädie, für ein Wahngebilde Rousseaus, der an Paranoia gelitten habe, während andere seinen Verdacht vielleicht für übertrieben, aber doch bis zu einem gewissen Grade für begründet halten.

In seinem Brief an Saint-Germain trägt Rousseau alles zusammen, was er über seine Verfolger, ihre Vorgehensweisen und ihre Motive zu wissen glaubte. Die unbestreitbare Tatsache, von der er ausging, war der plötzliche Einstellungswandel gegenüber seinen Schriften und ihrem Verfasser, nachdem man den «Contrat social» und den «Émile» in Frankreich und in der Schweiz verboten und verbrannt und gegen ihn selbst Haftbefehle erlassen hatte. Damit begannen die Jahre des Herumirrens – in der Schweiz, in England, in Frankreich. Seine Bücher, so meinte er, waren absichtlich anders interpretiert worden, als er selbst sie verstanden wissen wollte, und seine Feinde machten sich dieses falsche Verständnis zunutze, um den Verfasser der Bücher als Verbrecher und als ein Monstrum erscheinen zu lassen. Im Brief an Saint-Germain nennt Rousseau mehrere Drahtzieher und Mitwisser des Komplotts: an erster Stelle seine ehemaligen Freunde Diderot und Grimm, aber auch seine ehemaligen Gönnerinnen Mme de Boufflers, Mme du Luxembourg, aus dem Kreis der Pariser Philosophen d'Holbach und als Mann im Hintergrund den französischen Minister Choiseul.

Im Brief an den vertrauenswürdigen Gönner Saint-Germain macht Rousseau verzweifelte Anstrengungen, das entstellte Bild, das in der Öffentlichkeit von ihm verbreitet wurde, durch das wahre Bild seiner selbst zu ersetzen. So prüft er bis ins einzelne seine Charaktereigenschaften und hält dem Ehrgeiz, der Habgier und dem Geiz, die man ihm böswillig nachsagt, seine Liebe zur Einsamkeit, seine Trägheit und seine Abneigung gegen den Luxus entgegen. Verfehlungen, die ihm zu Recht vorgehalten wurden, wie die Aussetzung seiner Kinder, erkennt er an, versucht aber, sie aus den Umständen verständlich zu machen. Im Zentrum seiner Verteidigung steht die Rechtfertigung seines zurückgezogenen Lebens, der Einsamkeit. Heftig wehrt er sich deswegen gegen ein Wort von Diderot, das Rousseau sofort als gegen ihn gerichtet aufgefaßt hatte und das zum Bruch ihrer Freundschaft führte: *Nur der Einsame ist böse.* Dieser Satz, bemerkt Rousseau, habe etwas, *was im Ohr flirrt,* aber trotzdem sei er falsch: *Ich finde darin nur einen Widersinn, und es ist so falsch, daß nur der Böse allein ist, daß es im Gegenteil unmöglich ist, daß ein Mensch, der allein zu leben versteht, böse ist, und daß ein Böser allein leben will; denn wem würde er Böses tun und mit wem seine Intrigen spinnen?* Diderot hatte dieses Wort in seinem «Fils naturel» lanciert in dem Augenblick, als Rousseau, um die Reform seiner Lebensführung zu vollenden, Paris verlassen hatte und sich in die Wälder von Saint-Germain zurückzog, um dort seinen Zweiten Discours zu schreiben, der nicht zuletzt auch eine Rechtfertigung eines naturnahen Daseins außerhalb der Gesellschaft sein sollte. Diderot hätte seinen Satz wenigstens erläutern sollen, erklärt Rousseau, er hätte für seinen Fall, aber auch für all jene Weisen der Vergangenheit, die sich in die Einsamkeit zurückgezogen hatten, eine Ausnahme statuieren sollen.

Im Brief an Saint-Germain führt Rousseau den Gegenbeweis. Er rechtfertigt seine Flucht aus der Gesellschaft, indem er auf die Spuren der Übellaunigkeit und der Laster des großstädtischen Lebens in seinen früheren Schriften aufmerksam macht: *Man spürt in den Werken, die ich in Paris schrieb, die Galle eines Menschen, der von dem Getümmel dieser großen Stadt belästigt und von dem ununterbrochenen Schauspiel ihrer Laster erbittert wird.* Wie in den «Bekenntnissen» fügt er auch hier in seiner Abschrift des Briefes nachträglich eine Fußnote hinzu, in der er auf Diderots Einfluß auf seine Schriften zu sprechen kommt: *Man nehme die ständigen Anstöße Diderots hinzu, der mich, sei es, daß er den Turm von Vincennes nicht vergessen konnte, sei es mit dem schon gefaßten Vorsatz, mich verhaßt zu machen, unausgesetzt aufreizte und zu Sarkasmen anregte. Sobald ich aber auf dem Land war und diese Anregungen aufhör-*

ten, änderten sich Charakter und Ton meiner Schriften, und ich kehrte zurück zu meiner natürlichen Art. Rousseaus Schilderung, wie Diderot ihn mit seinen Einfällen und Sarkasmen unter Beschuß nahm, ist hier viel plastischer als in der Fußnote zu den «Bekenntnissen». Die Anregungen, mit denen Diderot ihn überschüttete und die ihm damals als geistreiche Aperçus willkommen waren, wirken in der Rückschau wie planvolle Versuche, Einfluß auf ihn zu gewinnen. Durch den Wechsel der Lebensweise glaubt Rousseau, ein anderer Mensch geworden zu sein. Alles, was er seit seiner Zurückgezogenheit der Ermitage geschrieben habe, atme *eine Zärtlichkeit des Herzens und eine Sanftmut der Seele,* die man nur *im Gehölz* finde. Er beruft sich für die wohltätigen Wirkungen des Landlebens auf Edward Young und Vergil als Zeugen und schließt mit einer ironischen Hommage an Descartes: *Für meinen Teil rechne ich es mir zur Ehre an, den Übeltäter Descartes nachgeahmt zu haben, der sich nach Nord-Holland aufmachte, um in dessen Einsamkeit böse zu philosophieren.*

Das Wort vom Einsamen, der allein böse sei, klingt so stark in Rousseau nach, daß er nach immer neuen Beweisen des Gegenteils sucht. Was hätte ihm in der Einsamkeit abartige Neigungen eingeben können? Vielleicht das Verlangen nach Ruhm. Aber wie können großzügige Gefühle aus einem verdorbenen Inneren hervorgehen, wie können Ruhmesgedanken, die sich auf die Nachwelt richten, zu kleinlichen Untaten in der Gegenwart anstiften? Man könne vielleicht *ein ehrloser Mensch sein und ein gutes Buch schreiben,* niemals aber könne *der göttliche Schwung des Genies die Seele eines Übeltäters auszeichnen,* und als Beispiel eines solchen Werks nennt er seinen Zweiten Discours, den ein ehrloser Mensch niemals hätte verfassen können. Das Werk bürge für die Ehre seines Verfassers: *Wenn die Verdächtigungen von jemandem, den ich einmal schätzte, meine Ehre so weit herabsetzen konnten, dann würde ich ihm als ganze Antwort meine Abhandlung über die Ungleichheit reichen und ihm sagen: Lies und erröte.* In einer wiederum später hinzugefügten Fußnote macht Rousseau allerdings eine Einschränkung: Gewisse Passagen seiner Schrift müßten davon ausgenommen werden, sie taugten nicht als Beweis für die Integrität ihres Autors. Damit seine Abhandlung die Probe bestehen könne, müsse er vorher *einige Stücke in Diderots Art, die er mich beinahe gegen meinen Willen einfügen ließ, herausnehmen.* Auch hier sind es, wie in den «Bekenntnissen», mehrere Stücke, die Rousseau nicht näher bezeichnet, und auch hier erklärt er: *Er hatte noch härtere dazugegeben, aber ich konnte mich nicht entschließen, sie zu verwenden.*

Später in dem langen Brief erwägt Rousseau sogar die Möglichkeit, daß seine Feinde Briefe und Manuskripte gefälscht und veröffentlicht haben könnten, um die Verleumdungen, die sie über ihn verbreiten, zu untermauern. Er sieht nun in Grimm und Diderot die Anstifter, die Urheber, des Komplotts, denen es nicht schwer gefallen sein konnte, unter dem Deckmantel der Freundschaft Beweisstücke zu fabrizieren, die aus Fälschungen bestanden und seinen Stil und seine Handschrift perfekt nachahmten: Jemand, der die Kunst des Schreibens in höchstem Maße beherrscht, könne den Stil eines anderen ohne Schwierigkeit bis zu einem gewissen Grad nachahmen, auch wenn dieser Stil sehr ausgeprägt sei. Der unvorbereitete Leser würde die Fälschung nicht bemerken. Rousseau kommt deswegen noch einmal auf seine enge literarische Beziehung zu Diderot zu sprechen. Es könne Diderot nicht schwergefallen sein, seinen Stil nachzuahmen, da er in seinen schriftstellerischen Anfängen Diderots Diktion besonders aufmerksam studiert hatte. Auch hier sagt Rousseau, Diderot habe in seine ersten Schriften *sogar mehrere Stücke eingefügt, die sich von dem übrigen nicht abheben und die man zumindest am Stil nicht unterscheiden kann.* Außerdem seien Diderots Art zu schreiben und seine eigene – *vor allem in meinen ersten Werken, deren Diktion wie seine eigene ein wenig sprunghaft und sentenziös ist* – einander, verglichen mit dem Stil aller ihrer Zeitgenossen, am ähnlichsten. Es sei aber auch davon abgesehen nicht schwer, den Stil anderer Schriftsteller nachzuahmen, da es nur wenige Menschen gebe, die Verschiedenheit und Identität des Stils zu beurteilen verstünden, und auch sie könnten sich leicht täuschen, so daß jeder über diese Frage urteile, wie es ihm gerade einfällt.

Wie in den «Bekenntnissen» nennt Rousseau auch im Brief an Saint-Germain in einer Fußnote einen Beweis für seine Behauptung, und auch hier ist dies die Stelle über den Philosophen, diesmal freilich in einer anderen Variante: Als dieser die Schreie des Unglücklichen unter seinem Fenster hört, zieht er sich die Nachtmütze über die Ohren, ein Utensil, das zu den häuslichen Gewohnheiten Diderots gut paßt: *Die Gedanken dagegen, die er so gütig war, mir zu leihen, und ich so dumm, sie zu übernehmen, kann man von meinen Gedanken leicht unterscheiden, wie man an dem Abschnitt über den Philosophen sehen kann, der mit sich argumentiert, indem er seine Nachtmütze tief über die Ohren zieht (Abhandlung über die Ungleichheit). Dieses Stück ist nämlich ganz von ihm. Zweifellos nutzte Diderot meine Vertrauensseligkeit und meine Torheit aus, um meinen Schriften einen harten Ton und eine düstere Stimmung zu verleihen, die sie nicht mehr hatten, sobald er mich nicht mehr lenkte und ich mir selbst überlassen war.* Obwohl Rousseau dasselbe Beispiel wie in den «Bekenntnissen» anführt, soll es dieses Mal auf einen Unterschied zwischen Stil und Gedanke aufmerksam machen. Im Stil passe der Philosoph, der sich die Ohren verstopft, sehr wohl zu seiner Abhandlung, aber im Ton und in der Stimmung, vor allem aber in dem Gedanken, den die Passage zum Ausdruck bringt, lasse sie sich leicht vom übrigen unterscheiden. Den Gedanken, den Diderot in seine Abhandlung hineingeschmuggelt haben soll, formuliert Rousseau nicht explizit.

Auch in den späten «Dialogues», in denen Rousseau die Verschwörung rekonstruiert und noch einmal auf sein Verhältnis zu Diderot eingeht, weist er darauf hin, daß er sich in seinen Anfängen an Diderots Stil orientiert, ihn sogar nachgeahmt habe, so daß die Verwechslung zwischen seinen eigenen frühen Schriften und denen Diderots nicht weiter verwunderlich sei. Auch aus dieser Äußerung muß man schließen, daß es bei den Zutaten Diderots zu Rousseaus frühen Schriften nicht bei der einen Passage über den Philosophen geblieben sein kann. In den «Bekenntnissen» ebenso wie im Brief an Saint-Germain spricht Rousseau ausdrücklich davon, daß es mehrere Stücke aus der Feder Diderots gewesen seien, die in den Zweiten Discours Eingang gefunden hätten. Doch abgesehen von dem Abschnitt über den Philosophen, der sich die Ohren verstopft oder seine Nachtmütze über die Ohren zieht, ist es trotz dieses Hinweises nicht gelungen, andere Zusätze Diderots zweifelsfrei zu identifizieren.

Doch sogar bei dem Stück über den Philosophen, der sich die Ohren verstopft, bleiben Zweifel an Diderots Autorschaft, obwohl die Herausgeber von Diderots Werken, Assézat und Tourneux, Rousseaus Erklärung so ernst genommen haben, daß sie die Passage als authentischen Text Diderots in ihre Ausgabe aufnahmen. Dabei schenkten sie Rousseaus Fußnoten offenbar mehr Glauben als dem Text der «Bekenntnisse», wo nur von Ratschlägen Diderots die Rede ist. Beiden Darstellungen in den «Bekenntnissen» und im Brief an Saint-Germain ist gemeinsam, daß es in erster Linie um Ton und Stimmung der Passage sowie um die Gemütsverfassung des Autors geht, die Rousseau auf den Einfluß Diderots zurückführt, eine Stimmung, die, wie er betont, ihm und seinen Schriften sonst fremd war. Die Verbitterung, die sich in seinen frühen Schriften äußerte, habe von ihm nur vorübergehend Besitz ergriffen. Als er sein Leben änderte und Paris verließ, fand er zu seinem eigenen Naturell und Stil zurück.

35

Eine Theorie des Mitleids

Als eine unangreifbare Passage, die für ihren Autor Zeugnis ablegt, dürfte Rousseau besonders jenen Abschnitt seines Zweiten Discours aufgefaßt haben, in dem er sich von der harten Lehre von Thomas Hobbes entfernte und ihr entgegenstellte, was Schopenhauer als Rousseaus *großes Prinzip* gerühmt hat: seine Theorie des Mitleids im Naturzustand. In einem der dichtesten Abschnitte seiner Abhandlung gießt er diese zentrale Einsicht seines Entwurfs vom Naturzustand in eine Formel, die durch ihre Vielgliedrigkeit und Ausgewogenheit Eindruck machen soll. Er spricht von einem Prinzip, *das – da es dem Menschen gegeben ist, um unter gewissen Umständen die Heftigkeit seiner Eigenliebe oder das Verlangen nach Selbsterhaltung vor der Entstehung dieser Liebe abzuschwächen – den Eifer, den er für sein Wohlbefinden hat, durch einen angeborenen Widerwillen, seinesgleichen leiden zu sehen, mäßigt.* Das Gefühl des Widerwillens, seinesgleichen – nicht nur Artgenossen, sondern alle lebenden und leidenden Wesen – leiden zu sehen, soll die Urform des menschlichen Mitleids sein, ein Instinkt, der zu Wesen paßt, die schwach und vielen Übeln ausgesetzt sind, und den auch Tiere äußern, wenn sie an toten Artgenossen nicht ohne Anzeichen der Unruhe vorübergehen. Die Gemeinsamkeit eines ursprünglichen Ethos mit dem der Tierwelt, die Schopenhauer gewiß besonders beeindruckte, war zugleich die Entdeckung instinktnahen Verhaltens, an das die Moral in späteren Stadien der Entwicklung anschließen konnte. Aus dieser instinktiven Abneigung, andere leiden zu sehen, wird erst spät das Mitleid als Tugend, die allerdings zugleich jene Verhaltenssicherheit einbüßt, die den Menschen im Naturzustand auszeichnete.

In den Anfängen des Menschengeschlechts sollen die Selbsterhaltung und der Widerwille, seinesgleichen leiden zu sehen, einander die Waage gehalten haben. Rousseaus Schilderung dieses Zustandes ist zwar frei von idyllisierenden Verklärungen, aber gerade durch die strenge Faktizität der Darstellung erhält die Ursituation die Weihen des Normativen, indem der Urzustand des Menschen, *notre état primitif*, mit dem wahren Naturzustand, *le véritable état de nature*, gleichgesetzt wird. Der Naturmensch nahm alle Züge eines Idealmenschen an als ein Wesen, das gleich weit entfernt war von der Dummheit der Tiere und dem unheilvollen Verstand des bürgerlichen Menschen. Gleichermaßen begrenzt vom Instinkt wie vom Verstand, vermochte er sich vor dem Übel zu schützen, das ihn bedrohte, und wurde vom natürlichen Mitleid zurückgehalten, irgendeinem anderen Wesen ein Leid zu tun.

Rousseaus Theorie des Mitleids war das Scharnier zwischen den Anfängen des Menschen und seiner zivilisierten Existenz. Denn durch eine eigentümliche Gefühlsmechanik erlaubte es seine Konstruktion, den Übergang zwischen zwei einander so unähnlichen Zuständen herzustellen: Selbstliebe (*amour de soi*) und Mitgefühl wurden, sobald die Reflexion und das vergleichende Urteil hinzutraten, Eigenliebe (*amour-propre*) und Gleichgültigkeit gegen andere. Die gegensätzlichen Gefühle ruhten auf einem gemeinsamen Instinktfundament, so daß es unter bestimmten Umständen möglich wurde, aus den verschütteten Instinkten eine kultivierte Form der ursprünglichen Gefühle wiedererstehen zu lassen. Damit das Mitleid unter den Bedingungen der Zivilisation wiederkehren konnte, war es allerdings nötig, die Macht der Reflexion zu suspendieren. Der Nachteil konnte sich in einen Vorteil verwandeln, denn das Mitleid war *eine für den Menschen um so universellere und nützlichere Tugend, als sie bei ihm dem Gebrauch jeder Reflexion vorausgeht, und so natürlich, daß sogar die Tiere manchmal wahrnehmbare Zeichen von ihr geben.*

Im ersten Teil seines Discours, wo Rousseau diese Lehre vom Mitleid vorträgt, kommt er auch auf Mandeville zu sprechen. Eine Passage in dessen berühmtem, 1714 erschienenem Buch «The Fable of the Bees or Private Vices, Publick Benefit», zieht seine Aufmerksamkeit auf sich, weil er glaubt, daß der Verfasser, der sonst die privaten Laster des Egoismus zu rechtfertigen pflegte, an dieser Stelle nicht umhin konnte, *den Menschen als mitleidiges und gefühlvolles Wesen anzuerkennen.* Rousseau will hier sogar eine Veränderung *seines kalten und subtilen Stils* bemerken. Er hat den Eindruck, als sei der Autor hier, entgegen seiner sonstigen Einstellung, zur Anerkennung eines Faktums der menschlichen Natur genötigt worden. Mandeville schildert eine pathetische

Szene: Ein Mann, der im Gefängnis sitzt und durch die Gitterstäbe auf die Straße blickt, muß tatenlos zusehen, wie draußen, für ihn unerreichbar, ein wildes Tier ein Kind vor den Augen seiner Mutter zerfleischt. Die Szene erinnert an eine experimentelle Anordnung: Der eingeschlossene Betrachter ist nur Zuschauer, er ist in das Geschehen nicht verwickelt und kann keinen Einfluß auf den Ablauf der Dinge nehmen. Seine Erschütterung beruht allein auf dem Anblick: *Welche Ängste durchleidet er nicht bei diesem Anblick, ohne der ohnmächtigen Mutter oder dem sterbenden Kind irgendwelche Hilfe leisten zu können!* Seine Ohnmacht wird hier zum Beweis der Macht des Mitleids.

Offenbar geht es dem Autor darum, ein reines Gefühl ohne Beimischung anderer Affekte und Interessen zu demonstrieren, eine unverfälschte natürliche Regung. Rousseau unterstreicht dies, wenn er hier jenes Mitleid wiedererkennt, das er im Naturzustand entdeckt hatte: *Dies ist die reine Bewegung der Natur, die jeder Reflexion vorausgeht, dies ist die Kraft des natürlichen Mitgefühls, das die verdorbensten Sitten noch nicht ganz zu zerstören vermochten.* Dieses Mitleid, fügt er hinzu, sei sogar reiner als das Mitleid auf dem Theater, da die Zuschauer Tränen über einen Unglücklichen vergießen, obwohl jeder von diesen Mitleidigen, wenn er an der Stelle des Tyrannen wäre, die Qualen des Unglücklichen wohl noch vermehren würde. Mandeville habe, so lautet Rousseaus Folgerung aus seiner Interpretation des Beispiels, richtig gespürt, daß die Menschen trotz aller ihrer Moral nur Ungeheuer wären, wenn sie nicht von der Natur das Mitgefühl zur Unterstützung ihres Verstandes erhalten hätten. Aber Mandeville habe nicht bemerkt, fügt Rousseau hinzu, daß das Mitleid all jene gesellschaftlichen Tugenden hervorbringt, die er sonst leugnet. Tatsächlich seien Großzügigkeit, Barmherzigkeit, Menschlichkeit nichts anderes als Mitleid, angewandt auf die Schwachen, die Unschuldigen oder die Menschheit. Auch Wohlwollen und Freundschaft seien, richtig verstanden, Äußerungen eines beständigen Mitleids, das sich an einen besonderen Gegenstand heftet. Denn was bedeutet der Widerwille, einen anderen leiden zu sehen, anderes, als daß man wünscht, daß er glücklich sein möge? Daraus leitet Rousseau einen Zusammenhang her zwischen *commisération* und *pitié*, Erbarmen und Mitleid: *Auch wenn es wahr wäre, daß das Erbarmen nichts anderes ist als eine Empfindung, die uns an die Stelle desjenigen versetzt, der leidet – dunkel und lebhaft beim Wilden, entwickelt und schwach dagegen beim zivilisierten Menschen –, was würde dies für die Wahrheit dessen, was ich behaupte, bedeuten, außer daß sie dadurch stärker wird?* Tatsächlich sei das Erbarmen um so stärker, je inniger sich das zuschauende Lebewesen mit dem leidenden Lebewesen identifiziert, wobei Rousseau keinen Zweifel daran läßt, daß diese Identifikation im Naturzustand viel intensiver gewesen wäre.

Diese These über die Stärke des Mitleids beim Urmenschen dient vor allem dazu, die abschwächende Wirkung, die Verstand und Reflexion auf das Verhalten der fortgeschrittenen Menschheit ausüben, zu unterstreichen. Nach Rousseaus Theorie des Mitleids befähigt die Selbstliebe zur Identifikation mit dem leidenden anderen, während die durch das vergleichende Urteilen entwickelte Eigenliebe die Menschen dazu bringt, alles auf sich zu beziehen. Der Verstand, erklärt Rousseau, trenne den Menschen von allem, was ihn stört und verletzt. Hier folgt nun sein Angriff auf die Philosophie: *Es ist die Philosophie, die den Menschen isoliert; durch sie geschieht es, daß er insgeheim beim Anblick eines leidenden Menschen sagt: Geh zugrunde, wenn du willst, ich bin in Sicherheit.* Die Philosophie als exzessiver Verstandesgebrauch vergrößere den Abstand zu den anderen Menschen und schaffe in der Gesellschaft einen heimlichen Vorbehalt gegen sie.

Hier hat nun der Philosoph seinen Auftritt, der sich durch seine Gedanken über die Gesellschaft insgesamt um seinen Schlaf bringen läßt, aber ungerührt bleibt, wenn er die Schreie eines Unglücklichen hört: *Es sind nur die Gefahren für die Gesellschaft insgesamt, die den ruhigen Schlaf des Philosophen stören und ihn aus seinem Bett reißen. Man kann aber seinesgleichen ungestraft unter seinem Fenster ermorden, er braucht nur seine Hände auf seine Ohren zu pressen und ein wenig mit sich zu argumentieren, um zu verhindern, daß die Natur, die in ihm aufbegehrt, ihn mit dem identifiziert, der gerade ermordet wird.* Die Natur, die wie in jedem Menschen auch in diesem Philosophen ihre Stimme erhebe und dazu aufrufe, daß er sich mit dem Leidenden identifiziert und ihm zu Hilfe eilt, werde durch den Egoismus der Reflexion und des Denkens zum Schweigen gebracht. Wenn man nur ein wenig über die eigene Lage im Verhältnis zu der eines anderen nachdenke, komme man nur zu rasch zu dem Entschluß, der eigenen Sicherheit den Vorrang zu geben und einen Unglücklichen seinem Schicksal zu überlassen.

Diese *bewunderungswürdige Gabe*, erklärt Rousseau sarkastisch, hätten der Urmensch und der Wilde nie besessen. Weil sie nicht so viel Verstand hatten, gaben sie, ohne zu zögern, dem ersten Impuls der Menschlichkeit nach, wie es das einfache Volk immer noch tut: *Es läuft bei Unruhen und Streitereien auf die Straße, während sich der kluge Mann entfernt.* Nur wer sich vom Denken nicht aufhalten läßt, eilt zur Hilfe herbei. Der Philosoph dagegen möchte sich von dem Unglück, das einem Menschen in unmittelbarer Nähe zustößt, nicht aus der Ruhe bringen lassen, er preßt die Hände auf seine Ohren, vergräbt sich in seine Kissen oder zieht sich die Nachtmütze über den Kopf – und schläft weiter. An diese kleine Szene seines Zweiten Discours hat sich Rousseau viele Jahre später mit so großem Unbehagen erinnert, daß er sie verleugnete.

36

Unbehagen an der Philosophie

Was an der Figur des Philosophen, der sich die Ohren verstopft, mag es gewesen sein, das Rousseau so sehr verstörte, daß er ihn aus seiner Abhandlung eliminiert sehen wollte? Daß er zu der

Zeit, als er seine Abhandlung vorbereitete, in lebhaftem Gedankenaustausch mit seinem Freund Diderot stand, kann nicht allein der Grund für das Unbehagen ihres Verfassers gewesen sein. Denn Diderots Einfluß beschränkte sich nach Rousseaus Aussagen nicht auf diese Stelle. Die Figur des Philosophen, der sich die Ohren verstopft, muß ihm also ein besonderes Unbehagen bereitet haben. Tatsächlich aber ist diese Figur nicht nur genau in ihre Umgebung eingepaßt, sondern der Gedanke, den sie verkörpert, steht mit allem im Einklang, was Rousseau damals über die Philosophie und die Philosophen seiner Zeit zu sagen pflegte.

Die Kritik der Philosophie, die in dem Beispiel des gleichgültigen Philosophen kulminiert, zeichnet sich schon in den frühen Schriften Rousseaus ab. Auf den ersten Seiten seiner Preisschrift über die Künste und Wissenschaften klagt er, daß die Philosophen ihrem Namen kaum gerecht würden und daß man die *wahre Philosophie* nicht in den Lehren der Philosophen finden könne. Vielmehr sei sie in die Herzen der Menschen eingegraben. Zugang zur wahren Philosophie finde nur, wer auf die Stimme des Gewissens höre, wenn die Leidenschaften zur Ruhe gekommen sind. Die wahre Philosophie wende sich deswegen von der geschwätzigen Philosophie der Zeit ab. Wenn Rousseau schließlich im Zweiten Discours die Philosophen im Lyzeum von Athen zu Richtern über seine Schrift anruft und Sokrates als Verächter der Wissenschaften und Bacon wie Newton als Lehrer der Menschheit rühmt, sind die philosophischen Heroen nicht mit den Philosophen der Gegenwart zu verwechseln, die Rousseau für den Niedergang der Gesellschaft verantwortlich macht und die er mit großer rhetorischer Geste zurückweist.

Den Anstoß zu dieser harschen Kritik der zeitgenössischen Philosophie hatte wohl die Beobachtung gegeben, daß sich die Wissenschaften auf Kosten des Glaubens ausbreiteten: *Die Gelehrsamkeit breitet sich aus, und der Glauben verschwindet.* Schon in einem seiner Beiträge zur Debatte über den Ersten Discours hatte er bemerkt, daß die zeitgenössischen Philosophen – er meinte wohl in erster Reihe seine Freunde im Umkreis der Encyclopédie

– *sich etwas darauf einbilden, keine Religion zu haben.* Ohne die Frage nach seinem eigenen Glauben zu berühren, wird diese Feststellung zu einem Hauptmotiv seines ebenso rhetorischen wie existentiellen Mißtrauens gegen die Verbreitung der Wissenschaften. Dieses Mißtrauen ging um so tiefer, als die Wissenschaften in seinen Augen nicht nur die Religion und die persönliche Frömmigkeit gefährdeten, sondern auch die Tugenden des öffentlichen Lebens, die das gleiche Schicksal erlitten wie die Religion.

In einem für die Publikation seines im Dezember 1752 in der Comédie française aufgeführten Theaterstücks «Narcisse» geschriebenen Vorwort hat Rousseau seine Vorbehalte gegen die Philosophie nicht weniger deutlich ausgesprochen als in der kurz darauf verfaßten Passage über den Philosophen im Zweiten Discours: *Die Neigung zur Philosophie schwächt alle Bande der Achtung und des Wohlwollens, wodurch die Menschen an die Gesellschaft gebunden werden, und das ist vielleicht das gefährlichste Übel, das sie erzeugt.* Der Gedanke entspricht genau dem, was das Bild des Philosophen sagen will, der sich die Ohren verstopft, weil seine Philosophie das Mitleid in ihm erstickt hat. Sein Nachdenken über die Menschheit und die Menschlichkeit lehrten den Philosophen, *die Menschen nach ihrem Wert einzuschätzen.* Deswegen fällt es ihm schwer, Zuneigung für sie aufzubringen, vielmehr veranlaßt ihn die Geringschätzung der anderen Menschen dazu, das mitmenschliche Interesse nur noch auf sich selbst zu konzentrieren und gegenüber anderen, gegenüber der Familie und dem Vaterland gleichgültig zu sein. Der Philosoph sei so sehr von seiner eigenen Person eingenommen, daß er schließlich *weder Verwandter noch Bürger noch Mensch ist. Er ist Philosoph.*

Mit dem Vorwort zu «Narcisse», das kein Vorwort zu dem Theaterstück, sondern eine Grundsatzerklärung zu Rousseaus Selbstverständnis als Autor ist, verabschiedete er sich von den Schriften, die er seit 1749 publiziert hatte. Er setzte damit auch einen Schlußpunkt unter die Debatte, die sein Erster Discours ausgelöst hatte und an der er sich mit mehreren Beiträgen beteiligt hatte. Seine als skandalös empfundene Behauptung, daß die

Künste und die Wissenschaften nicht nur zur moralischen Besserung der Menschheit nichts beitrugen, sondern sogar für den Niedergang der Sitten verantwortlich waren, untermauerte er im Vorwort zu «Narcisse» noch einmal mit neuen Argumenten und glaubte die Debatte damit auf ein höheres Niveau zu heben. Außerdem wollte er das allgemeine Publikum davon überzeugen, daß seine Kritik an den Künsten und den Wissenschaften nicht nur eine provozierende Pointe war, sondern daß es ihm mit ihr ernst war. Um für das Publikum glaubwürdig zu sein, mußte er beweisen, daß er entschlossen war, nach den seiner Kritik zugrundeliegenden Prinzipien zu handeln und sie auf seine eigene Lebensführung anzuwenden. Dies konnte er am eindringlichsten demonstrieren, wenn er durch eine einschneidende Reform eine Übereinstimmung zwischen seiner Lehre und seiner Lebensweise herstellte. Rousseaus Feststellung, daß die Philosophie alle Bande der Achtung und des Wohlwollens schwäche, wiederholte also nur die Anklage gegen die Gesellschaft, die er in seiner Preisschrift erhoben hatte, verlieh ihr aber zugleich einen neuen Akzent, der deutlich machen sollte, was er mit seiner Reform beabsichtigte: Sie sollte die Achtung und das Wohlwollen der Menschen im Umgang miteinander wiederherstellen. Diese Absicht stimmte auch mit dem überein, was Rousseau im Zweiten Discours lehrte.

Daß das Stück über den Philosophen, der sich die Ohren verstopft, ein Angriff auf den moralischen Wert der Philosophie war, kann also nicht der Grund für das Unbehagen gewesen sein, das den Verfasser des Zweiten Discours nachträglich überkam. Wie groß seine Distanz zur Philosophie und zu den Philosophen seiner Zeit war, zeigte sich ja schon darin, daß er sich, als Konsequenz aus seiner Kritik der Gesellschaft, aus der großen Welt zurückzog, um in der Einsamkeit der Wälder von Saint-Germain zu meditieren und für sich selbst eine Lebensform zu wählen, die der seiner philosophischen Freunde diametral entgegengesetzt war. Seine selbstgewählte Einsamkeit war ein Angriff auf die Philosophie seiner Freunde, die der rationalen Diskussion den Vorzug vor der einsamen Meditation gaben und die Öffentlichkeit als die Bühne ansahen, auf der die Philosophie ihrer Aufgabe gerecht werden konnte. Erst spät hat Rousseau gesehen, daß seine Freunde seinen Rückzug in die Einsamkeit und die Veränderung seiner Lebensführung nicht nur als Kritik, sondern als einen gefährlichen Angriff ansahen, der sie, wie er zu spät zu erkennen glaubte, zu ihren Feindseligkeiten und zu dem Komplott gegen ihn anstiftete.

Rousseaus Entschluß, sich lieber in die Natur zu versenken, als sich an den philosophischen Diskussionen in der Pariser Öffentlichkeit zu beteiligen, entsprang seiner Überzeugung, daß Philosophie, Wissenschaften und Künste, die es auf den Beifall des Publikums abgesehen hatten, unweigerlich die Mängel der Gesellschaft in sich aufnahmen, für deren Verbreitung sorgten und sie auf diese Weise noch vermehrten. Man machte sich also mitschuldig an dem, was man zu bekämpfen vorgab. Der Verblendungszusammenhang, den Rousseau entdeckt zu haben glaubte, rechtfertigte seine scharfen Angriffe gegen die Philosophie, die in der Figur des Philosophen, der sich die Ohren verstopft, kulminierten.

Mit seiner scharfen Kritik der Philosophie erweckte Rousseau darüber hinaus den Eindruck, daß er in das eingeweiht war, was die Philosophen in vertrautem Kreis lehrten, und die verborgenen Gedanken der zeitgenössischen Philosophie, ihre innere Lehre, enthüllen konnte. Dieser Kritiker der Philosophie gehörte zu diesem Zirkel und war also in die Geheimnisse eingeweiht, die die Philosophen um Diderot und die Encyclopédie wohlweislich vor der Öffentlichkeit verbargen. Ohne Namen zu nennen, hatte Rousseau sich schon in seiner ersten Schrift von dieser Philosophie distanziert, der er einige Jahre später in seiner «Lettre à d'Alembert» offen entgegentreten wird. Als er 1755 sein Zerwürfnis mit Diderot und dessen Freunden öffentlich bekanntmachte, mußte sich ihnen die Frage aufdrängen, welchen weiteren Gebrauch er von seinen Kenntnissen der inneren Lehre machen würde. Und ihn selbst mußte die Frage beschäftigen, die ihm auch von seinen verbliebenen Freunden gestellt wurde, wer und was er selbst war, nachdem er mit der Philosophie der Zeit gebrochen hatte. *Ich bin keineswegs ein Philosoph*, schreibt er 1760 seinem Buchhändler, *sondern ein braver Mann, der niemanden Böses zu tun versucht, der die anständigen Leute schätzt und der gerne, wenn er es vermag, nützliche Wahrheiten sagt.* Das Bekenntnis, kein Philosoph zu sein, verknüpfte Rousseau mit der Betonung der Treue zu seinen eigenen Überzeugungen und der Achtung vor der Religion: *Ich kann es nicht dahin bringen, zu glauben, was ich nicht glaube, und nicht zu glauben, was ich glaube*, schrieb er im selben Jahr in einem Brief, in dem er auch sein Bekenntnis zum Glauben erläuterte: *Ich zweifle, ob es überhaupt jemanden gibt, der die Religion aufrichtiger liebt und achtet als ich, was mich nicht daran hindert zu verabscheuen und zu verachten, was an Barbarischem, Ungerechtem und für die Gesellschaft Verderblichem die Menschen zu ihr hinzugetan haben.*

Die innere Lehre der Philosophen wurde auch von anderer Seite angegriffen. Im Jahre 1760 erregte das Theaterstück «Die Philosophen» eines gewissen Palissot in Paris großes Aufsehen, weil es die Enzyklopädisten denunzierte. Es enthüllte, daß sie die Religion verachteten – *nous n'en voulons plus*, wir wollen davon nichts mehr wissen –, hieß es in Palissots Stück. Statt dessen predigten sie einen bedenkenlosen Egoismus. Um sein eigenes Glück zu verwirklichen, sei alles erlaubt, es komme einzig und allein darauf an, *glücklich zu sein, gleich mit welchen Mitteln*. Palissots Enthüllungen gipfelten in der Feststellung, daß die Philosophen nichts anderes wollten, als zu zerstören. *Sie beherrschen die Kunst zu zerstören, aber sie bauen nichts auf*, lautete das Urteil, das auf dem Theater über sie gefällt wurde.

Während sich Rousseau in einem Brief an den Verfasser des Stückes besonders über die Behandlung Diderots beklagte, den Palissot unter dem Namen Dortidius auftreten ließ, dürfte er die Enthüllungen über die innere Lehre der Philosophen kaum mißbilligt haben. Denn sie stimmten mit dem überein, was er selbst in seinen Schriften mitgeteilt hatte und was er später in seinem nachgelassenen Werk «Rousseau juge de Jean-Jacques. Dialogues», in dem er das Komplott gegen ihn aufzuklären suchte, unmißverständlich aussprach. Dort denunziert er die *neue Philosophie* als eine Verschwörung, die nicht anders, als es bis zu ihrem Verbot in Frankreich die Jesuiten versucht hatten, das Denken der Menschen lenken und eine *Tyrannei über den Geist* errichten wollte. In diesem Spätwerk stellte Rousseau die Philosophie seiner früheren Freunde auf eine Stufe mit der Inquisition. Die Intoleranz der Philosophie sei zwar nicht so offensichtlich und vielleicht auch nicht so entschlossen wie ehedem die der Inquisition, denn sie rufe keinen Aufruhr gegen sie hervor. Aber in dem Augenblick, wo echte Anhänger des Glaubens, der Toleranz und der Moral aufträten, würden sie die schrecklichsten Verfolgungen erleiden: *Bald würde eine Inquisition, die bedächtiger, aber nicht weniger blutrünstig wäre als die andere, ohne Erbarmen jeden verbrennen lassen, der es wagen würde, an Gott zu glauben.*

Während Voltaire in der Öffentlichkeit die Kriminaljustiz angriff und im Namen der Vernunft gegen Verhörmethoden, gegen Folter und unmenschliche Rechtsprechung zu Felde zog, eröffnete Rousseau eine andere Front – gegen den geheimen Gesinnungsterror der Aufklärung. Er glaubte, eine geheime Gerichtsbarkeit entdeckt zu haben, die sich der Öffentlichkeit ohne deren Wissen als eines Instrumentes bediente. Die Öffentlichkeit selbst war das Tribunal, durch das er sich unschuldig verfolgt glaubte. Es war ein Prozeß ohne Ankläger, ohne Anklage und ohne öffentliches Verfahren, eine Verschwörung, die sich der öffentlichen Meinung und der Denunziation bediente und die sich deswegen wie eine Ansteckung ausbreiten konnte, ohne daß das Geheimnis jemals gelüftet wurde. In den letzten Jahren seines Lebens hielt sich Rousseau für das erste Opfer eines neuartigen Meinungsterrors und einer Verschwörung. Das Zeitalter der Vernunft ist für ihn das Zeitalter, das sich der Vernunft verschließt, ihr kein Gehör gibt: *Die Vorurteile und der Irrtum herrschen im Namen der Vernunft, die Menschen, durch ihr eitles Wissen zerrüttet, haben ihren Geist der Stimme der Vernunft und ihr Herz der Stimme der Natur verschlossen.*

37
Egoismus und Menschheitswohl

Der Stimme der Natur verschließt sich auch der Philosoph, der auf die Wehklagen unter seinem Fenster nicht hört. Man kann sich die Szene auch so vorstellen: Der Philosoph sitzt in seinem Zimmer an seinem Tisch und arbeitet an einem Werk über das Wohl der Gesellschaft, vielleicht einer Menschheitsmoral, als unter seinem Fenster ein Mensch ermordet wird. Er hört die Schreie des Unglücklichen und hält sich nach einigem inneren Argumentieren die Ohren zu: Er möchte in seiner Arbeit am Weltethos nicht gestört werden. Seine Gedanken und ihre Bedeutung für die ganze Menschheit machen ihn unempfänglich für Unglück, das in seiner unmittelbaren Nähe geschieht. Wie Thales zu den Sternen aufblickt und nicht sieht, was vor seinen Füßen ist, in einen Brunnen stürzt und dadurch das Gelächter der sprichwörtlichen thrakischen Magd hervorruft, ist auch der Philosoph so sehr über das Alltägliche erhoben, daß alles, was in seiner Nähe geschieht, für ihn bedeutungslos geworden ist. Da es sich in diesem Falle aber nicht um astronomische, um theoretische Betrachtungen handelt, sondern um praktische Fragen des Menschheitswohls, kann darauf nicht mit einem Lachen, sondern nur mit Empörung geantwortet werden.

Es ist nach Rousseaus Interpretation ein Übermaß an Reflexion, das den Philosophen, der sich die Ohren verstopft, dazu bringt, den natürlichen Impuls zum Mitgefühl zu ersticken, der ihn veranlassen könnte, dem Unglücklichen unter seinem Fenster zu Hilfe zu eilen. Die Reflexion ermöglicht es ihm, mit seinem Wohlwollen die ganze Menschheit zu umfassen, aber sie läßt seine tätige Hilfsbereitschaft verkümmern. Man kann also das allgemeine Wohl anstreben, ohne seinen Pflichten gegenüber konkreten Menschen nachzukommen. Die moralischen Empfindungen und Regungen, die Sympathiegefühle und das Mitleid, die sich im Nahverhältnis auf einzelne Menschen beziehen, schwächen sich in dem Maße ab, wie der Horizont der Reflexion und des Handelns sich erweitert, bis er im Idealfall die ganze Erde und alle Menschen umfaßt. Damit diese Erweiterung möglich wird, müssen die elementaren moralischen Reaktionen ausgehängt werden. Auf sie ist der philosophische Menschheitsgedanke nicht angewiesen, er nimmt eine Verarmung des moralischen Nahverhaltens in Kauf.

Damit ist zugleich auch der Egoismus gerechtfertigt, der die Rechnung allein führt, angeblich zum Wohl des Ganzen. Daß in einer in ihren Handlungsspielräumen erweiterten Gesellschaft der Egoismus sogar– *private vices, public benefit* – als Altruismus auftreten konnte, trug zwar zu seiner Rechtfertigung bei und bedeutete eine erhebliche moralische Entlastung, war aber dennoch keine moralische Wahrheit. Die Denkweise, die sich in dieses moralentlastete Verhalten hineindachte, charakterisiert Rousseau mit dem Wort *s'argumenter*, das er erfunden hat, um ein um sich selbst kreisendes Denken zu bezeichnen, das dazu führen soll, sich mit den Dingen und Vorgängen, wie sie sind, abzufinden. Es bedeutet deswegen auch, sich ins Unabänderliche zu schicken, ein Fatalismus, zu dem die in sich selbst kreisende Reflexion führt, indem sie die natürlichen Impulse erstickt, an deren Stelle abstrakte Erwägungen treten.

In Rousseaus Interpretation von Molières «Menschenfeind» (im «Brief an d'Alembert») wird diese Logik zum Charakterzug der Hauptfigur des Stücks: *Die ständige Betrachtung der Unordnung der Gesellschaft zieht ihn von sich selbst ab, um statt dessen seine ganze Aufmerksamkeit auf das Menschengeschlecht zu heften*. Die Indifferenz eines stoischen Weltbetrachters gegenüber dem Gang der Dinge geht hier mit einer gesteigerten Empfindlichkeit in allem einher, was ihn selbst betrifft. Man sollte erwarten, schreibt Rousseau über Molières Philinte, daß dieser Philosoph alle Unordnung der Gesellschaft mit einem stoischen Gleichmut sehen, aber sich bis zur Raserei über das geringste Übel erregen würde, das ihn selbst träfe: *Tatsächlich beobachte ich, daß solche Menschen, die gegenüber öffentlichem Unrecht so friedfertig sind, bei dem geringsten Unrecht, das man ihnen tut, den meisten Lärm machen und auf ihre Philosophie solange nicht weiter acht haben, als sie diese nicht für sich selbst brauchen.* Um dieses Selbstmißverständnis zu entlarven, erzählt Rousseau – für ihn sehr ungewöhnlich – einen Witz über einen Iren, der sein Bett nicht verlassen will, obwohl sein Haus in Flammen steht. Als man ihm zuruft, er solle ja schnell herauskommen, antwortet er: *Was soll's, ich bin nur Mieter.* Erst als das Feuer in seine Nähe kommt, springt er auf, schreit, regt sich auf und beginnt endlich zu begreifen, daß man sich manchmal für das Haus, das man bewohnt, interessieren muß, auch wenn es einem nicht gehört.

Als Rousseau sich im «Brief an d'Alembert» von seinen früheren philosophischen Gefährten um die Encyclopédie in aller Öffentlichkeit verabschiedet, wirft er ihnen vor, daß ihre Politik *als Antrieb immer ein besonderes Interesse habe und das Allgemeinwohl immer nur als Vorwand*, daß das Allgemeinwohl als Argument immer nur ein besonderes Interesse kaschiere. Er führt die Verwechslung des allgemeinen und des besonderen Interesses auf einen speziellen Philosophenhochmut zurück, der ihnen schmeichle, daß ihr besonderes Interesse notwendig das allgemeine sei. Diese Selbsttäuschung diskreditierte in Rousseaus Augen jede philosophische Politik. Er schlug deswegen vor, das Kriterium für das Vorliegen von Allgemeininteresse zu verändern und nicht länger zu versuchen, eine Übereinstimmung mit dem besonderen Interesse herbeizuführen, sondern in der Spannung und im Widerspruch zu ihm zu erkennen: *Wagen wir es also, immer für das Wohl aller zu sprechen, auch wenn sich dies als nachteilig erweisen sollte für unsere Freunde und für uns selbst.*

Für die materialistischen Philosophen der Zeit, die mit der Mechanik von Lust und Unlust operierten, waren alle Gefühle, die, wie Furcht oder Mitleid, auf andere Gefühle reagierten oder einwirkten, nichts weiter als Störungen. Sie bewirkten, daß die Gefühlsmechanik ihre Berechenbarkeit verlor, sie standen den Gesetzen des Wohlergehens im Wege. Alle Gefühle, die über die elementaren Regungen von Lust und Unlust hinausgingen, bewiesen nur die Unvollkommenheit der Welt, sie konnten zu ihrer Verbesserung nichts beitragen. Sie verschlechterten vielmehr die Gesamtbilanz. Wollte man sie aufbessern, gab es nur eine Möglichkeit: Man mußte allem Leid und Unglück aus dem Weg gehen und das Mitleid ablehnen, weil es die Gesamtbilanz von Lust und Unlust verschlechterte, statt sie zu verbessern. Das ferne Ziel eines Zustands der Schmerzlosigkeit kann nur erreicht werden, wenn man sich die Natur des Menschen als unbegrenzt anpassungsfähig und formbar vorstellt. Und könnte man sogar Lust und Unlust des Menschen bestimmen, dann würde es vielleicht eines fernen Tages möglich sein, eine Gesellschaft des allgemeinen Wohlbefindens zu schaffen. Für diesen Zweck sollte die menschliche Natur radikal umgeformt werden. Diese Philosophie könnte es gewesen sein, die den Philosophen dazu brachte, sich die Nachtmütze über die Ohren zu ziehen, um die Schreie des Unglücklichen unter seinem Fenster nicht länger zu hören. Er erstickte in sich die Stimme der Natur aus Fatalismus gegenüber dem Gang der Dinge, der durch Mitleid nicht geändert werden konnte.

38

Fanatismus der Gleichgültigkeit

Mit seiner Verleugnung der Anekdote vom Philosophen, der sich die Ohren verstopft, erweckte Rousseau den Eindruck, als sei diese Figur ein Fremdkörper in seinem Werk und komme dort nur an einer einzigen Stelle vor. Tatsächlich aber ließ er dieselbe Gestalt auch in seinem «Émile» auftreten, der zu einer Zeit entstand, als die Freundschaft mit Diderot schon zerbrochen war und dieser keinen Einfluß mehr auf Rousseaus Schriften nehmen konnte. In einer langen Anmerkung über den Fanatismus warnt Rousseau vor den Philosophen, die unter dem Vorwand, die Natur zu erklären, bedrückende Lehren in die Herzen pflanzten: *Unter dem hochtrabenden Vorwand, daß sie als einzige aufgeklärt, wahrhaftig, gewissenhaft seien, unterwerfen sie uns gebieterisch ihren weitreichenden Entscheidungen und behaupten, uns in ihren nicht einsichtigen Systemen, die sie in ihrer Phantasie errichtet haben, die wahren Grundsätze der Dinge mitzuteilen.* Diese dogmatischen Skeptiker stellten alles auf den Kopf, was die Menschen achten, zerstörten es und träten es mit den Füßen. So nähmen sie den Leidenden den letzten Trost und befreiten die Mächtigen und Reichen vom einzigen Zügel ihrer Leidenschaften: *So reißen sie aus den Herzen die Reue über das Verbrechen und die Hoffnung auf die Tugend, und dafür rühmen sie sich noch, Wohltäter der Menschheit zu sein.*

Man erkennt die Philosophie und die Philosophen wieder, die Rousseau in seinen früheren Schriften angegriffen hatte. Um sie von der wahren Philosophie abzuheben, bezeichnete er sie mit einem von ihm selbst geprägten Ausdruck als *parti philosophiste* und charakterisierte ihre Art zu argumentieren durch ihre Behauptung, daß es leichter sei, aus echten Philosophen ein Volk zu bilden, als aus guten Christen, eine Behauptung, der Rousseau auch im «Contrat social» mit der Bemerkung widersprach, daß nichts aussichtsloser sei, als ein Volk aus Philosophen gründen zu wollen. Denn die *Philosophie ohne Religion* könne ebenso mißbraucht werden, wie dies in früheren Zeiten bei der *Religion ohne Philosophie* der Fall gewesen sei. Darin verbarg sich eine Provokation. Denn es gehörte zu den gefestigten Überzeugungen der Zeit, daß es zwar einen religiösen Fanatismus gebe, nicht aber einen philosophischen. Die Philosophie galt als resistent gegen das Laster des Fanatismus, sie stand mit der Toleranz sozusagen in einem ewigen Bündnis, und darauf beruhte die Legitimität ihres Kampfes gegen Aberglauben und Religion. In der französischen Philosophie des achtzehnten Jahrhunderts war Fanatismus gleichbedeutend geworden mit Aberglauben, religiöser Orthodoxie und Intoleranz. *Der Fanatismus verhält sich zum Aberglauben wie die Raserei zum Zorn*, schrieb Voltaire, er sei vom Aberglauben nicht zu trennen und seine notwendige Äußerungsform. Gegen diesen Fanatismus gab es nach übereinstimmender Ansicht der Zeit nur ein Gegenmittel: die Philosophie.

Schon der Religionskritiker Pierre Bayle hatte sich nicht damit begnügt, den religiösen Fanatismus zu geißeln, wie es nach ihm die Philosophen der Aufklärung taten, sondern darüber hinaus die für die weitere Diskussion höchst folgenreiche These in die Welt gesetzt, daß die Atheisten von der Versuchung des Fanatismus freizusprechen seien. Rousseau folgt Bayle in dieser Einschätzung: *Bayle hat sehr gut bewiesen, daß der Fanatismus verhängnisvoller ist als der Atheismus, und das ist unbestreitbar.* Aber obwohl er mit dieser Ehrenrettung des Atheismus einverstanden zu sein scheint, kritisiert er sie doch, wenn auch nur indirekt. Bayle hatte nicht alles gesagt, als er den Fanatismus uneingeschränkt verdammte: *Was er sich aber gehütet hat zu sagen und was nicht weniger wahr ist, ist, daß der Fanatismus, obwohl blutig und grausam, trotzdem eine große und starke Leidenschaft ist, die das Herz des Menschen erhebt, den Tod verachten läßt, was ihm einen wunderbaren Antrieb gibt, und daß man ihn nur besser lenken muß, um die erhabensten Tugenden zu erlangen.* Der Fanatismus war also eine Leidenschaft, aus der, in die richtigen Bahnen gelenkt, große Tugenden hervorgehen konnten. Das Übel des Fanatismus vermochte Gutes hervorzubringen. Mit dieser Verteidigung des Fanatismus stand Rousseau in seiner Zeit allein, er selbst hatte noch kurz zuvor, in der ersten Fassung des «Contrat social», das Verhältnis von Philosophie und Fanatismus ganz im Sinne Bayles und der Aufklärung gesehen: *Die ganze Erde würde im Blut ertrinken und das Menschengeschlecht würde bald zugrunde gehen, wenn nicht die Philosophie und die Gesetze dem Wüten des Fanatismus Einhalt gebieten würden und wenn die Stimme des Menschen nicht stärker wäre als die der Götter.*

Die Pointe seiner unzeitgemäßen Apologie des Fanatismus lag allerdings woanders. Denn die Rechtfertigung des Fanatismus erlaubte es ihm, etwas für die Philosophie der Zeit noch Anstößigeres zu behaupten: Auch die Philosophie könne ein Fanatismus sein, und zwar eine besonders gefährliche Variante. Die besondere Gefährlichkeit des philosophischen Fanatismus beruhte darauf, daß er nicht die von den Religionen her bekannten Erscheinungsformen annahm, sondern unsichtbar blieb. Die Philosophie war in Rousseaus Augen deswegen so gefährlich geworden, weil sie fast geräuschlos das Fundament der Gesellschaft untergrub. Sie wirkt nicht weniger verheerend als der Fanatismus, ohne die bekannten Erscheinungsformen des Fanatismus anzunehmen. Rousseau war sogar der Ansicht, daß der räsonierende und philosophische Geist, *l'esprit raisoneur et philosophique*, die Seelen verdarb und die ganze Leidenschaft an eigennützige Interessen kettete.

In seinem Brief an Voltaire vom 18. August 1756 über das Erdbeben von Lissabon hatte Rousseau Bayles Behauptung, daß der Atheismus kein Fanatismus sei, vorsichtig revidiert, indem er zu bedenken gab, daß es nicht nur unduldsame Gläubige, sondern auch unduldsame Ungläubige geben könne, die das gemeine Volk dahin bringen würden, gar nichts zu glauben. Wenn es nach ihm ginge, erklärte er, würde er diese Ungläubigen nicht weniger entschlossen aus der Gesellschaft ausschließen als diejenigen, die das Volk zwingen wollen, *alles zu glauben, was ihnen gefällt.* Das war deutlich an Voltaire adressiert als an das Haupt der Toleranzpartei, für die der Gedanke einer Intoleranz der Vernunft widersprüchlich war. Rousseaus *religion civile* wird demgegenüber zum ersten Mal eine Religion sein, die sogar die Vernunft zur Loyalität gegenüber dem sozialen Frieden zwingt.

Entgegen Bayles These von der Ungefährlichkeit des Atheismus sah Rousseau in ihm eine Bedrohung für die Gesellschaft. Wenn auch die Atheisten keine Fanatiker in dem Sinne sein mochten, daß sie das Blut der Menschen vergossen, so lag dies nach Rousseaus Ansicht nicht etwa an ihrer Friedensliebe, sondern an ihrer Gleichgültigkeit gegenüber dem Lauf der Dinge. Diese Indifferenz war aber die eigentliche Gefahr, gefährlicher als das Blut, das der religiöse Fanatismus vergoß. Denn die Indifferenz des Atheismus erstickte den Antrieb, Gutes zu tun: *Denn daß alles seinen rechten Gang geht, bedeutet dem vorgeblichen Weisen nichts, solange er nur in seinem Arbeitszimmer in Ruhe gelassen wird – pourvu qu'il reste en repos dans son cabinet.* Das ist der Philosoph, der sich die Ohren verstopft, als unter seinem Fenster jemand ermordet wird. Er interessiert sich nicht für das, was geschieht, es ist ihm gleichgültig, er ist indifferent gegenüber dem allgemeinen Lauf der Dinge, ob nun einer ermordet wird oder nicht. Er will nichts dagegen unternehmen, damit alles seinen Gang gehe. Er selbst würde zwar keines Menschen Blut vergießen, aber seine Gleichgültigkeit gegenüber dem Guten, das er tun könnte, hindert ihn, dem Unglücklichen zu Hilfe zu eilen. Der Atheist ist nicht gewalttätig, er hat mit dem religiösen Fanatiker keine Ähnlichkeit in seinem Verhalten, aber seine Philosophie begünstigt einen heimlichen Vorbehalt zu seinen Gunsten, der, zu einer verbreiteten Einstellung geworden, schließlich dazu führen würde, daß sich die Menschen voneinander abwenden.

Rousseau verdächtigt den Atheismus, er werde aus dem ausschließlichen Interesse am eigenen Wohlbefinden die Sitten so verändern, daß schließlich durch Abtreibungen die Fortpflanzung der Menschheit gefährdet wird. Die Atheisten töten nicht, aber *sie hindern die Menschen daran, geboren zu werden.* Ihr Egoismus untergrub nicht nur die Tugend, sondern verhinderte auch, daß sich die Bevölkerung vermehrte, denn sie rieten zur Abtreibung der Nachkommen. Diese Haltung der philosophischen Indifferenz, *l'indifférence philosophique,* war für Rousseau nur eine andere Erscheinungsform des Fanatismus, die neben diesem, den er ja wegen der Leidenschaft, zu der er befähigte, partiell gerechtfertigt hatte, allerdings in einem ungünstigeren Licht stand. Das, was man den philosophischen Geist nannte, hatte langfristig weit schlimmere Folgen als der allseits gefürchtete und von der Philosophie bekämpfte Fanatismus, der nur in seinen unmittelbaren Auswirkungen verheerend war.

Zwei Fragen waren es, die Rousseaus Mißtrauen gegen die Philosophie seiner Zeit weckten: Was geschieht, wenn die Philosophie ihre schönen Grundsätze nicht mehr nur in Büchern darlegt, und was geschieht, wenn sie erst einmal im Sattel sitzen wird und im Verein mit Ruhmsucht, Interessen, Ehrgeiz und den kleinen Leidenschaften der Menschen ihre Herrschaft ausübt? Rousseau erschien es höchst ungewiß, *ob sie ihre schöne Menschlichkeit, die sie mit der Schreibfeder in der Hand anpreist, auch in die Tat umsetzen wird.* Er schließt die lange Anmerkung mit dem Appell: *Philosoph, deine Moralgesetze sind sehr schön, aber zeige mir bitte ihre Sanktion. Höre augenblicklich auf, im Land herumzulaufen, und sage mir klar und deutlich, was du an die Stelle des Poul Serrho setzen willst* – an die Stelle jener Brücke über dem ewigen Feuer, über die der Fromme gefahrlos nur gehen kann, wenn er seine Verfehlungen gesühnt hat.

39

Atheismus als Versuchung

In den berüchtigten, angeblich zur Widerlegung von Rousseaus «Confessions» verfaßten und von Grimm und Diderot beeinflußten Memoiren von Madame d'Épinay – zuletzt unter dem Titel «Contre-Confessions de Madame d'Épinay» erschienen – gibt es die Szene eines gemeinsamen Essens der Philosophen, bei dem sie ihre Ideen freimütig äußern und keine der sonst üblichen Rücksichten wahren. Man kommt auch auf die Religion zu sprechen und nimmt kein Blatt vor den Mund. Mademoiselle Quinault ist darüber erschrocken und bittet um Gnade wenigstens für die natürliche Religion, worauf Saint-Lambert sagt: *Nicht mehr als für die anderen.* Rousseau, der in den Memoiren unter dem Namen René auftritt, protestiert: *Wenn es schändlich ist, über seinen abwesenden Freund Schlechtes zu sagen, dann ist es ein Verbrechen, Schlechtes über seinen Gott zu sagen, der anwesend ist.*

Und ich, meine Herren, ich glaube an Gott! Wenn Sie noch ein Wort sagen, gehe ich.

An diese erstaunliche Szene, für deren Authentizität nicht zuletzt Rousseaus Glaubensbekenntnis spricht, schließt sich ein Gespräch Rousseaus mit Madame d'Épinay an. Rousseau soll ihr gestanden haben, daß es auch bei ihm Zeiten gebe, in denen er Saint-Lambert zustimme: *Madame, manchmal in meinem Arbeitszimmer, meine beiden Fäuste auf die Augen gepreßt, oder in der Dunkelheit der Nacht, bin ich derselben Ansicht wie Saint-Lambert. Aber sehen Sie dies, sagte er, indem er mit einer Hand zum Himmel wies, den Kopf erhoben und mit dem Blick eines Inspirierten: der Sonnenaufgang, in dem er den Dunst auflöst, der die Erde bedeckt und mich dem strahlenden und wunderbaren Schauspiel der Natur aussetzt, vertreibt gleichzeitig die Nebel meines Geistes. Ich finde meinen Glauben, meinen Gott, meinen Glauben an das Gesetz wieder; ich bewundere ihn, ich bete ihn an und werfe mich nieder in seiner Gegenwart.* Der Atheismus ist eine nächtliche Anfechtung, und der Philosoph preßt die Fäuste auf seine Augen – eine Geste, die unweigerlich an den Philosophen erinnert, der die Hände auf seine Ohren preßt. Beide Male dient diese Geste dazu, die Sinne zu verschließen – nicht zu hören und nicht zu sehen. Rousseau wollte mit der Schilderung seiner nächtlichen Zweifel sagen, daß man der Versuchung des Atheismus nur entgehen könne, wenn man seine Sinne öffne. Dann überwinde man die Gleichgültigkeit gegen den Lauf der Dinge. Rousseaus Glaubensbekenntnis in den Pseudo-Memoiren – *Ich möchte als anständiger Mensch und guter Christ leben, ich möchte in Frieden sterben* – zeigt aber auch, daß es diesem Gegner des Atheismus nicht gegeben war, in einer selbstverständlichen Weise zu glauben. Rousseau wollte Christ sein, aber bis zur letzten Gewißheit brachte er es nicht. Er glaubte, wie er einmal erklärt, weil er etwas Tröstlicheres als den Glauben nicht kannte. Würde er es entdecken, er würde sich daran halten.

Man kann von einem Atheismusstreit zwischen Diderot und Rousseau sprechen. In den «Confessions» berichtet Rousseau, daß in den Zeiten, als er täglich mit Diderot und den Enzyklopädisten zusammen war, sein Glaube nicht etwa schwächer, sondern eher stärker geworden sei. *Der Umgang mit den Enzyklopädisten, statt meinen Glauben zu erschüttern, festigte ihn vielmehr durch meine natürliche Abneigung gegen Streit und Parteigezänk. Das Studium des Menschen und des Universums hatte mir überall die Endursachen gezeigt und den Verstand, der sie lenkte. Die Lektüre der Bibel und vor allem des Evangeliums, mit dem ich mich seit einigen Jahren beschäftigte, ließen mich ihre niedrigen und törichten Interpretationen verachten, die diese Leute über Christus von sich gaben, obwohl sie am wenigsten würdig waren, ihn zu verstehen.* Damit meinte er wohl seine Freunde, vor allem aber Voltaire, der mit Vorliebe Exegesen der biblischen Geschichte betrieb, die kein gutes Licht auf diese warfen.

Nur einmal in seinem Werk hat Rousseau, der stets die Kontinuität und Konsequenz seines *traurigen und großen Systems* durch alle Wandlungen hindurch betonte, einen Irrtum ausdrücklich eingeräumt. In einer Anmerkung zur «Lettre à d'Alembert» teilt er mit, daß er seine Ansicht über das Verhältnis von Tugend und Religion geändert habe: Lange Zeit habe er *der täuschenden Meinung* angehangen, man könne *tugendhaft sein ohne Religion*, aber er sei *gründlich eines Besseren belehrt* worden. Dieses an wenig auffälliger Stelle untergebrachte Bekenntnis dürfte den entscheidenden Einschnitt in Rousseaus Beziehung zu seinen Freunden bezeichnen. Denn sie glaubten, daß das, was man als Tugend bezeichnete, nur unabhängig vom Glauben möglich sei, und Rousseau hatte diese Ansicht, trotz seines persönlichen Angezogenseins durch die Religion, offenbar lange geteilt. Der Konflikt reichte also viel tiefer, als die Szene bei Mademoiselle Quinault und Rousseaus Erklärungen gegenüber Madame d'Épinay vermuten lassen.

Diderot hatte wohl seit je an der Aufrichtigkeit von Rousseaus Glaubensbekenntnis gezweifelt, die Konversionen seines Freundes vom Protestantismus zum Katholizismus und wieder zurück waren für ihn ein Beweis dafür, daß dieser nicht wirklich gläubig war. *Dieser Mensch ist falsch*, erklärte Diderot später, *eitel wie Satan, undankbar, grausam, heuchlerisch und böse; alle seine Abtrünnig-*

keiten vom Katholizismus zum Protestantismus und vom Protestantismus zum Katholizismus, ohne überhaupt etwas zu glauben, beweisen es nur zu deutlich. Nicht weniger scharf reagierte Diderot in seinen sogenannten «Tablettes» auf das Glaubensbekenntnis des savoyischen Vikars, den einzigen Text Rousseaus, um den Voltaire ihn, dieses einzige Mal wohl ohne Beimischung von Ironie, beneidete. Diderot dagegen notierte: *Er hat die Frömmler für sich. Das Interesse, das sie an ihm nehmen, verdankt sich dem Schlimmen, was er über Philosophen sagt... Sie hoffen immer, daß er konvertieren wird, und sie zweifeln nicht daran, daß ein Überläufer aus unserem Lager früher oder später in das ihre wechselt... Ich sehe diesen R. um eine Kapuzinerin herumgaukeln, um sich eines schönen Vormittages mit ihr einzulassen. Er ist ein hemmungsloser Mensch, der vom Atheismus zum Taufgeläut geschleudert wird.* Rousseau war für Diderot ein Abtrünniger des Atheismus, dies sei der Grund für seinen mehrmaligen Wechsel der Bekenntnisse gewesen. Diese Interpretation macht deutlich, daß die Philosophen den Atheismus für das einzige aufrichtige Bekenntnis hielten. Nicht einmal Rousseau konnte sich diesem philosophischen Glauben ganz entziehen.

Diese Ansicht dürfte auch der Szene bei Mademoiselle Quinault zugrunde liegen: Die geheimen Memoiren waren für eine nicht mehr weit entfernte Nachwelt bestimmt, von der man offenbar annahm, daß der Atheismus dann nicht mehr geheim gehalten werden müßte, vielmehr wäre er das allgemeine und öffentliche Bekenntnis. Auch Diderots private Aufzeichnungen bestätigen diese Naherwartung des Atheismus. Rousseau ist demgegenüber ein eindrucksvolles Beispiel dafür, wie aus einer polemischen Spannung Einsichten entstehen können, die sich mehr dem Willen zur Unterscheidung als dem Willen zur Wahrheit verdanken. Seine ihm selbst wichtigsten Einsichten entsprangen dem Widerspruchsgeist, dem Widerstand gegen die Überzeugungen und Einreden seiner Freunde. Weil sie ihn für beeinflußbar hielten und zu lenken versuchten, wurde er auf alles aufmerksam, was ihnen zuwider war. Aus Widerspruchsgeist entstanden Überzeugungen, deren Wert er sonst vielleicht übersehen hätte. So ließ ihn sein Widerstand gegen den Atheismus seiner Freunde entdecken, daß der Glaube an die Gesellschaft, das Idol der neuen Philosophen, gefährlicher war als die Religion. Die großen Ersatzlösungen kündigten sich an.

Weil die zeitgenössische Philosophie die Irrtümer der Religion so vehement bekämpfte, behauptete Rousseau, daß es keine Philosophie geben konnte, die nicht ihrerseits unweigerlich neue Irrtümer und neue Vorurteile hervorbrachte. In der «Lettre à d'Alembert», seiner Abrechnung mit den Enzyklopädisten, treibt er dieses Argument auf die Spitze: *In diesem Jahrhundert, in dem Vorurteile so stolz herrschen, gibt sich der Irrtum selbst den Namen der Philosophie.* Jede Zerstörung eines Vorurteils lasse ein anderes an seine Stelle treten, und indem die Philosophie sich selbst an die Stelle aller Vorurteile setzen wollte, verwandelte sie sich in ein letztes, nicht mehr durchschaubares Vorurteil. Erst als Verfolgte der Philosophie wurde die Religion unschuldig, was sie auch in Rousseaus Augen nie gewesen war, wie seine wiederholten Hinweise auf den religiösen Fanatismus und die Inquisition belegen. Erst die Absicht der Philosophen, die Religion zu ersetzen, gab ihr diese Unschuld. In seinen postumen Dialogen «Rousseau juge de Jean-Jacques» führte seine Polemik gegen die Philosophie der Zeit zu Zukunftsahnungen, in denen er die Macht der modernen Ideologien sich abzeichnen sah. Der Pessimismus dieser Vorahnungen übertraf bei weitem alles, was damals gedacht wurde. Auch das existentielle Klima dieser Spätschrift unterscheidet sich von allem, was die Zeit hervorgebracht hat. Sie ist Kierkegaard und Kafka näher als irgendeinem Autor seiner Zeit.

40

Doppelte Autorschaft

Wer ist nun der Verfasser der Passage vom Philosophen, der sich die Ohren verstopft? In seinen Fußnoten zu den «Bekenntnissen» und im Brief an Saint-Germain hat Rousseau nicht nur die Autorschaft Diderots behauptet, sondern auch eine Reihe von Gründen genannt, die es fast unmöglich erscheinen lassen, diese Behauptung nachzuprüfen: Er selbst habe sich in seinen Anfängen am Stil Diderots geschult, und dieser habe in so lebhaftem Gedankenaustausch mit ihm gestanden, daß es ihm nicht schwergefallen sein konnte, eine Passage zu verfassen, die sich nahtlos in Rousseaus Abhandlung einfügte. Immerhin macht Rousseau auf den harten Ton und die düstere Stimmung aufmerksam, die Diderots Texte auszeichneten und die er im Abschnitt über den Philosophen wiedererkannte. Doch allen Behauptungen Rousseaus zum Trotz fügt sich dieses Stück für den unbefangenen Leser nahtlos in den Zweiten Discours ein und entspricht genau Rousseaus Kritik der zeitgenössischen Philosophie. Der Leser wird den Philosophen, der sich die Ohren verstopft, kaum als einen Fremdkörper empfinden. Allenfalls im Ton, durch eine gewisse hysterische Übertreibung, hebt sich die Passage von der Abhandlung ab, die selbst dort, wo sie zur Anklage der Zivilisation wird, jede verletzende Sprache vermeidet.

Ein solcher Konflikt der Interpretationen war in der Zusammenarbeit der beiden so unterschiedlichen Freunde durchaus nichts Ungewöhnliches. Ein Beispiel dafür findet sich schon in Rousseaus Erstem Discours an der einzigen Stelle, an der Rousseau einen Satz seines Freundes zitiert und erkennbar einen Gedanken von ihm aufnimmt. Es ist ein Zitat aus Diderots 1746 erschienenen «Pensées philosophiques», die verboten und verbrannt worden waren und die Rousseau in der Fußnote nur mit dem Kürzel «Pens. Philosoph.» identifiziert. An dieser Stelle des Ersten Discours ist von den moralischen Wirkungen der Wissenschaften die Rede, für deren Verderblichkeit die Erziehung als Beispiel herhalten muß: Die Schüler verlernen den Unterschied des Wahren und Falschen und stattdessen lernen sie durch allerlei trügerische Argumente die Kunst, sich für andre unerkennbar zu machen, während die Bedeutung so wichtiger Worte wie Großmut, Mäßigkeit, Menschlichkeit, Mut ihnen unbekannt bleibe und der süße Name des Vaterlandes nie an ihr Ohr gelange. An dieser Stelle folgt der Diderot entlehnte Satz: *Und wenn sie von Gott reden hören, so nicht sosehr wegen der Furcht Gottes, sondern damit sie Angst vor ihm haben.* In diesem Satz Diderots gipfelt die polemische Rhetorik.

In seinen «Pensées philosophiques» hatte Diderot allerdings etwas anderes geschrieben: *Es gibt Menschen, von denen man nicht zu sagen braucht, daß sie Gott fürchten, sondern vielmehr daß sie vor ihm Angst haben.* Mit diesem geistreichen Wortspiel mit *Furcht* und *Angst* wollte Diderot sagen, daß die Gottesfurcht ihren Ursprung in der Angst habe, während Rousseau das genaue Gegenteil behauptet: Die Angst sei nicht der Ursprung der Gottesfurcht, sondern eine Erfindung der Menschen, um das religiöse Verhältnis zu zerstören. Man kann sich gut vorstellen, wie Diderot in seinen Diskussionen mit Rousseau auf diese Stelle aus seinen «Pensées philosophiques» hinwies, um Rousseau dazu zu bringen, sie in seine Abhandlung aufzunehmen, wie sie lebhaft darüber diskutierten und wie Rousseau seinem Freund schließlich nachgab. Er zitierte die Stelle aus Diderots «Pensées» und gab ihr zugleich einen Sinn, den sie bei seinem Freund Diderot nicht gehabt hatte.

Ähnlich verwirrend ist auch die Frage von Autorschaft und Intention bei der Passage mit dem Philosophen, der sich die Ohren verstopft. Da Rousseau, wie er in den «Confessions» sagt, das Thema der Preisfrage, die Entstehung der Ungleichheit, für gewagt und gefährlich hielt, konnte ihm das Stück über den Philosophen nachträglich als besonders unvorsichtig erscheinen, weil es eine zwar kaschierte, aber dennoch leicht zu durchschauende Denunziation enthielt. Wie seine späteren Darlegungen im «Émile» zeigen, handelte es sich bei dem Philosophen, der sich in seinem Arbeitszimmer gegen die Außenwelt abschirmte und den Lauf der Dinge sich selbst überließ, um einen Atheisten, der sich in der zeitgenössischen Gesellschaft nicht ohne persönliche Gefährdung zu erkennen geben durfte. Es konnte den Lesern des Zweiten Discours wohl kaum verborgen bleiben, daß es sich nicht um einen Angriff auf die Philosophie an sich handelte, sondern daß zeitgenössische Philosophen hier des Atheismus beschuldigt wurden.

Wenn diese Deutung zutraf und Rousseau recht hatte mit seiner Behauptung, daß Diderot der Autor war, wie war es dann zu verstehen, daß dieser in den Traktat seines Freundes eine solche Selbstdenunziation hineingeschmuggelt hatte? Sollte diese Passage keine Denunziation seiner eigenen Philosophie sein, dann mußte Diderot sie anders aufgefaßt haben, als die Lektüre im Zusammenhang der Abhandlung nahelegte. Die Szene mit dem Philosophen, der sich die Ohren verstopft, um die Schreie des Unglücklichen nicht zu hören, kann nach dem Muster von Diderots Gedankenexperimenten verstanden werden, bei denen beispielsweise ein Blinder einen Mord, der neben ihm begangen wird, nicht für einen Mord hält. Im Falle des Philosophen ist es aber nicht ein Defekt seiner Sinne wie beim Blinden, sondern es sind innere Gründe seiner Gedanken über den Weltlauf, die ihn dazu veranlassen, nichts hören und sehen zu wollen. Deswegen unterläßt er jede Hilfeleistung. Seine Philosophie sagt dem Atheisten, daß die Welt nicht besser wird, wenn er sein Arbeitszimmer verläßt und einem Unglücklichen hilft. Diderot wollte vielleicht sagen, daß der auf eine philosophische Überzeugung gegründete Entschluß dieselbe Wirkung haben konnte wie die sinnliche Depravation des Blinden.

Diderots Experiment würde dann etwas demonstrieren, was unter bestimmten Umständen allgemein erwartet werden kann. Es wäre ein Gedankenexperiment unter vielen anderen, die Diderot erdacht hat und die beweisen sollten, daß es zwischen sinnlichen Gegebenheiten und moralischen Reaktionen keine notwendigen Beziehungen gab. Diderot hätte in die Abhandlung seines Freundes also ein Stück seiner eigenen Philosophie hineingeschmuggelt, die auf moralische Vormeinungen keine Rücksicht nahm, und für diese Passage sogar eine Lesart zugelassen, die einen starken moralischen Vorwurf gegen seine eigene Philosophie enthielt. Ein solches Vorgehen war für einen Autor wie Diderot nichts Ungewöhnliches, der nicht nur für die von ihm herausgegebene und redigierte Encyclopédie eine Fülle von anonymen Beiträgen verfaßte, sondern auch in seinen Schriften eine Vielzahl verschiedener und gegensätzlicher Haltungen einnahm und eine Art Pantomime des Geistes aufführte. Die spielerische Selbstwiderlegung gehört zu Diderots Esprit. Darüber hinaus mag die merkwürdige Freundschaft der beiden Literaten und ihr gegensätzliches Temperament zu dieser kuriosen Art ihrer Zusammenarbeit beigetragen haben.

Es könnte schon damals Diderots Absicht gewesen sein, Rousseau durch die Parabel vom Philosophen aus der Reserve zu locken, damit er seine Abneigung gegen die neue Philosophie und vor allem gegen die innere Lehre der Enzyklopädisten offen eingestand, wozu ihm damals noch der Mut fehlte. Daß Rousseau gerade diese Episode viele Jahre später so grell beleuchtete, könnte damit zusammenhängen, daß er nach Beweisen suchte, um das Komplott gegen ihn schon zu einem so frühen Zeitpunkt nachzuweisen. Vielleicht glaubte er sogar, Diderot habe ihm die Passage über den Philosophen aufgedrängt, damit er später behaupten konnte, daß Rousseau damals von sich aus einen ersten Schritt zum Bruch mit seinen Freunden getan hatte, indem er sie in einer verklausulierten, aber doch leicht durchschaubaren Weise als Atheisten denunzierte.

41
Ein verdecktes Gespräch

Was wird aus der Philosophie, wenn sie nicht mehr nur Sache der Philosophen ist, sondern in der Öffentlichkeit gelehrt und propagiert wird? Dies war, wie Jean Guéhenno gemeint hat, die Frage, die sich sowohl Diderot wie Rousseau stellten und über die sie miteinander stritten, als sie im Frühjahr 1754 einen intensiven Gedankenaustausch pflegten. Ihre Antworten waren miteinander unvereinbar: Diderot wollte eine Philosophie populär machen, die sich als Interpretation der sinnlichen Erfahrung verstand, während Rousseau die Reflexion angriff, weil sie den Zugang zur Wahrheit des Herzens verstellte. In seiner Preisschrift von 1749 hatte er der Herrschaft der öffentlichen Meinung einen großen Teil der Schuld daran zugeschrieben, daß die Künste und Wissenschaften zum Niedergang der Gesellschaft und zum Verfall der politischen Tugend beitrugen. Denn sobald sie zum Gegenstand öffentlicher Bewunderung würden, täten Gelehrte und Künstler alles mit dem einzigen Ziel, den Beifall der Öffentlichkeit zu erlangen, und ihre Eitelkeit lasse aus ihren guten Absichten schädliche Folgen hervorgehen. Sobald Wissenschaften und Künste in der Gesellschaft eine Rolle zu spielen beginnen, verlieren sie die Kontrolle über ihre ursprünglichen Zwecke und werden durch die in der Gesellschaft vorherrschende Eitelkeit deformiert.

Der Gedankenaustausch zwischen Diderot und Rousseau fand seinen Niederschlag nicht nur in dessen Zweitem Discours, sondern ebenso in Diderots eigenen Arbeiten derselben Zeit. Sein Artikel «Droit Naturel», der im September 1755, ein halbes Jahre nach Rousseaus Abhandlung, im fünften Band der Encyclopédie erschien, enthält viele Wendungen, die auch von Rousseau stammen könnten, so daß man zeitweise geglaubt hat, der anonym erschienene Artikel stamme von ihm. Wenn beispielsweise gegen Ende des Artikels über den allgemeinen Willen gesagt wird, daß dieser niemals irre, so liegt es nahe, darin Rousseaus Handschrift zu erkennen, dessen Lehre von der *volonté générale* mit seinem sieben Jahre später erscheinenden «Contrat social» so unlöslich verbunden ist, daß man Diderots Priorität in diesem Fall nur zögernd anerkannt hat.

Daß Diderot seinen Naturrechtsartikel nicht mit seinem Namen zeichnete, hatte seinen Grund nicht etwa in Unklarheiten der Autorschaft, sondern in den Schwierigkeiten, die ihm vier Jahre zuvor sein namentlich gezeichneter Artikel «Autorité politique» im ersten Band des Wörterbuchs gebracht hatte. Darin hatte er es gewagt, die Vertragstheorie der Gesellschaft nicht nur abstrakt zu entwickeln, sondern auf die französische Monarchie anzuwenden. Auch das französische Königtum, so war dort zu lesen, beruhte auf der Zustimmung des Volkes, einem stillschweigenden Übereinkommen, einem Vertrag. Der Artikel beginnt mit einem Paukenschlag: *Kein Mensch hat von der Natur das Recht erhalten, anderen zu befehlen. Die Freiheit ist ein Geschenk Gottes, und jedes Individuum der gleichen Art hat das Recht, sich ihrer zu erfreuen, sobald es sich der Vernunft erfreut.* Diderot ging hier weiter als die meisten politischen Philosophen seiner Zeit, und die Verfolgung durch die Zensur gegen ihn blieb nicht aus. Im «Journal de Trévoux» der Jesuiten hieß es, daß die von Diderot aufgestellten Grundsätze *gegen die oberste Autorität, die Verfassung des französischen Reiches und die öffentliche Sicherheit* gerichtet seien.

Im Februar 1752 war die Encyclopédie mit Hinweis auf Diderots Artikel verboten worden, denn die dort vertretenen Maximen drohten die königliche Autorität zu zerstören. Deutlich zeigte sich das Risiko, das mit dem neuen Selbstverständnis der Philosophie verbunden war. Aber die Enzyklopädisten standen mit ihrer Auffassung der Verbreitung der Philosophie nicht allein, denn der für das Buchwesen und die Druckgenehmigung zuständige Beamte, Chretien-Guillaume Lamoignon de Malesherbes, rettete die Encyclopédie. Als er Diderot das Verbot ankündigen mußte, bot er ihm an, seine Manuskripte bei ihm in Verwahrung zu geben. Ein paar Monate später gelang es Malesherbes, das Verbot zu vermeiden. Wie groß das Vertrauen der Literaten zum Direktor des Zensurwesens war, erhellt auch daraus, daß Rousseau seine ersten Bekenntnisse 1760 in vier Briefen an Malesherbes richtete. Zugleich war dies aber Ausdruck eines ganz anderen Verständnisses der Zensurbehörde: Rousseau sah in Malesherbes eher seinen Beichtvater als den Chef einer Behörde. Rousseau, der keine seiner Schriften anonym publizierte, unterlief die Funktion der Zensur durch Vertrauen.

Wie die Philosophen der Encyclopédie war Malesherbes der Überzeugung, daß die Zensur ihr Ziel letztlich nicht erreichen konnte: *Da es unmöglich ist,* erklärte er, *die Meinungen zu dekretieren, wäre es ungerecht, die Bücher zu verbieten, zu zensieren oder umschreiben zu lassen, in denen sie vorgebracht werden.* Wer nur Bücher lese, die mit Zustimmung der Regierung gedruckt wurden, müsse hinter seinen Zeitgenossen ein Jahrhundert hinterherhinken. Die Literaten dagegen waren viel eher als der Direktor der Zensurbehörde bereit, an die Wirksamkeit seiner Maßnahmen zu glauben, weil es ihnen schmeichelte, daß ihre Meinungen für gefährlich gehalten wurden. Malesherbes sicherte schließlich auch das Erscheinen des Bandes, und Diderot nutzte die Gelegenheit, um den Streit über die Frage der politischen Autorität in den Errata weiterzuführen und seine Position auszubauen: *Es ist gut, unser Denken zu erläutern. Wir wollten die politische Autorität bloß von der der Usurpatoren unterscheiden, die den legitimen Fürsten die Krone wegnehmen, denen die Völker immer, sogar wenn jene in Ungnade gefallen sind, zu gehorchen verpflichtet sind, da die Autorität der legitimen Fürsten von Gott kommt und die der Usurpatoren ein Übel ist, das er zuläßt.*

Die Elastizität, mit der radikale Gedanken interpretiert und der offiziellen Lesart angepaßt wurden, gehörte zum Geschäft der Intellektuellen der Aufklärung. Sie verstanden es, die politische Botschaft nicht nur zwischen den Zeilen, sondern auch durch Verschweigen mitzuteilen. Im Artikel über das Naturrecht hatte Diderot mittlerweile gelernt, sich aller erdenklicher Vorsichtsmaßnahmen, von der Anonymität bis zur Indirektheit der politischen Aussage, zu bedienen. Er gab seine radikale Haltung unausdrücklich und indirekt zu erkennen, indem er das göttliche Recht, das traditionell den Platz innehatte, den bei ihm das natürliche Recht einnahm, überhaupt nicht erwähnte. Es schien nicht zu existieren. Solche Leugnungen und Verschweigungen waren ein Mittel der neuen Philosophie, die an die Stelle des göttlichen Rechts eine immanente Ordnung der Natur und das Naturrecht setzte. Stillschweigend vollzog Diderot in seinem Artikel über das Naturrecht den entscheidenden Schritt zur Säkularisierung göttlichen Rechts.

Wie auch in anderen ihm zugeschriebenen Artikeln der Encyclopédie, wie «Pouvoir», «Puissance», «Souverains», verfolgte Diderot das Ziel einer moderierten Monarchie. Diese Verbindung radikaler Argumente mit maßvollen praktischen Forderungen war nicht nur Diderot eigen, unverwechselbar war dagegen die spielerische Art, wie er es mit seinem Thema aufnahm. Wenn das Wort *Naturrecht*, schreibt er, jedem so vertraut sei, wie es den Anschein hatte, dann würden die Philosophen genauso wie Menschen, die noch nie nachgedacht haben, tief in ihrem Inneren überzeugt sein, daß die Sache ihnen bekannt sei. Und während demjenigen, der niemals nachgedacht hat, nichts weiter einfalle, als sich auf sein Gewissen zu berufen, werde sich der Philosoph im Kreis seiner eigenen Argumente drehen. Es wäre also schon viel gewonnen, wenn man über die Prinzipien Klarheit gewinnen würde, mit deren Hilfe die Schwierigkeiten einer Definition des Naturrechts überwunden werden können.

Der Leser des Artikels kann den Eindruck haben, einem Gespräch beizuwohnen. Wer hat davon gesprochen, daß Menschen, die nicht nachdenken, über das Naturrecht befragt, verstummen und zum Gewissen Zuflucht nehmen, dessen Stimme nur im Innern gehört wird? Diese Position könnte Rousseau gegenüber Diderot vertreten haben, und ihm zu Gefallen könnte Diderot auch die ironische Wendung vom Philosophen, der sich in den Folgerungen aus seinen Prinzipien verfängt, eingefügt haben. Und wiederum dürfte es Rousseau gewesen sein, den Diderot mit spitzen Bemerkungen über natürliche Güte und Bosheit zu verwirren suchte. Trotzdem umgibt dieses Gespräch mit seinem verwirrenden Geflecht der Argumente, die zwischen Diderot und Rousseau ausgetauscht wurden, eine Atmosphäre freundschaftlicher Vertrautheit. Diderot entwirft am Ende mit wenigen Strichen ein Existenzbild, in dem man ihn und seinen merkwürdigen Freund erkennen kann: *Wir führen ein armseliges Dasein – zerstritten, unruhig. Wir haben Leidenschaften und Bedürfnisse. Wir wollen glücklich sein.* Es ist die allgemeine Lage der Menschen, die Diderot hier umreißt, aber mehr noch ist es ein Bild von Literaten, die unruhig und in Armut leben und unaufhörlich miteinander streiten.

42

Das aus der Art geschlagene Tier

Bei allem Bemühen um radikale Neuerungen, das in der Argumentationsweise Diderots spürbar wird, ist er in einem Punkt scheinbar konservativ: in der Definition des Menschen als *denkendes Tier*. Sie weicht vom Herkömmlichen nicht ab und wiederholt nur, was schon Aristoteles gesagt hatte. Tatsächlich aber setzt sich in dieser scheinbar unpolemischen Definition des Menschen der Streit mit Rousseau fort, der die Niederschrift des Zweiten Discours begleitet hatte und in dem Diderot offenbar, wie aus Rousseaus Beunruhigung über die Passage des Philosophen, der sich die Ohren verstopft, hervorgeht, Einfluß auf die Abhandlung über die Ungleichheit zu nehmen versuchte. Diderots Definition des Menschen erhält ihre Pointe erst dann, wenn man in ihr das Echo einer konkurrierenden Definition und eines anderen Bildes vom Menschen mithört – der berühmten Definition Rousseaus im Zweiten Discours: *Wenn die Natur uns bestimmt hat, gesund zu sein, dann wage ich, mit annähernder Gewißheit zu behaupten, daß der Zustand der Reflexion ein Zustand gegen die Natur ist und der Mensch, der nachdenkt, ein aus der Art geschlagenes Tier – que l'état de réflexion est un état contre Nature, et que l'homme qui médite est un animal dépravé.*

Man kann sich fragen, ob es sich überhaupt um eine Definition und nicht vielmehr um eine Angriffsfanfare gegen die Philosophie handelte, zumal gegen die Philosophie Diderots und seiner Freunde, die mit dieser Auffassung vom Denken ihr gutes Gewissen als Organ der öffentlichen Vernunft verlieren würde. Rousseaus Denunziation des Menschen, der denkt, war zweifellos eine der entschiedensten Provokationen der Philosophie seiner Zeit, besonders aber der Philosophen, die mit Hilfe der Encyclopédie, für die auch Rousseau damals Beiträge verfaßte, eine bis dahin nicht gekannte Popularisierung der Philosophie erreichen wollten. Nach Rousseaus Ansicht trugen sie nicht zum Glück der Menschen bei, sondern vermehrten nur deren Elend.

Durch Rousseaus Sätze über den reflektierenden Menschen herausgefordert, nimmt Diderot in seinem Artikel über das Naturrecht zur klassischen Definition des Menschen Zuflucht, ohne seine Absicht der Widerlegung Rousseaus zu erkennen zu geben: *Ich sehe etwas, was von Guten wie von Bösen zugestanden wird, nämlich daß man in allem denken muß, weil der Mensch nicht bloß ein Tier ist, sondern ein Tier, das denkt.* Der Mensch ist ein Tier, aber er unterscheidet sich von allen anderen Tieren dadurch, daß er denkt. Im einen Falle, bei Diderot, handelt es sich um eine Dekadenz von oben – der Mensch wird wieder zum Tier –, im anderen um eine Dekadenz von unten – der Mensch verliert den Halt seiner Instinktnatur. Nur wenn man Rousseaus Behauptung über die Gegennatürlichkeit des Denkens mithört, erhält Diderots Definition eine innere Spannung, die sie als bloße Wiederholung der aus der philosophischen Tradition geläufigen aristotelischen Definition des Menschen als *zôon lógon échon* nicht haben würde. Dies wird deutlich an der Zuspitzung, die diese klassische Definition erfährt, wenn es heißt, der Mensch solle *in allem denken*, nicht nur über alle Dinge, sondern auch unter allen Umständen und überall – also auch im Naturzustand.

Wenn dagegen Rousseau die Menschen als Wesen schilderte, die ohne Nachdenken und Reflexion glücklich sind, weil sie nur dem Augenblick und ihren spontanen, vorübergehenden Empfindungen leben, so war auch dies ein verdeckter Angriff gegen die Philosophie Diderots und seiner Freunde. Diderot antwortete darauf im Artikel über das Naturrecht, indem er gegen all jene, die es unterließen zu denken, eine Sanktion verhängte: *Wer nicht nachdenken will, muß, da er auf seine Eigenschaft als Mensch verzichtet, wie ein denaturiertes Wesen behandelt werden*. Rousseaus Schlagwort vom *animal dépravé* setzte er ein ganz ähnlich lautendes entgegen, das Gegenwort vom *animal dénaturé*. Damit wollte er sagen, daß Rousseaus Angriff auf das Denken, seine Reflexionsfeindschaft, die Ausgeburt eines Denkens sei, das den Zusammenhang mit der Wesensnatur des Menschen verloren hatte. Denn der Mensch, der seiner Bestimmung zu denken nicht nachkomme oder sie gar als Ausdruck der Depravation des Menschen denunziere, sei ein denaturiertes Wesen. Diderots Definition des Menschen *als denkendes Tier* findet in seiner Behandlung des Reflexionsfeindes *als entartetes Wesen* seine logische Ergänzung.

Diderot zeigt mit dem Finger unmißverständlich auf den Reflexionsfeind Rousseau, der die ein für allemal verlorene Unschuld der Urzustände nostalgisch verklärte, der ein Ressentiment gegen die Reflexion und die Philosophie in die Welt setzte und der die Einsamkeit in den Wäldern dem Leben in der Pariser Gesellschaft und im Kreis seiner philosophischen Freunde vorzog. Und Diderot wollte wohl auch sagen, ein Feind des Menschengeschlechts sei auch der, der die Philosophie für die Mängel der Gesellschaft verantwortlich mache. Rousseau dürfte das Schlagwort vom *animal dépravé* deshalb gleich auf sich bezogen haben, wie er es auch bei Diderots Satz *Nur der Einsame ist böse* getan hatte.

Es gab allerdings auch eine versöhnliche Interpretationsstrategie, die es Rousseau wie Diderot erlaubt hätte, sich über das Bild des *animal dépravé* zu verständigen. Man konnte diese Formel nämlich auch entspannter lesen, indem man sie auf die ungesunde und verhockte Lebensweise der Gelehrten bezog und mit diätetischen Empfehlungen verknüpfte: Wenn die Natur für den Menschen Gesundheit vorgesehen hätte, dann würde der Beruf des Gelehrten nicht zu ihrem Programm gehören. Ungesunde Lebensführung war ein Symbol für die Natur- und Lebensferne des Geistes, zwischen Reflexion und Natur bestand keine Harmonie. Allenfalls war es möglich, so würde Rousseaus Rat lauten, durch ein einfaches Leben, wie es auch unter Bedingungen der Zivilisation möglich war, eine Art zweiter Natürlichkeit anzustreben. Dieses einfache Leben, für das Rousseau in der «Nouvelle Héloïse» und im «Émile» warb, entsprach freilich nicht dem wirklichen, sondern einem virtuellen Naturzustand, in den die Menschen gelangt wären, wenn sie sich an die Gebote der Natur gehalten hätten – *wenn sie die einfache, gleichförmige und einsame Lebensweise beibehalten hätten, die uns von der Natur vorgeschrieben war.*

Wenn Diderot viele Jahre später, 1769, nach dem Ende seiner Freundschaft mit Rousseau, in «Le Rêve d'Alembert», den Gelehrten ein *système agissant à rebours* nennt, ein gegen den Strich arbeitendes System, greift er Rousseaus Denunziation der Reflexion als *état contre nature* noch einmal auf, aber entschärft sie zugleich, indem er sich auf Feststellungen über das Ungesunde und Naturwidrige des Gelehrtendaseins beschränkt, über den Mangel an Bewegung, den das Denken mit sich bringt: *Nichts widerspricht der Natur mehr als die gewohnheitsmäßige Meditation oder der Zustand des Gelehrten. Der natürliche Mensch ist gemacht, wenig zu denken oder viel zu handeln. Die Wissenschaft dagegen denkt viel und bewegt sich wenig.* Man habe, fährt Diderot fort, richtig bemerkt, daß es im Menschen Energien gibt, die nach Abfuhr verlangen, aber die Abfuhr, die das Studium ihm gebe, sei nicht die richtige, weil sie den Menschen in sich zusammenziehe und zur Vernachlässigung der animalischen Funktionen führe. Diderot entschärfte Rousseaus Angriff auf die Reflexion zu einer medizinischen Kritik des Gelehrtenlebens. Doch Rousseau hatte nicht nur Funktionsstörungen gemeint, die durch übermäßiges Denken verursacht werden, sondern die prinzipielle Naturwidrigkeit und damit Illegitimität des Denkens. Die Reflexion und zumal die Dauerreflexion sind nicht nur naturfern, sondern gegennatürlich. So gesehen, muß alles diätetische Herumdoktern am Denkzustand folgenlos bleiben.

43
Ein Feind des Menschengeschlechts

Wie wenig zu Kompromissen angetan die Meinungsverschiedenheiten zwischen Rousseau und Diderot über das Denken und die Reflexion waren, wird auch aus der weiteren Argumentation des Naturrechtsartikels deutlich. Gegen Rousseau, der den Naturzustand als einen Zustand der Unwissenheit beschrieb und die Menschen in ihm als tierähnliche Lebewesen, die nicht nachdachten oder nur mit einem Minimum an Reflexion auskommen mußten, bestand er darauf, daß der Mensch nicht erst im Laufe seiner Geschichte zu einem *denkenden Tier* wurde, sondern schon in seinen Anfängen über alle Mittel verfügte, die Wahrheit zu erkennen. Das Denken wurde dadurch zu einer Verpflichtung, der sich die Menschen nicht entziehen konnten. Wer sich aber trotz dieses ursprünglichen Wahrheitsbezuges weigerte, sich um die Wahrheit zu bemühen, der hörte auf, ein Mensch zu sein. Diderot erschien es deswegen als selbstverständlich, daß ein Mensch, der sich weigerte zu denken, von seiner eigenen Spezies wie ein wildes Tier behandelt wurde.

Der Ausschluß aus der menschlichen Gattung war die Sanktion, die über die Verweigerung des Verstandesgebrauchs verhängt war. Es blieb Diderot dabei nicht verborgen, daß die Menschen, wenn sie ihren Verstand gebrauchen, nicht immer das Richtige tun und die richtige Wahrheit entdecken. Um dieser zur Herrschaft zu verhelfen, mußte die Sanktion der Ausschließung aus der Menschheit auch auf diejenigen ausgedehnt werden, die von der allgemein anerkannten Wahrheit abwichen oder aus Trotz sich weigerten, die richtige Wahrheit anzuerkennen: *Wer sich, wenn die Wahrheit einmal entdeckt ist, weigert, sich ihr anzupassen, ist ein Irrer oder böse im moralischen Sinn.* Diderots Vernunftmoral griff zum letzten Mittel der Ausschließung auch für den Fall, daß jemand seinen Verstand gebrauchte, sich aber dem allgemeinen Konsens nicht anschließen wollte oder konnte. Der Ausschluß aus der Menschheit war ein Mittel, die Einheit der Vernunft zu wahren.

Da es möglich sein mußte, den Inhalt des allgemeinen Willens immer und unter allen Umständen zu erkennen, nahm Diderot an, daß er sich, wenn die Leidenschaften abgeklungen sind, jedem einzelnen durch einen einfachen Verstandesakt enthüllte, so daß jeder erkennen konnte, was er von seinesgleichen fordern durfte und was diese ihrerseits von ihm fordern durften. Auf diese Weise sollte das Verhalten zwischen den Individuen und der Gesellschaft sowie zwischen den Gesellschaften untereinander geregelt sein. Weil jedoch eine so konstituierte Gesellschaft auch eine Gesellschaft von Verbrechern sein konnte, mußten darüber hinaus Gesetze geschaffen werden, die für alle Individuen ohne Ausnahme gelten, so daß der allgemeine Wille, der niemals irrt und gesetzgeberische Gewalt über das Wohl der Menschheit hat, in Konflikten die Oberhand behält. Wegen dieser kunstreichen Einrichtung, erklärte Diderot, würden überall die Gesetzgeber besonders verehrt, da sie die Autorität des allgemeinen Willens mit dem besonderen Willen ihrer Person zu verschmelzen verstünden. In der Rolle solcher Gesetzgeber sahen sich auch Diderot und seine Freunde.

Es ist bezeichnend für Diderots geistiges Temperament, daß er sogar in seiner höchst gedrängten Darstellung des Naturrechts seine eigene ausgefeilte Konstruktion gleich wieder durch einen hinzukommenden Gedanken zu untergraben scheint. Er stellt sich vor, daß wie die anderen Spezies auch die Menschengattung in ständiger Verwandlung begriffen sei, ohne daß sich dadurch aber an den Bestimmungen des Naturrechts auch nur das Geringste änderte. Während das traditionelle Naturrecht wesentliche Abweichungen der menschlichen Spezies nicht ins Auge zu fassen gewagt hatte, öffnete Diderot der Wandelbarkeit der Spezies Tor und Tür, stellte aber die notwendige Stabilität nach jeder Veränderung durch den Mechanismus des allgemeinen Willens sofort wieder her. Durch seinen Transformismus hätte Diderot jedoch auch zu der Auffassung geführt werden können, daß sich verschiedene Varianten der Menschheit selbständig behaupten und daß deren Existenz, solange ein umfassender Vernunftkonsens noch nicht erreicht ist, zu Konflikten um die Definition des Menschseins führen würde. Die jeweiligen Gesellschaften würden sich für Repräsentanten der Menschheit halten und einander deshalb mit gutem Gewissen sogar in Kriegen um die Idee der Menschheit gegenübertreten.

Diderot glaubte, die Einheit der Menschheit dadurch sichern zu können, daß alle Individuen, die sich der allgemeinen Vernunft nicht unterwerfen wollten, aus ihr ausgeschlossen wurden. Darin offenbart sich der latente Terrorismus der Idee der Menschheit. Solche Ausschließungen waren im übrigen nichts Ungewöhnliches. Es kam dazu beispielsweise, als im Zuge der Entdeckungen und Eroberungen der Neuen Welt Räume natürlicher Freiheit, vor allem das Meer, in die Ordnung des Rechts einbezogen wurden. Ausschließungen aus der Menschheit, eine besondere Form der Ächtung, waren, wie Carl Schmitt gezeigt hat, geläufige Praxis, als die Seereiche der Neuzeit entstanden. Für diese Seereiche waren die Piraten Feinde der Menschheit. Wenn Seereiche entstehen, sinken alle, die sich bis dahin frei in der Freiheit der Meere bewegt hatten, zu gemeinen Verbrechern herab, und zwar nicht aufgrund von Vergehen, die überall als strafwürdig gelten, sondern als *Störer der so geschaffenen Ordnung*.

Die Ordnung machte den Piraten zum Störer: *Der Pirat wurde zum Feind des Menschengeschlechts, zum hostis generis humani erklärt.* Er wurde ausgestoßen und von den Machthabern der Seereiche geächtet, die sich kraft ihrer Ordnungsleistung mit der Menschheit identifizierten. Diese Logik der Ächtung setzt eine ursprüngliche Unbegrenztheit und Freiheit voraus, die Freiheit des Naturzustandes. Beim Verlassen des Naturzustands verfallen alle, die in seiner unbegrenzten Freiheit verharren, dem Verdikt, Feinde des Menschengeschlechts zu sein. Und wenn, wie bei Diderot, mit so großem Nachdruck von Feinden des Menschengeschlechts die Rede ist, kündigt sich eine neue Ordnung an, die sich durch ihre Berufung auf die Menschheit legitimieren will.

Feind des Menschengeschlechts, definiert deswegen Carl Schmitt, ist derjenige, der den Schritt aus dem Naturzustand nicht mitmacht. Feind des Menschengeschlechts könne aber auch sein, wer in der Zivilisation die Freiheit des Naturzustandes für sich in Anspruch nimmt. Dies ist der Fall Rousseaus, der den Naturzustand nicht nur verklärte, sondern in allem Ernst glaubte, den Naturmenschen in sich selbst wiedergefunden zu haben. Weil er sich aus der Gesellschaft zurückzog, um in natürlicher Einfachheit zu leben, wurde er von den Pariser Philosophen zum Feind erklärt. Er konnte sich deswegen durch die allgemeinen Erörterungen Diderots über das Naturrecht direkt angegriffen fühlen als Außenseiter einer neuen Ordnung, die er in Frage gestellt hatte, indem er in eine naturzuständliche Idylle auswich. Diderots Wort, daß nur der Einsame böse sei, erhielt vor diesem Hintergrund einen schneidenden Ton. Rousseau konnte annehmen, daß die Ächtung desjenigen, der sich aus der Gesellschaft zurückzog und das Recht des Naturzustandes für sich in Anspruch nahm, in Verfolgung übergehen würde.

Die Spannung zwischen Rousseaus und Diderots Bild vom Menschen war in gewissem Sinne der Ursprung des Komplotts. Würde man Diderots Argumentation folgen, dann wäre Rousseau ein Feind des Menschengeschlechts, der sich der beschwichtigenden Arbeit der Vernunft entzogen hatte, indem er sich als Naturmenschen ausgab, der durch Reflexion nicht deformiert war und an dem deswegen alle rationalen Vermittlungsversuche abglitten. Zwei Bilder des Menschen treten einander gegenüber: der Mensch Diderots, der sich der Arbeit der Vernunft unterwirft, um die Einheit des Menschengeschlechts herzustellen oder zu wahren, und der Mensch Rousseaus, der sich dem Menschheitswerk der Philosophie verweigert und sich statt dessen in eine isolierte Existenz zurückzieht. Der Mensch Rousseaus und der Mensch Diderots gehören nicht in dasselbe Spiel. Der Dialog der beiden Freunde mußte deswegen zu einem prinzipiellen Mißverstehen führen, das sich im Ende ihrer Freundschaft unmißverständlich äußerte.

Bibliographie

Beccaria, Cesare: Über Verbrechen und Strafen (1766). Übersetzt und herausgegeben von Wilhelm Alff. Insel Verlag, Frankfurt am Main 1966

Balzac, Honoré de: La Comédie humaine (1829 ff.). Hrsg. von Pierre-Georges Castex, 12 Bde., Gallimard: Bibliothèque de la Pleiade, Paris 1976–1981. (Werke, 46 Bde., 1923–26. Neuauflage, Rowohlt Verlag, Hamburg 1961)

Bergson, Henri: Les deux sources de la morale et de la religion (1932). Edition du centenaire, Presses Universitaires de France, Paris 1970

Chateaubriand: Génie du christianisme (1802). Hrsg. von Pierre Reboul, 2 Bde., Garnier-Flammarion, Paris 1966

Diderot, Denis: Lettres sur les aveugles (1749). Oeuvres philosophiques, hrsg. von Paul Vernière, Garnier, Paris 1964. (Brief über die Blinden. Philosophische Schriften, Bd. 1. Aufbau Verlag, Berlin 1961)

Diderot, Denis: Droit naturel (1755). Oeuvres politiques, hrsg. von Paul Vernière. Editions Garnier, Paris 1963. (Naturrecht. Philosophische Schriften, Bd. 1)

Diderot, Denis: Entretien d'un père avec ses enfants (1771). Oeuvres philosophiques

Dostojewski, Fjodor M.: Rodion Raskolnikow. Schuld und Sühne (1866). Übersetzt von E. K. Rahsin, Piper Verlag, München 1963

Dostojewski, Fjodor M.: Tagebuch eines Schriftstellers (1873–1881). Übersetzt von E. K. Rahsin Piper Verlag, München 1963

The Federalist Papers (1787/88). Hrsg. von Clinton Rossiter, Mentor Books: New American Library, New York 1961. (Die Federalist Papers, übersetzt, eingeleitet und mit Anmerkungen versehen von Barbara Zehnpfennig. Wissenschaftliche Buchgesellschaft, Darmstadt 1993)

Frank, Joseph: The Mantle of the Prophet 1871–1881. Princeton University Press. Princeton und Oxford 2003

Freud, Sigmund: Zeitgemäßes über Krieg und Tod (1915). Gesammelte Werke, Bd. X. S. Fischer, Frankfurt am Main 1999

Freud, Sigmund: Das Unbehagen in der Kultur (1930). Gesammelte Werke, Bd. XIV. S. Fischer, Frankfurt am Main 1999

Friedrich, Hugo: Montaigne. Francke Verlag, Bern und München 1962

Ginzburg, Carlo: Einen chinesischen Mandarin töten. Die moralischen Implikationen der Distanz. In: Holzaugen. Über Nähe und Distanz. Wagenbach, Berlin 1999

Gehlen, Arnold: Moral und Hypermoral. Eine pluralistische Ethik. Athenäum Verlag, Frankfurt am Main und Bonn, 1969

Hazard, Paul: La Crise de la conscience européene, 1680–1715 (1935). Librairie Arthème Fayard 1961. (Die Krise des europäischen Geistes. Claassen Verlag, 1939)

Hirschman, Albert: Leidenschaften und Interessen. Politische Begründungen des Kapitalismus vor seinem Sieg. Suhrkamp Verlag, Frankfurt am Main 1984

Hirschman, Albert: Engagement und Enttäuschung. Über das Schwanken der Bürger zwischen Privatwohl und Gemeinwohl. Suhrkamp Verlag, Frankfurt am Main, 1984

Hume, David: Essays Moral, Political and Literary (1777). Hrsg. von Eugene F. Miller. Liberty Fund, Indianapolis 1987

Jünger, Ernst: Der Arbeiter. Hanseatische Verlagsanstalt, Hamburg 1932

Kolakowski, Leszek: God Owes us Nothing. A brief Remark on Pascal's Religion and on the Spirit of Jansenism. The University of Chicago Press, Chicago und London 1995

Lévi-Strauss, Claude: Eine erneute Lektüre Montaignes. In: Die Luchsgeschichte. Carl Hanser Verlag, München 1993

Montaigne: Essais (1580 und 1588). Oeuvres complètes, hrsg. von Albert Thibaudet und Maurice Rat, Gallimard: Bibliothèque de la Pleiade, Paris 1962. (Essais, erste moderne Gesamtübersetzung von Hans Stilett, Die Andere Bibliothek, Eichborn Verlag, Frankfurt am Main 1998)

Montaigne: Journal de voyage en Italie (aus dem Nachlaß 1774). Oeuvres complètes. (Tagebuch einer Badereise, Bibliothek klassischer Reiseberichte, Steingräber Verlag, Stuttgart 1963)

Montesquieu: De l'esprit des lois (1748). Oeuvres complètes, hrsg. von Roger Caillois, Bd. 2. Gallimard: Bibliothèque de la Pleiade, Paris 1951 (Vom Geist der Gesetze, hrsg. von Ernst Forsthoff, 2 Bde., Tübingen 1951)

Nussbaum, Martha C.: Upheavels of Thought. The Intelligence of Emotions. Cambridge University Press, Cambridge 2001

Pascal, Blaise: Pensées (aus dem Nachlaß 1670). Hrsg. von Brunschvicq. Éditions Garnier, Paris 1964. (Über die Religion und über einige andere Gegenstände. Pensées. Lambert Schneider, Heidelberg 1972)

Rousseau, Jean-Jacques: Discours sur les sciences et les arts (1750). Oeuvres complètes, hrsg. von Bernard Gagnebin und Marcel Raymond, Bd. III, Gallimard: Bibliothèque de la Pleiade, Paris 1964. (Abhandlung über die Wissenschaften und Künste. Schriften Bd. 1, hrsg. von Henning Ritter. Carl Hanser, München 1978)

Rousseau, Jean-Jacques: Dernière réponse à Bordes (1752). Oeuvres complètes, Bd. III. (Letzte Antwort an Bordes. Schriften, Bd. 1)

Rousseau, Jean-Jacques: Discours sur l'origine et les fondements de l'inégalité (1755). Hrsg. und kommentiert von Jean Starobinski. Oeuvres complètes,

Bd. III. (Diskurs über die Ungleichheit. Kritische Ausgabe des integralen Textes, von Heinrich Meier. Ferdinand Schöningh, Paderborn 1990)

Rousseau, Jean-Jacques: Lettre à d'Alembert (1758). Oeuvres complètes, Bd. 5 (1995). (Brief an d'Alembert über das Schauspiel, übersetzt von Dietrich Feldhausen. Schriften, Bd. 1)

Rousseau, Jean-Jacques: Les Confessions (1782). Oeuvres complètes, Bd. I (1959)

Rousseau, Jean-Jacques: Rousseau juge de Jean-Jacques (1780). Oeuvres complètes, Bd. I (1959). (Rousseau richtet über Jean-Jacques. Schriften, Bd. 2)

Rousseau, Jean-Jacques: Lettre à Voltaire 18. August 1756. Lettre à Saint-Germain, 26. Februar 1770. Lettres philosophiques, hrsg. von Henri Gouhier, Librairie philosophique J. Vrin, Paris 1974

Smith, Adam: The Theory of moral sentiments (1759). Hrsg. von D.D. Raphael und A.L.Macfie, The Glasgow Edition of the Works and Correspondence of Adam Smith, Oxford University Press, Oxford 1979. (Theorie der ethischen Gefühle, hrsg. und übersetzt von Walter Eckstein, 2 Bde. Felix Meiner: Philosophische Bibliothek, Leipzig 1926. Neuauflage Hamburg 2004)

Smith, Adam: An Inquiry into the Nature and Causes of the Wealth of Nations (1779). Hrsg. von R.H. Campbell und A.S. Skinner, The Glasgow Edition. (Der Wohlstand der Nationen. Eine Untersuchung seiner Natur und seiner Ursachen, übersetzt und herausgegeben von Horst Claus Recktenwald. C.H. Beck, München 1974)

Schmitt, Carl: Der Nomos der Erde im Völkerrecht des Jus publicum Europaeum. Greven Verlag, Köln 1950 (seit 1960 Duncker und Humblot, Berlin)

Schopenhauer, Arthur: Preisschrift über die Grundlagen der Moral (1840). Sämtliche Werke, hrsg. von Wolfgang Frhr. von Löhneysen, Bd. III. Suhrkamp Verlag, Frankfurt am Main 1986

Tocqueville, Alexis de: De la démocratie en Amérique, 2 Bde. (1838 und 1840). Oeuvres, Papiers et Correspondances, hrsg. von J.-P. Mayer. Gallimard, Paris 1961. (Über die Demokratie in Amerika, zwei Bände. Aus dem Französischen übertragen von Hans Zbinden)

Valéry, Paul: Voltaire. Oeuvres, hrsg. von Jean Hytier, Bd. I. Gallimard: Bibliothèque de la Pleiade, Paris 1957. (Werke, Frankfurter Ausgabe, hrsg. von Jürgen Schmidt-Radefeldt, Bd. 3: Zur Literatur, Insel Verlag, Frankfurt am Main 1989

Voltaire: Dictionnaire philosophique (1764/1767). Hrsg. von Étiemble, Éditions Garnier, Paris 1967

Voltaire: L'Affaire Calas. Pièces originales concernant la mort des sieurs Calas (1767). Mélanges, hrsg. von Jacques van den Heuvel, Gallimard: Bibliothèque de la Pleiade, Paris 1961

Voltaire: Poème sur la religion naturelle. Poème sur le désastre de Lisbonne (1756). Mélanges

Namenregister